«Dao-De-Ging-Long-Jang»

道德經論正

Wahre Lehre vom zeitlosen Weg des Herzens

Auf dem Weg zum Leben gibt es mehrere Stufen des Lernens. Auf der ersten Stufe lernst du, aber es kommt nichts dabei heraus, und du hast das Gefühl, du und alle anderen Menschen seien wertlos. Auf der mittleren Stufe fühlst du dich immer noch wertlos; du siehst deine Mängel und die Mängel der Anderen. – Auf einer höheren Stufe bist du stolz auf deine eigenen Fähigkeiten, wirst von den anderen gelobt und beklagst dich über die Unfähigkeit deiner Kameraden: Dann bist du etwas wert. Auf der höchsten Stufe siehst du aus, als hättest du von nichts eine Ahnung.

Aber es gibt eine Stufe, die über diese Stufe hinaus geht. Sie ist die höchste von allen. Auf dieser Stufe bist du dir bewußt, daß du niemals aufhörst, immer tiefer in den Weg einzudringen, und glaubst nie, fertig zu sein. Du kennst deine Mängel wirklich und denkst niemals, daß du dein Ziel erreicht hast. Du hast keinen Stolz, sondern bist dir des Weges in voller Demut bewußt ...

Dein ganzes Leben hindurch gehst du täglich ein Stückchen auf dem Weg und wirst fähiger als gestern, fähiger als heute. – Das hört niemals auf.

(Hagakure – Das Buch der Samurai)

Lao-Dse als ‹Blinder Seher›

LAO-DSE

DAO-DE-GING

(TAO-TE-KING)

DIE GNOSIS IM ALTEN CHINA

Neue, jetzt vollständige Ausgabe

Neu aus dem Chinesischen ins Deutsche gebracht,
auf drei Ebenen aktuell erklärt und
mit einigen Anmerkungen versehen durch P. Martin

Point n'est besoin d'espérer
pour entreprendre
ni de réussir pour persévérer

EDITION ORIFLAMME
2013

CIP: Deutsche Nationalbibliothek
Schweizerische Zentralbibliothek, Zürich

Suchbegriffe:
Einweihung, Esoterik, Gnosis, Religionsgeschichte
Chinesische Gnosis, Taoismus, Transfiguration,

Lao-Dse:
Dao-De-Ging (Tao-Te-King) – Die Gnosis im Alten China:
Neue, jetzt vollständige Ausgabe.

Aus dem Chinesischen ins Deutsche gebracht, auf drei Ebenen aktuell
erklärt und mit einigen Anmerkungen versehen durch Pierre Martin.
Herausgeber: M.P. Steiner.

Kurztitel: Dao-De-Ging (Tao-Te-King).

Neue, jetzt vollständige Ausgabe. – Alle Rechte vorbehalten.
ISBN: 978-3-9523616-8-9
© 2013 Edition Oriflamme, CH-4002 Basel
edition.oriflamme@gmail.com
Satz, Buch- und Umschlaggestaltung: Adhoc-Organisation, Basel.
Printed in Gerrmany.

INHALT

ZUM GELEIT 12

TEIL I: DAO-GING — DER RECHTE WEG 29

֍ 01. Der Weg von DAO, den man gehen kann 30
֍ 02. Alle Welt weiß: Gutes folg auf Gutes 32
֍ 03. Vergib keine Auszeichnung an Tüchtige 34
֍ 04. DAO ist ein Ozean 36
֍ 05. Himmel und Erde sind von unbewegter Strenge ... 38
֍ 06. Die Niederungen und das Göttliche sind unsterblich ... 40
֍ 07. Das Himmlische ist ewig, das Irdische währt lange ... 42
֍ 08. Ein vorzüglicher Herrscher gleicht einem Fluß ... 44
֍ 09. Horten, wovon du vollauf hast 46
֍ 10. Ob man ein Bataillon führe oder ein einzelnes .. 48
֍ 11. Dreißig Speichen – eine Radnabe 50
֍ 12. Fünf Farbschattierungen zugleich 52
֍ 13. Ehrungen und Beschämungen erscheinen wie ein Schreck ... 54
֍ 14. Studiert man ES, so zieht es sich zurück 56
֍ 15. Einst waren Jene, die DAO nachfolgten 58
֍ 16. Vollkommene Leere zu erreichen, bewirkt 60
֍ 17. Die überragenden Herrscher – das Volk kannte sie ... 62
֍ 18. Der hohe Weg von DAO ist verkommen 64
֍ 19. Würden alle Weisen ganz auf ihre Weisheit verzichten ... 66
֍ 20. Hör auf, eifrig zu lernen, und sorge dich nicht .. 68
֍ 21. Wie eine Wohnhöhle ist die Erscheinung von DE ... 72
֍ 22. Was biegsam ist bleibt in der Regel unversehrt ... 74
֍ 23. Ein ungewöhnliches Sprichwort sagt sehr treffend ... 76
֍ 24. Wer auf Zehenspitzen steht, steht nicht fest 78
֍ 25. Es gab etwas vollkommen Vermischtes 80
֍ 26. Gewaltiges wird zur Grundlage des Sanften 82
֍ 27. Gute Tat muß ihre Spuren nicht entfernen 84
֍ 28. Wer seine männliche Kraft kennt 86
֍ 29. Wenn Jemandes Begehren erreichen wollte 88
֍ 30. Benutzt der Herrscher einen Jünger DES WEGS als Lehrer 90
֍ 31. Der Menschen schönste Waffen sind leidbringende ... 92
֍ 32. DAO ist ewig namenlos und schlicht 94
֍ 33. Einer, der die Menschen kennt, ist ein Weiser .. 96
֍ 34: Oh großes, überfließendes DAO 98

✸ 35: Wer das große Ideal verwirklicht 104
✸ 36: Was man rasch einengen will 112
✸ 37: DAO ist stetiges Nicht-tun 118

TEIL II: DE-GING — FORTDAUERNDE TUGEND 125

✸ 38: Höchstes Streben nach Tugend ist ohne Streben 126
✸ 39: Ehemals hatte jedes Ding 132
✸ 40: Wiederkehr ist des DAO Da-sein 138
✸ 41: Hoch-Gebildete erfahren von DAO 144
✸ 42: DAO bringt hervor das Eine 148
✸ 43: Die Welt ist äußerst zart und beweglich 154
✸ 44: Ruhm oder Leben – was liebst du mehr? 160
✸ 45: Großes zu vollenden erscheint als Mangel 166
✸ 46: Ist DAO in der Welt, machen Pferde dennoch Mist 172
✸ 47: Ohne aus dem Haus zu treten 178
✸ 48: Wer lernt, nimmt täglich zu 184
✸ 49: Ein Weiser zeigt gewöhnlich keine Absicht 190
✸ 50: Heraustreten ins Leben 194
✸ 51: DAO bringt sie hervor 200
✸ 52: Die Welt hat einen Anfang 204
✸ 53: Wenn ich recht anwende meine Kenntnis 208
✸ 54: Ein gut belehrter Mensch wird nicht verführt 212
✸ 55: Wer die Gnosis annimmt, gleicht einem 216
✸ 56: Wer ES kennt, redet nicht darüber 220
✸ 57: Mit Aufrichtigkeit regiert man den Staat 226
✸ 58: Ist die Regierung sehr lasch 228
✸ 59: Ein erfolgreicher Diener des Erhabenen 232
✸ 60: Ein großes Land zu regieren, ist wie das Braten 236
✸ 61: Ein großes Reich ist wie ein untergeordnetes Land 240
✸ 62: DAO ist das Mysterium der 10'000 Dinge 244
✸ 63: Tue ohne zu tun 248
✸ 64: *Der* Friede ist leicht zu erhalten 252
✸ 65: In alten Zeiten pflegten die dem DAO zugeneigten 258
✸ 66: Es gibt eine Ursache 262
✸ 67: Im Volk sagt jeder: DAO ist mir zu hoch 266
✸ 68: Ein tüchtiger Feldherr ist nicht kriegerisch 272
✸ 69: Zur Strategie gibt es ein Sprichwort 276
✸ 70: Meine Lehren sind äußerst einfach 280
✸ 71: Zu wissen, daß man nicht-weiß, ist vorbildlich 284

꩜ 72: Wenn das Volk die Obergewalt nicht fürchtet 292
꩜ 73: Mutig zu wagen, hat Tod zur Folge 296
꩜ 74: Wenn das Volk den Tod nicht mehr fürchtet 300
꩜ 75: Das Volk verhungert, wenn sein Fürst 304
꩜ 76: Wenn der Mensch geboren wird 308
꩜ 77: Das DAO des Himmels 312
꩜ 78: In der Welt ist nichts zarter und nachgiebiger als Wasser ... 318
꩜ 79: Beim Befrieden eines großen Streits 322
꩜ 80: Ein kleines Dorf 326
꩜ 81: Glaubwürdige Rede beschönigt nicht 330

ANMERKUNGEN 337
ANKÜNDIGUNGEN 346

ABBILDUNGEN

FRONTISPIZ: LAO DSE als blinder Seher 4
DAO als Kaiserin-Mutter mit dem Heiligen Kindlein 10
LAO-DSE als Philosophen-Kaiser 14
«10 Monate steht der Embryo unter Feuer» (aus dem I-Ging) 16
Tierisches Schädeldach als Wahrsage-Knochen 18
KUNG-FU-DSE («CONFUCIUS») 22
DE als Hofdame von Kaiserin DAO 71
HONG-WU I – Der Gründerkaiser der Ming-Dynastie 103
Kandidaten warten auf Einlaß zur Beamtenprüfung 111
Glockenspiel (Piang-Zhong) und Lithophon (Piang-Qing) 137
Das ‹Enso› im Zen entspricht dem ‹westlichen› ‹Ain-Soph› 143
Grüne Jade-Krone der Zhou-Dynastie 165
Einrichten eines Geisterhäuschens im heutigen Taiwan 235
Die Terracotta-Armee von Xian 257
Vergoldete Nephrit-Krone der Ming-Dynastie 271
Bambus-Mond 336

DAO ALS KAISERIN-MUTTER MIT DEM HEILIGEN KINDLEIN
Wandgemälde im daoistischen Yongle Palast (7.Jh.)

ZUM GELEIT

Dao – der *Daoismus als System* – ist eine exakte Geisteswissenschaft – genau wie die *Gnosis*: Eine Wissenschaft von *Geist, Seele und Körper*. Und genau wie die Gnosis kann der Daoismus in zwei ineinandergreifenden Hälften gesehen werden: Erstens als eine Wissenschaft der *Essenz des Lebens* in dessen *Da-sein* und *Sosein*: das ist sozusagen die *Yin-Seite* der Kenntnis von Dao. – Zweitens als Wissenschaft vom Umgang mit der *Dynamik* allen Webens und Seins: das ist die *Yang-Seite* und das *Wirken* von Dao. Im Gegensatz zur *Gnosis* mit ihrer fast ausschließlich *mystischen* Magie, wirkt der alt-chinesische Daoismus auch *praktisch*-magisch. Das geschieht jedoch nicht in der Art der im Westen bekannten *urkeltischen* Magie – also nicht in der oft dramatisch, immer aber mit beschwörenden Worten, Gesten und Handlungen ausgeübten *tätigen* Magie; – nicht in der auch als *Wigga* bekannten Form: Daoismus ist eine vollkommen verfeinerte, im Sinne des alt-arischen Indien ganz *verinnerlichte* Magie: ein *konzentriertes Geschehen-lassen* – bekannt als *«Nicht-tun»* oder als *«tun ohne zu tun»*.

Die magische Überlieferung der Kelten (Galata, Galiläa, Gallien, Galizien, ...) berichtet von Männern und Halbgöttern (z.B. Cuchullain), die *Feuerflammen* aus Augen und Nüstern stießen[1], riesige Steinblöcke durch die Luft fahren ließen oder durch ihren Schrei *«Pharao und seinen Rat zu Boden warfen und Viele töteten»*[2]. – Ebenso von Frauen, die durch ein Wort oder Lied – oder auch nur durch ein Lachen – Schicksale wendeten. Dem gegenüber besteht die Magie des Dao in der Konzentration auf Klarheit, Einfachheit und Sanftheit – ja, in der vollkommensten Unscheinbarkeit. Die späteren Kapitel dieses Buchs werden das näher erklären.

Dao – der *Daoismus als Philosophie* – könnte auch genannt werden: die umfassendste, tiefgreifendste und in jedem Lebensbereich der Welt gültige Lehre, ausgerichtet *auf konkrete praktische Umsetzung im irdischen Leben*: Wissenschaft von Staats- und Kriegsführung; – Wissenschaft erfolgreicher Landwirtschaft und Gemeinschaftslebens; – Wissenschaft des Heilens, hohen spirituellen Strebens und höchsten spirituellen Erreichens. – Im Westen ist die *ursprüngliche* Anthroposophie von Rudolf Steiner die einzige Philosophie, die mit dem Daoismus verglichen werden könnte.

Die typische *gnostische Philosophie* ist dagegen fast ausschließlich *mystisch* orientiert. Sie greift auf keinem einzigen Gebiet aktiv ins Weltgeschehen ein, ja, sie sagt von sich explizit, daß sie zwar *in dieser Welt stehe,* aber doch *nicht von dieser Welt sei.* Während der Daoismus sein Wirken ganz auf den Bereich der manifestierten Welt beschränkt, wie sie *ist,* sieht sich die Gnosis – vorallem die ‹moderne›, besser gesagt: die *aktuelle Gnosis* – an der Wende zur nächsten Welt-Epoche, wo die Dematerialisierung der manifestierten Welt, die heutzutage erst ihre Lichter voraus wirft, eine *vollendete Tatsache* sein wird. Den schon heute angestrebten individuellen *existentiellen Quantensprung* in diesem Sinne nennt die gnostische Geisteswissenschaft den *Prozeß von Reinigung, Erneuerung und Wandlung* (Transformation und Transfiguration). Im Zentrum aller derartigen Strömungen in Ost und West stehen die Begriffe des *Wegs, des Pfads,* des *Reisens* oder *Pilgerns* nach dem ‹*Einen Ziel*›: Das ist die Vereinigung mit dem All-Einen, dem ewig unveränderlichen Allein-Guten – mit Gott. Die Hauptbedingung zum Erlangen dieses höchsten aller Ziele ist das *Wenigerwerden des Ich,* das Zurücktreten des eigenen Willens hinter den Allwillen; das Verlassen eitler Geschäftigkeit und das Eintreten in die innere Harmonie, wo die ‹Stimme der Stille› vernommen, die Harmonie des Alls wahrgenommen werden kann.

Während nun die Anfänge der daoistischen oder ‹*chinesischen*› *Gnosis* je nach Sicht der Dinge bis 1500 und sogar bis 3000 v. Chr. zurück reichen, liegen die direkten Wurzeln der *aktuellen Gnosis* an der letzten Zeitenwende, d.h. um 200 v. Chr. bis 200 n.Chr. Das ist die Zeit, wo im ägyptischen Alexandria der *Hermetismus* blühte: – Daher die sogenannte *hermetische Überlieferung,* die sich auf die Lehren des griechischen *Hermes Trismegistos,* also des ägyptischen *THOT-Anubis (Tehuti* oder *Djehuti),* d.h. des babylonischen *Ningishzida,* Sohn von Enki, Bruder von *Marduk-RE* beruft.[3]

Mit *Gnosis* wird kurz die Einweihung bzw. *Selbst-Einweihung* ins antike, neuere und aktuelle *Mysterien*-Wissen bezeichnet. Das ist die Erforschung aller Ursachen und Wirkungen, die es im Universum je *gab,* die heute zu erfahren *sind,* oder die jemals ins Dasein treten *werden. Gnosis* ist keine akademisch intellektuelle Wissenschaft, sondern das *Aufblühen von Wahrnehmung und Bewußtsein* aufgrund eines Prozesses, der in den heiligen Schriften vieler Jahrhunderte als *Wiedergeburt aus Wasser und Geist* – oder in ähnlichen Ausdrücken – erwähnt wird. Wenn im Folgenden also die Ausdrücke *Dao, Weisheit* und *Gnosis* absolut äquivalent benutzt werden, so hat das seinen guten Grund. – Die wichtigsten Unterschiede aber wurden bereits genannt.

Eine der ehrwürdigsten Schriften in der geistigen Evolutionsgeschichte der Menschheit ist zweifellos das *Dao-De-Ging* – bekannt auch unter den Namen *Tao-Te-King, Tao-Te-Ching, Daodejing* und noch anderen. Bereits in diesen unterschiedlichen Umschriften zeigt sich die Problematik der Übertragung eines der berühmtesten chinesichen ‹Klassiker› ins moderne Umfeld, ca. 2500 Jahre nach seiner Entstehung: Selbst diese Entstehung liegt verborgen im Nebel verschiedener Mythen über das Leben von *Lao-Dse* (*Lao-Tse, Lao-Tzu, Lao-Tseu* und noch weitere Schreibweisen). Die Schreibung mit harten Konsonanten kommt teils aus dem Lateinischen, ganz am Beginn des Kontakts des Westens mit dem riesigen, kulturell damals äußerst inhomogenen Land China – fast ein Kontinent für sich selber – sowie aus der modernen angelsächsischen Kultur. Die weicheren Schreibweisen kamen erst in den letzten Jahren auf, nämlich seit Land, Kultur und Sprache Chinas im Westen besser bekannt wurden. Das beste Beispiel ist ‹Peking›, das heute sogar im breiten Publikum als *Bei-Jing* bekannt ist – und dies entspricht auch der Aussprache der Chinesen selbst.

Das vorliegende Buch bleibt (aus bibliographischen Gründen mit Ausnahme seines Untertitels) konsequent bei der Schreibweise *Lao-Dse* und *Dao-De-Ging*. Das hat zugleich den Vorteil, auch näher beim *I-Ging* (auch *I-Ching*, neuerdings sogar *Yi-Jing* genannt) – zu stehen, das ebenfalls ein ‹klassisches› Produkt des Daoismus ist: Entstanden um die letzte Zeitenwende (in der Han-Zeit, also 206 v.Chr bis 220 n.Chr) ist das *I-Ging* heute bekannt als das ‹*Buch genannt Der Klassiker der Wandlungen*›.[4]

Ein anderer alter Klassiker ist das Buch *Das Geheimnis des Goldenen Elixirs*, das sich mit der *daoistischen Alchemie* befaßt.[5]

Dementsprechend könnte man das *Dao-De-Ging* das ‹*Buch genannt Der Klassiker des Wegs zur Mitte (Dao) und zur Tugend (De)*› nennen. – Allein, bereits der Begriff von *Dao* wird verschieden übertragen: Als *Weg*, als *Methode*, als *Weisheit*, als *Kenntnis* ... – und das ist auch ganz berechtigt, wenn man *Dao* – ebenso wie die

LAO-DSE ALS PHILOSOPHEN-KAISER (heutiges China)

Gnosis – zugleich (d.h. *mehrschichtig*) auf der *über-kosmischen* Ebene der Gottheit, auf der Ebene des Universums (*Makrokosmos*), auf jener des *Kosmos* (unser Sonnensystem) und auch noch auf jener des einzelnen Menschen (*Mikrokosmos*) betrachtet. Auch darum darf man das chinesische *Dao* ganz äquivalent zur hellenistisch-hermetischen *Gnosis* nehmen: Dieser letzte Begriff kam etwa zur gleichen Zeit auf wie das *I-Ging*.

Wann aber entstand das *Dao-De-Ging?* – Natürlich zu Lebzeiten von Lao-Dse (falls dieser wirklich einer historisch festlegbaren Persönlichkeit entspricht); – das heißt, da es als eine *Summa Sapientiæ* – als ein *Compendium der höchsten Weisheit* gilt, *zu Ende* dieses Lebens. Allein, auch dessen Zeit ist umstritten: sowohl sechstes als auch viertes Jh. v.Chr. werden genannt, aber eher sechstes; denn einer der Mythen mit dieser Zeitangabe nennt den Namen eines historisch bekannten Feldherrn, während andere Mythen gar keinen anderen Namen nennen als den von Lao-Dse.

Folgt man diesen Angaben, so lebte Lao-Dse um die gleiche Zeit wie Plato und Buddha, bzw. wie Sokrates. Das würde bedeuten, daß Plato – und vielleicht auch Buddha – die Botschaft des Lao-Dse kannten. Reisen und Wissens-Austausch waren zu allen Zeiten eine Haupttätigkeit aller Eingeweihten in der Welt: von den buddhistischen Missionaren in Palästina Ende des 4. Jh. v.Chr. (was zur *gnostischen* Bewegung der *Essener* führte – mithin zur Lehre des ‹*Urchristentums*›) – über die arabischen Ritter bis zu einigen christlichen Mönchen, und von da bis zu den *Schülern der aktuellen Gnosis* überall in der modernen Welt.

Man kennt ja seit dem Mittelalter den Ausdruck *Fahrender Schüler*, von dem sich der *Wander-Prediger* nur durchs eigentliche *Missionieren* unterscheidet. Unverfälschte Texte wie z.B. die von der Kirche als ‹apokryph› disqualifizierten Schriften, die im 20. Jh. am Toten Meer und in Nag-Hammadi wieder-entdeckt wurden, lassen diese Einflüsse erkennen: ‹Evangelien›, ‹Akten› und ‹Briefe› nebst unzähligen weiteren hermetischen Schriften und ‹Büchern› tragen neben griechischen, syrischen, ägyptischen und rabbinischen Einflüssen mehr oder weniger deutliche Spuren der östlichen Philosophien. Daraus ergab sich die dem jeweiligen zeitlichem und kulturellem Umfeld sich anpassende plastische Masse von Lehren und Traditionen, die in geisteswissenschaftlichen Kreisen als *Universelle Überlieferung* oder auch als *Universelle Lehre* bezeichnet wird. – Allen echten Wahrheitssuchern ein überströmender Quell *belebender Nahrung*, gilt diese ‹Universelle Lehre› der geistigen Menschheits-Entwicklung als *Krone der Weisheit,* der jede Epoche einige neue Edelsteine einfügt. Den etablierten Priester Kasten war sie stets eine Krone mit ebensovielen Dornen. Die Dornenkrone Jesu gemäß dem Neuen Testament erscheint in diesem Zusammenhang als genaue Umkehrung dieses Bildes, was zu einigen tiefen Gedanken anregen mag ...

Zusammen mit den genannten Einflüssen aus dem nahen, dem mittleren und dem fernsten Orient gehört das *Dao-De-Ging* also zu den weit-verzweigten Wurzeln der westlichen Spiritualität – der *westlichen Gnosis.* Andererseits übernahm die fernöstliche Kultur manche Einflüsse aus den Wanderungen keltischer Stämme oder Pilger aus dem Westen. Dazwischen steht das *Druidentum* als keltische Hochtradition. Doch diese wurde durch die *Römer* fast ganz ausgerottet. Der intensive kulturelle und spirituelle Austausch zwischen West und Ost wurde dann über Jahrhunderte vermittelst der bekannten *Seidenstraße* unterhalten.

Ein Blick auf die *Geschichte Chinas* läßt aus dem vorgeschichtlichen Dunst naturmagischer Überlieferungen die *Shang-Dynastie* (1765-1123 v.Chr.) aufsteigen, in deren zweiter Hälfte die Entwicklung der chinesischen Schrift angesiedelt wird. Die Verbreitung der Schrift außerhalb der Tempel bedeutet jedoch stets den Untergang mündlicher Überlieferung. Zudem führt die schriftliche Formulierung von Geschichten (Mythen) und Sprüchen stets auch zu deren *Formalisierung* und *Formatierung,* woraus wiederum einander bekämpfende *Orthodoxien,* deren Anhänger- und Gegner schaften sowie die Anführer Beider hervorgehen. Und dies wiederum führt stets zu den bekannten Machtkämpfen, worin der ‹*Homo Sapiens Sapiens*› sich als wahrer *homo rudens ruens* – roher und unverständiger als jedes Tier – erweist: Keinem einzigen Tier käme es doch ein, fremden Rudeln oder gar ganzen Rassen seine Meinung aufzuzwingen, indem es sie tötet (!); – oder gar *Massentötungen*

als Mittel zur Vereinheitlichung der Meinungen zu veranstalten: *«Er nennt's Verstand und braucht's allein, um tierischer als jedes Tier zu sein! ...»*, sagt Mephistopheles in Goethe's Faust. — ‹Schriftliche› Mitteilung bedeutet zugleich *bildliche Mitteilung*, weshalb Schrift- und Symbol-Systemestets in engster Verbindung stehen und entstehen. Dies zeigen besonders deutlich die chinesische und die Runen-Schrift sowie die ägyptischen, persischen und Maya-Hieroglyphen, bzw. die sakrale Ikonographie aller Kulturen der Welt, samt deren graphischer und glyphischer Symbolik.

Gleichzeitig mit der Verallgemeinerung der Schrift gelangt ganz natürlich auch die sogenannte Gelehrsamkeit aus den Palästen und Tempeln der privilegierten Kasten hinaus ins Umfeld der gewöhnlichen Bevölkerung. Und dies wiederum führt zur Vermischung von Lehren und Systemen: Aus der Wahrsagekunst im Rahmen von Opfer-Riten (Brandopfer und Eingeweideschau; – in China vorallem Wahrsagerei auf Knochen) entstanden so die weniger aufwendigen Methoden mittels Karten, mit Schafgarben- oder Bambus-Stäbchen, aus Steinen, Asche, Wind, Wasser und Erde. Priesterlich magische Beschwörungsformeln wurden zu Gebeten, dann zu Liedern fürs Volk. – So wird das Rad von ‹Wissen› und Besserwissen, von Glauben und ‹Aberglauben› immer wieder neu in Schwung gehalten – mit allen sich daraus ergebenden Folgen.

Eine Eigenart, welche die Entwicklung der seit ca. 200 v.Chr. bis heute unveränderten chinesischen *Einheits-Schrift* mit sich brachte, ist die Verschiedenheit der *Aussprache* der Schriftzeichen – je nach Gebiet, wo der *Lesende* wohnt. Daraus folgt auf der akademischen Ebene die Schwierigkeit sicherer Interpretation phonetischer Umschriften für die chinesischen Zeichen, und auf der menschlichen Ebene eine Erschwerung der direkten Kommunikation: Zwei Chinesen aus weit entfernten Gebieten verstehen einander oft nur durch Schreiben; denn die Einheitlichkeit der Schrift wurde mit der Bildung des Han-Reiches fürs ganze riesige Reich von Staates wegen durchgesetzt.

Der kritische Leser sieht darin ein ‹doppelt genähtes› Werkzeug der Macht: Die Verschiedenheit der Sprachen und die Vereinheitlichung der offiziellen Schrift entsprechen dem berühmten *divide et impera* – teile und herrsche – aller zentralistischen und imperialistischen Machtsysteme rund um den Globus.

Ein Mittel der kulturellen Vereinheitlichung war übrigens der das kulturelle China dominierende *Konfuzianismus*. Dessen Vertretern oblag die normierte Kodifizierung der maßgeblichen

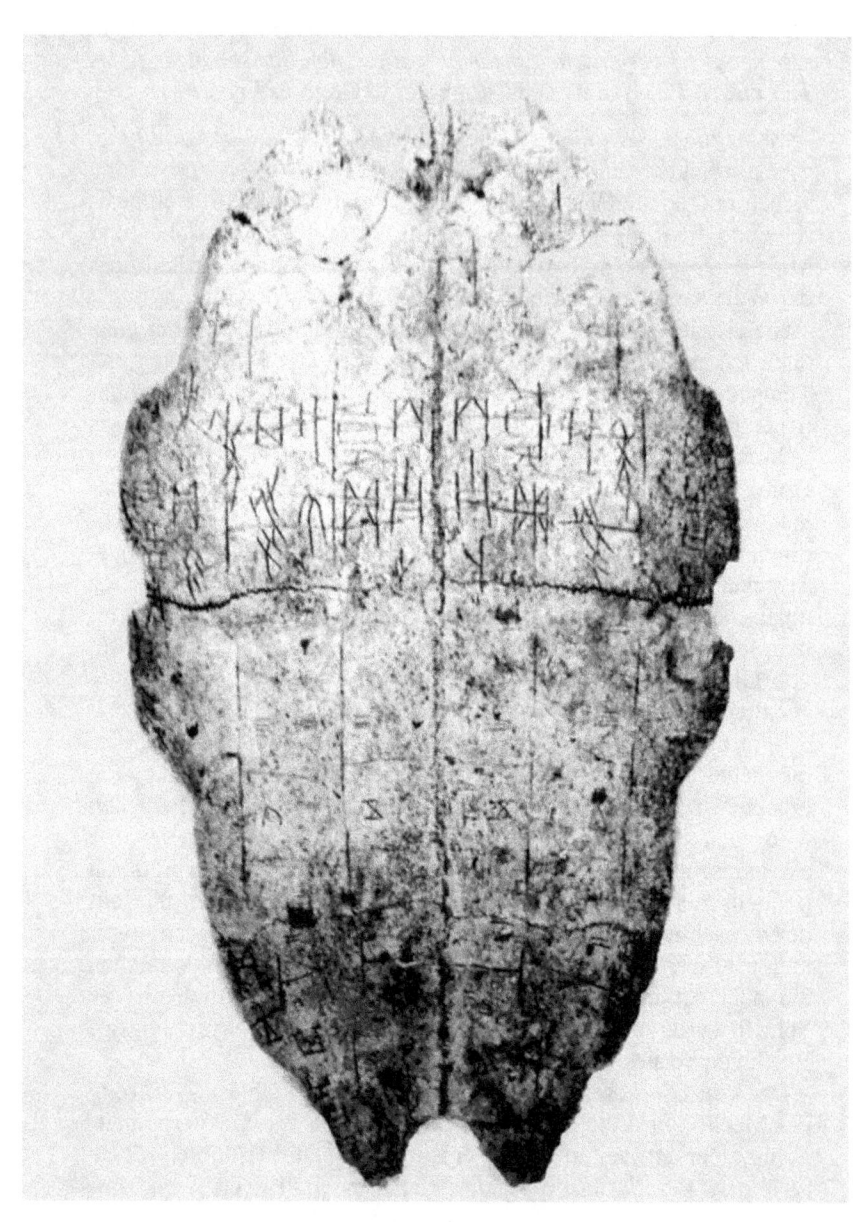

TIERISCHES SCHÄDELDACH ALS WAHRSAGE-KNOCHEN.

philosophischen Schriften. Daraus ergab sich im Mandschu-Reich ein ‹Kanon der wichtigsten Schriften› – damals als *Wei-De-Tang-Wu-Żung* betitelt, d.h. *«Fünf Text-Arten aus der Halle 'Nichts-als-Tugend'»*. Im 15. Jh. erschien dieser als *Dao-Dsang-Dsi-Yao*. In den 70-er Jahren des 20. Jh. wurde derselbe Kanon neu gedruckt. Er enthält fünf *Ging*'s (d.h. *Klassiker*): Das *Dao-De-Ging*, das *I-Ging* oder *Yi-Ging*, das *Sing-Ming-Xuang-Xiu-Hui-Ming-Ging*, d.h. *Klassiker der Anweisung zu Bewußtheit und Leben*; – das *Tai-I-Żin-Hua-Dsung-Ji* (d.h. *Das Prinzip der Goldenen Blüte vom Großen Einen*, seit den Herausgaben durch C.G. Jung und R. Wilhelm bekannt als *Das Geheimnis der Goldenen Blüte*[6]) – und fünftens der *Klassiker der Acht Weisen – Huainan-Dse Ging*.

Das *Hui-Min-Ging* wird einem *Liu-Ha-Yang* zugeschrieben. Als ‹Autor› von *Geheimnis der Goldenen Blüte* wird der hervorragende Daoist *Lü-Yen* (geb. 755 n.Chr.), auch bekannt unter den Beinamen *Lü-Dung-Bin* – d.h. ‹Höhlengast›, oder *Lü-Dse* (d.h. *Meister Lü*) – überliefert. Dieser war einer der «Acht Heiligen» und Gründer der daoistisch-esoterischen Geheimsekte des *Goldenen Lebens-Elixiers* – *Gin-Dan-Giau* – um 800 n.Chr. herum.

Lü-Yen – so R. Wilhelm – führte seine Lehre, die u.a. als Reform des überkommenen, damals aber degenerierten Daoismus gilt, auf den Meister *Guan Yin Hi* zurück, für den, gemäß einem der Mythen, Lao-Dse sein *Dao-De-Ging* aufschrieb; – also über *Lao-Dse*'s eigentlichen ‹Nachfolger› *Żuang-Dse* zurück auf *Lao-Dse* selbst.[7]

Erste Drucke dieser mündlich überlieferten Weisheitslehren mit buddhistischem Einfluß erschienen jedoch erst im 16. Jh. – Zuvor wie danach entstanden zahlreiche Kommentare zeitgenössischer bis heutiger Philosophen zu diesem Kodex der fünf ‹heiligen› – und vom Staat verordneten – chinesischen Haupt-Schriften. Einer der diesbezüglich größten Autoren war *Wang-Bi*, das ‹Wunderkind› (226-249 n.Chr.): Während seines kurzen Lebens schrieb dieser sowohl einen Kommentar zum *I-Ging* als auch einen zum *Dao-De-Ging* sowie eine ‹zusammenfassende Einführung› zum *Zhou-Yi*, einem Zusatzwerk zum *I-Ging*. Sein Werk prägte die geistlichen Ansichten nicht nur seiner eigenen Zeit, sondern auch der Jahrhunderte danach und bis heute. Seine Textversion des *Dao-De-Ging* ist eine von dreien, die zur Neu-Übersetzung aus dem Chinesischen für die vorliegende Ausgabe benutzt wurden.

Wang-Bi stand im Gegensatz zur sehr starken etablierten konfuzianistischen ‹Schule› der *Han-Dynastie* (206 v.Chr bis 220 n. Chr).

Um 618-906 folgte eine neue Zeit der Reichswirren, die erst während der Song-Dynastie (960-1279) mit Hilfe des dem Daoismus näheren *Neo-Konfuzianismus* beigelegt wurden – wieder zugunsten der staatlichen Vereinheitlichung der Kultur.

Zu Beginn des 18. Jh. veranlaßte Kaiser *Kang-Xi* (Qing-Dynastie, 1644-1911) eine neuerliche Normierung der genannten Haupttexte und ließ sie mit neokonfuzianischen Kommentaren als Standardwerke im Palast von Bei-Jing drucken. Daß diese Vereinheitlichung der *Form* und nicht dem *Inhalt* diente, versteht sich. Dennnoch soll der Druck des *I-Ging* von 1715 sehr getreu mit dessen ältestem bekannten Manuskript übereinstimmen, das in einem Grab von 138 v.Chr gefunden wurde (Wilhelm).

In seinem spirituellen Umfeld gesehen, ist das *Dao-De-Ging* in seiner heutigen Form also nicht einfach eine ‹chinesische Heilige Schrift›, sondern das synkretistische Resultat aus allen Einflüssen zwischen 800 v.Chr. und ca. 900 n.Chr. Zur Hauptsache gewiß vom originalen Daoismus geprägt, steht es doch sowohl den anderen orientalischen Religionen (Buddhismus, Sufitum, dazwischen auch noch Nestorianismus und Manichäismus) nahe, als auch der gleichzeitig im Westen aufgekommenen hellenistisch, ägyptisch, syrisch, rabbinisch und buddhistisch eingefärbten *gnostischen* Überlieferung und der sogenannten *Hermetik*. Wichtig ist der Hinweis, daß alle diese Systeme – wirklich alle! – die Überlieferung der operativen Alchemie enthalten, und zwar in absolut kompatibler bis identischer Symbolik, die freilich im mystischen Daoismus ebenso mystifiziert wurde wie im mystischen Christentum. Man denke nur an die Allegorien von ‹Erde›, ‹Wasser›, ‹Luft› und ‹Feuer›, die allen (wenn auch individuell gefärbt) gemeinsam ist.

Ja, sogar die *Scala Philosophorum* der westlichen Alchemisten findet sich im Piktogramm für *Dao* wieder (zusammengesetzt aus

Kopf, Weg und *Fuß*). Dieses Zeichen wird auch interpretiert als *Bewußtsein, Weg* (oder Treppe) und *Gehen*; – bzw. *Dao* selbst als *Weg, Bahn, Prozeß, Kreislauf* u.s.f. – Man sieht darin u.a. die Entsprechungen von Mikrokosmos (*siao-tien-di – kleines Weltall*), Kosmos (*tien-di – Himmel und Erde*) und Makrokosmos (t*ien-di-ji-hsing – das Gesetz*, wonach Himmel und Erde leben), ausgedrückt anhand der Begriffe ‹*Weg*› (des Menschen) und ‹*Bahn*› (der Gestirne), die auch in Vers 47 des *Dao-De-Ging* angesprochen sind. Der Zustand der letztlichen Vereinigung der Gegensätze ist dann eben *Dao* – oder *Tai-Ji*, das ‹Zweit-lose Eine›, aus welchem ständig das Paar von *Yin-Yang* sowie die entsprechenden *Gegensatzpaare* hervorgehen: *aktiv – passiv, dunkel – hell*; *planend – formend*; *befruchtend ausströmend – zum Formen aufsaugend* etc. – Diese Gegensätze sind es, die das Universum dynamisieren und dadurch erst sein Dasein ermöglichen. – Die jung'sche Sicht nennt hier *Animus* und *Anima*. Dem entsprechend teilt sich der Mensch *im Augenblick seiner Empfängnis* in *Wesen* und *Leben* (*Essenz* und *Dynamik*) – in *Ming* und *Sing*. Dazwischen steht *Sin*, das ‹*Herz*› als emotionales Bewußtseins-Zentrum.

Sing (‹*Animus*›), das (so Wilhelm) dem *Logos* nahe steht, ist der Teil, der im Jenseits nach der Auflösung des Mikrokosmos, bzw. im vorgeburtlichen Zustand, als *überbewußter Zustand* der Wesenheit und ‹geistiger Faktor› existiert. Bei der spermatischen Vereinigung zur Manifestationsform verbindet es sich eng mit *Ming* (dem ‹animalischen› Faktor – ‹*Anima*›), der sein *Menschsein* bestimmt: das ist sein *individuelles Geschick* und sein *überpersönliches, himmlisches* ‹*Verhängnis*› oder ‹Gesetz› (Karma oder Kollektiv-Seele), das gemäß Wilhelm im Daoismus als *Zufall* betrachtet wird.

Ming, der ‹dumpfe Wille›, der, von den Leidenschaften angestachelt, den Menschen zur *Ausströmung der Lebenskräfte* treibt, wird als *sinkend* oder *fallend* gedacht, *Sing* als *steigend*. Dadurch kommt das *Ich* in einen schwebenden Zustand, worin es zur *Wahl* gezwungen wird: Entscheidet es sich für das *Verströmen* der Lebenskraft, so *fällt* es dem Tod entgegen. Verwirklicht es jedoch die *Verinnerlichung* der Lebenskräfte so, daß jene in einer ‹inneren Rotation der Monade› einen stabilen unabhängigen Lebens-Kreislauf aufbauen können (man erinnere sich an die ‹Zirkulation› im ‹Athanor›), so wird eine *steigende* Bewegung eingeleitet, wodurch das Ich der Verquickung mit den ‹10'000 Dingen› der Welt entsteigt und nach dem physischen Tod des Menschen lebendig und wirkend bleibt. Solche Wesenheiten sind die heiligen Helfer und Inspiratoren der Menschheit aus dem Jenseits: hohe ‹*Geister*›, im Chinesischen ‹*Shen*› – ein *Gott* – genannt. Es liegt nahe, daß aus diesem Ausdruck der arabische *Djin*, und über das Lateinische, das keinen *sh*-Laut kennt, das westliche *Genie* wurden ...

Diese Genien sind jedoch noch immer persönlich, also ebenso der Vergänglichkeit unterworfen wie Himmel und Erde. Ganz ewig ist nur die Gold-Blume, erblüht unter der vollkommenen Loslösung des Menschen von allen Dingen und Welten. Das ist die

Kung-Fu-Dse («Confucius»), 551-479 v. Chr.

Goldene Blüte des alten Daoismus – die *Goldene Rose* der modernen Rosenkreuzer. Solch ein Ich ist nicht mehr auf die Monade beschränkt: Es durchbricht das Universum der Dichotomien und vereinigt sich mit dem ‹Zweit-losen Einen› – mit *Dao*. Während nun im Buddhismus diese Ver-Einigung ein völliges Erlöschen des Ich bedeutet (das als solches Illusion ist), bleibt im Daoismus eine verklärte Ich-Substanz sozusagen als Bewußtseins-Essenz erhalten (Wilhelm nennt sie ‹die Idee der Person›), die ins *Gedächtnis des Universums* eingeht: Das ist *«das Licht, das zu sich selbst zurück kehrt»* (*ming* heißt auch *leuchten*).

Der Zwischenweg besteht in einem *teilweise aufwärts strebenden* Menschenleben, wonach das ‹Ich› beim physischen Tod der dreifachen Persönlichkeit in eine (europäisch ausgedrückt) astrale Reinigungsphase eintritt, worin es (daoistisch gesehen) als seliger Geist – als ein sich zurückziehender ‹*Dämon*› (chin. ‹*Gui*›) – die Früchte seiner guten und schlechten Taten erntet. Das ist aber ein machtloses Schemen ohne ‹Schicksal› noch Kraft, das sich in dieser Zwischenwelt nur so lange halten kann, wie die Totenopfer seiner Hinterbliebenen es nähren. Dabei bildet es den ‹psychischen› Vorrat, mit dem es, einen neuen Mutterschoß passierend, den nächsten Existennz-Kreislauf antreten wird. Wer die heutige *Universelle Lehre* kennt, erkennt die Parallelen.

Im Gegensatz zur betont intellektuell mystischen, didaktisch *zwingenden Lehre des Westens* über dieselbe Thematik stehen das *chinesische Konzept* und seine Methode viel näher dem konkreten Erleben und dessen *innerer Magie*, indem die abstrakten Elemente hier nicht ausgesprochen werden, sondern nur mittels bildlicher Analogien das überpersönlich Unbewußte des Menschen wie eine Saite angeschlagen und *zur Resonanz eingeladen* wird, so wie dies dem Bildbewußtsein der antiken und der alt-chinesischen Welt eben entspricht. Der Schlüssel zum Verständnis des West-Menschen für dieses System ist *bildlich-kindliche Einfühlung*. Dasselbe gilt für die chinesische Schrift als *sprach-unabhängiges* Kommunikationsmittel – und es machte die gegenwärtige Übersetzung möglich.

Auf solch unbefangener Offenheit gegenüber allem ‹Chinesischen› beruht die gegenwärtige, aktuell gnostisch kommentierte Ausgabe des *Dao-De-Ging* – doch erst *nach akribischer Analyse*: Primär getreuem Übersetzen nach den striktesten Regeln verpflichtet, jede moderne westliche Interpolation vermeidend, setzen Übersetzung und Kommentar das soziokulturelle Umfeld zur Entstehungszeit des Dao-De-Ging und die damalige philosophische Ära in Beziehung zum Umfeld von heute und zum Begriff vom inneren Weg der Menschheit durch die Jahrtausende – besonders aber seit dem Beginn des letztvergangenen Jahrhunderts; – anders gesagt: mit den menschlichen Bedürfnissen an der aktuellen Zeitenwende – der zweiten seit der Entstehung des originalen Dao-De-Ging.

Alle im gegenwärtigen Buch gegebenen Übertragungen gehen darum von drei Grundbedingungen als einer Voraussetzung aus, die erfüllt sein soll, um Anspruch auf Gültigkeit erheben zu können:

1° Der gesamte Text einer ‹Nummer› soll in sich selbst harmonisch sein, d.h.: Er darf sich (abgesehen vom ‹taoistischen Paradoxon›) nirgends widersprechen: Allfällige Widersprüche müssen sich in den roten Faden des Ganzen sinnvoll einordnen lassen: Bisherige Versionen widersprechen sich oft selber auf unbegreifliche Weise; – gelegentlich sogar in derselben Zeile.

2° In jeder Nummer soll ein Grundgedanke, eine Grundstimmung, eine Hauptbotschaft – oder all dies gleichzeitig – erkennbar sein.

3° Jede Nummer soll neben einer welt-menschlichen Forderung, die ein «*weiser Herrscher*» erfüllen kann, eine esoterische Bedeutung erkennen lassen, die für den Kandidaten auf dem Einweihungspfad von Dao relevant und umsetzbar erscheint (der Titel *Dao-De-Ging* erhebt selber genau diesen Anspruch).

Um die genannten drei Bedingungen bestmöglich zu erfüllen, wurde auf eine große Anzahl westlicher ‹Übersetzungen› zurückgegriffen: Die deutschsprachige Version eines ‹Anonymus› (2005); jene anerkannter Kapazitäten wie Werner Classen (1945); O. Sumitomo (o.J.); Hans Knospe und Odette Brändli (1985); Asgard Gerstner (2001); Rudolf Backofen (1949); Gia-Fu Feng & Jane English (deutsch durch U. Lütjohann); Vincenz Hundhausen (1942); Bodo Kirchner (2000); Ernst Schwarz (1978); Richard Wilhelm (1911); – die sicher maßgeblichste französische Version von Stanislas Julien (o.J.); – die italienische Version von Luciano Parinetto (1995); – die spanischen Versionen von Antonio Rivas (o.J.) und ‹Ratmachine› (o.J.); – die holländische Version von John Wilemsens (1990 /1992, Hrsg. J.L.L. Duyvendak). – Englische Versionen von R.B. Blakney, Stephen Mitchell, Brian B. Walker, Sam Torode & Dwight Goddard,

Jonathan Star, Chu Ta-Kao, Ursula K. Le Guin, Thomas Cleary, Victor H. Mair, Gia-Fu Feng & Jane English (englisch); und endlich: Addiss, Lombardo & Watso; Man-Ho Kwok & Martin Palmer.

Insgesamt wurden also rund 30 westliche Versionen in 6 Sprachen berücksichtigt. – Es zeigte sich jedoch, daß nur eine eigene Übersetzung (aufgrund dreier chinesischer ‹Urtexte› – darunter der von *Wang-Bi*, siehe oben) die genannten strengen Bedingungen erfüllen konnte – ermöglicht dank den elektronischen Übersetzungs-Hilfen auf dem Internet: ‹Google›, ‹Babylon› und der *MDBG Chinese-English Dictionnary* – und dank vielen, vielen Übersetzungen und Deutungen heutiger Chinesen – ebenfalls auf dem Internet.[8]

Manche der Texte erscheinen nun in einer Übertragung, die in starkem Gegensatz steht zu all den z.t. einmütigen, z.t. einander völlig widersprechenden früheren, die zum Vergleich herangezogen wurden. Die textbezogenen Fußnoten erklären viele dieser Unterschiede und geben auch weitere mögliche Varianten an. Grundsätzlich jedoch folgt diese neue Übersetzung *zeichengenau getreu* dem Text. Daß aus der oft großen Auswahl von Möglichkeiten jeweils die kulturell zeitgenössischste oder/und spirituell plausibelste Variante bevorzugt wurde, versteht sich von selbst.

Intensive Studien des Wegs der Gnosis durch die Jahrtausende samt einigen eigenen Erfahrungen auf diesem Weg mögen die Kühnheit legitimieren, diese Übersetzung und Kommentare zu wagen. Wie nahe das Ergebnis dem Anliegen des Herausgebers und den genannten hohen Ansprüchen komme – wie fern es denselben trotz allen Bemühens bleibe, ja, wegen der Unvereinbarkeit der beiden Welten und der Beiden Naturen bleiben muß, möge eine wohlwollende Leserschaft fundiert beurteilen.

Das vorliegende Buch in seiner zweiten Ausgabe überträgt *neu den Text aller 81* ‹*Nummern*› *des Dao-De-Ging*; der eigentliche Kommentar erfaßt aber wiederum nur die ‹Kapitel› 34 bis 81. Den ‹Versen› 1-33 wurden bloß einige textbezogene Fußnoten sowie *grundsätzliche Deutungs-Hinweise* mitgegeben – bzw. Verweise auf entsprechende Kommentare zu späteren Kapiteln. Ein Buch, betitelt *Chinesische Gnosis*, mit gnostisch esoterischen Deutungen zu Kapitel 1 bis 33, erschien, wie früher bemerkt, bereits im Jahr

1980. Sein Autor, *Jan van Rijckenborgh*, und die Endredaktorin nach dessen Tod, *Catharose de Petri*, sind bekannt geworden, weil diese Zwei seit Beginn des 20. Jahrhunderts die gnostische Überlieferung in Europa neu belebten und beseelten. Die daraus entstandene *rosenkreuzerische Bewegung* stellt den entscheidenden Schritt dar, wodurch die stark orientalisch orientierte *Theosophie* samt den *freimaurerischen Strömungen*, die damit verbunden waren, aus der Abgeschiedenheit eklektischer Zirkel und Logen herausgehoben und in die moderne Öffentlichkeit hinausgetragen wurde. Es versteht sich von selbst, daß solch eine neue Bewegung der Menschheit stark auf vorangegangenen Bruderschaften – wie jener der *Katharer* des 11. bis 14. Jh. und jener der Rosenkreuzer des 17. und 18. Jh. – als auf einem verschütteten Erbe fußte, genau wie die ‹Ur-*Anthroposophie*› von Rudolf Steiner, dessen rosenkreuzerische Initiative allerdings in seinem Umkreis keine Gefolgschaft fand.

Das vorliegende Buch knüpft in heutiger Form – aber *im Dienst an derselben Ideation* – an den bewährten ‹Formeln› des letzten Jahrhunderts an, doch versteht es sich – am Eintritt ins neue Jahrtausend – als eine Arbeit für die breite Öffentlichkeit. Es ist so gestaltet, daß es *allen Lesern von heute* einen ungezwungenen Zugang zum *Dao-De-Ging* – und zugleich zu den Grundsätzen und Sichtweisen der aktuellen Gnosis – eröffnen kann.[8a]

Jedenfalls kann und will die vorliegende Arbeit in keiner einzigen Hinsicht eine abschließende sein: Vielmehr möge sie neue Öffnungen bohren in z.t. verhärtete Ansichten, die im gerade erst vergangenen 20. Jahrhundert durch die Paarung akademischer Selbstzufriedenheit des Geistes mit mystisch-magischer Unsicherheit der Seele geformt wurden. – Gibt es doch auf diesem Gebiet nichts Feststehendes für uns Menschen: Alles ist im Fluß, einschließlich des Einen, sich ewig Wandelnden, dem bei stetiger Bewegung stets in sich selbst Ruhenden: ‹Brahma› – ‹Dao› – ‹Gnosis›; – Licht, Wahrheit und Leben!

Dank gebührt der jungen Gelehrten Dr. *Tao Wang*, die unsere Übertragungen gut hieß und einige wertvolle Anregungen dazu beitrug, welche in diese zweite Ausgabe integriert wurden.

Die Kommentare beleuchten außer den eigentlichen spirituellen Aspekten auch Parallelen und Wechselwirkungen zwischen einer ernsthaften gnostischen *Queste*, der wogenden See des Weltgeschehens heute und der Kulturgeschichte des Alten China. Damit spricht diese Ausgabe des Dao-De-Ging auch jene Menschen an, die keiner eigentlichen spirituellen Ambition oder Richtung folgen mögen, sondern allein an der Schönheit des Texts und an einer aktuell verständlichen, leicht akzeptierbaren, ganz undogmatischen Deutung interessiert sind. – Möchten sie alle auf ihre Rechnung kommen: das wäre unser großer Wunsch!

Die esoterischen Kommentare zu den ‹Versen› (‹Nummern› oder ‹Kapiteln›) 34 bis 37 des *Ersten Teils* – DAO-GING – bilden eine Art Brücke zur Begriffswelt des Buchs. Auch darum wird der eigentliche *Zweite Teil* – DE-GING, mit den Nummern 38-81 – durch ein entsprechendes Titelblatt eröffnet.

Das ganze Buch möchte – wie das *Dao-De-Ging* selbst – *drei Schichten zugleich* beleben: Eine erste, moralisch-sittliche Schicht fürs alltägliche Leben von Jedermann, eine zweite Schicht betreffend die ‹hohe Tugend› des Herrschers (DE) – und eine oberste, auf die wahre Bestimmung, den eigentlichen *inneren Sinn allen Lebens* ausgerichtete Schicht: Die *Heilige Hochzeit* der *isolierten Einen* (der Menschen in dieser Welt) mit dem ‹*zweit-losen Einen*›, dem *All-ein-Guten*, dem *Alles-in-Allem* und *-Allen*; – des ‹*einen*›, vergänglichen, unter dem Stigma der Todesnatur geborenen Menschen mit dem ‹*Anderen*›, dem neuen himmlischen Menschen *in ihm*.

Die unfaßbare Schönheit dieser Aussicht zeigt der hoffnungsvolle Vers aus dem *Hui-Ming-Ging*:

> *Die Wolken schwinden im blauen Raum —*
> *die Berge leuchten klar.*
> *Bewußtsein löst sich in Schauen auf —*
> *Die Mondenscheibe einsam ruht ...*

*

---

* «Gering ist der Mensch trotz höchstem Streben» *(P.M.)*

TEIL I:

«DAO-GING»

道經

DER UNVERÄNDERLICHE WEG

Sinnvolle Übertragung der roten Zeile:
Der berühmten goldenen Verse, der Blüten Innerer Lehren Erster Teil*

錦繡中華之一頁
第一章

道可道，非常道。名可名，非常名。
無名天地之始；有名萬物之母。
故常無，欲以觀其妙；常有，欲以觀其徼。
此兩者，同出而異名，同謂之玄。玄之又玄，眾妙之門。

* Genau bedeuten die ersten zwei Zeichen zusammen: *berühmt, glorreich, wunderbar*; – einzeln heißen sie: *golden, herrlich*, bzw. *Stickereien, Zierat* (franz. *broderie*). – Das zweite *Zeichen-Paar* heißt einzeln: *Inneres, Lehre, Vermittlung*, bzw. *großartig, blumig, blühend*; zusammen aber stehen sie schon seit Alters für *China* (das *Reich der Mitte*). Die drei letzten Zeichen sind zu lesen als: *Ihr einer* oder *erster Teil* (von den zweien, *Dao-Ging* und *De-Ging*). Kombiniert (Begründung siehe spätere Beispiele): *Der berühmten Goldstickereien esoterischer Lehren Chinas Erster Teil*.

Die Version *goldene Verse* will an die *Goldenen Verse* des Pythagoras, eines Zeitgenossen von Lao-Dse erinnern.

01.

DAO als Weg, den man gehen kann,
ist nicht das ewige DAO. —[*]
Kein Name, den man [dafür] nennen mag,
ist jemals des Ewigen Name. —
Keinen Namen hat des Himmels und der Erde Ursprung —
Der bestehende Name meint die Mutter der 10'000 Dinge.
Infolgedessen:
Wenige [nur] verlangen sehnlichst, zu schauen seine Wunder —
Viele gibt es, die studieren sein Äußerliches —[**]
So gibt es beiderlei:
Ähnlich sind beider Beweggründe und der geheimnisvolle Name —
ähnlich rufen sie die Mysterien auf:
Geheimnisvoll, sehr verborgen und vielfach wunderbar
sind deren Pforten.

---

[*] *Einzeln* könnte man 非常 lesen als: *ist nicht der ewige Weg.* – Das wäre aber falsch; denn *es ist* der seit ‹ewigen› Zeiten gelehrte, zeitlos ‹ewige› Weg. Als Zeichen-Paar heißt 非常: *außerordentlich, unermeßlich, grenzenlos, gewaltig, enorm, unglaublich, äußerst kostbar.* – Als Lesart also: *ein unbeschreiblicher Weg.* – Die ganz Wenigen, die ihn mit allen Konsequenzen gehen, erfahren, *wie unbeschreiblich* dieser Weg wirklich ist. Das ganze *Dao-De-Ging* tut nichts anderes, als diese Unbeschreiblichkeit zu umgehen, um ihn als die praktische Realität zu erklären, die er *eben auch ist.* In diesem echt esoterischen Sinne verstanden, trifft auf den Weg von Dao dasselbe zu wie auf den der operativen Alchemie: «*Unter 1000 ist kaum einer, der ihn zum Guten Ende gebracht*». – Dementsprechend ‹gemischt› gelesen, ist *der Name, den man nennen kann – Dao –* «*… nicht wirklich des Absoluten Name*»: Name ist nur Zeichen; ist nur *Symbol.* – Unaussprechlicher Inhalt ist Alles! Je rudimentärer die Texte des *Dao-De-Ging* erscheinen, desto vielschichtiger sind sie; desto größer des Lesers *Freiheit und Dilemma,* seine *inner-eigene* Deutung zu finden: So unterscheiden sich selbst die chinesischen Versionen z.T. beträchtlich von einander. Ein *definitiv richtiges* Verständnis ist weder hier noch sonstwo möglich. Höchstens kann man ausschließen, was kein sinnvolles Ganzes ergibt, was der Intention des Texts Gewalt antut, oder was fürs China des Lao Dse ganz unpassend ist. Dieses *Zeichen-Spiel* ist typisch fürs ganze *Dao-De-Ging.*

[**] Zeichengenau: *Grenzen; darum herum gehen* – udgl.

第二章

天下皆知美之為美,斯惡已。皆知善之為善,斯不善已。
有無相生,難易相成,長短相形,高下相傾,音聲相和,
前后相隨。
是以聖人處無為之事,行不言之教;萬物作而弗始,
生而弗有,為而弗恃,功成而不居。夫唯弗居,是以不去。

02.

Alle Welt weiß: Gutes folgt auf Gutes,
solange das Böse aufgehoben ist.
Jederman weiß: Anständigkeit folgt auf Anständigkeit,
solange der Anstand nicht aufhört.

Daraus folgt:[*]
Die Realität der Gegensatz-Paare taucht auf:
Schwierigkeiten wechseln mit Erfolg —
Reichtum und Mangel erscheinen wechselnd —
Erhabenheit und Niedrigkeit jagen einander—
Wohlklang und Lärm sind miteinander vermischt —
Früher und Später bezwingen einander.

Unaufhörlich geht es so.[**]

Der rechte Eingeweihte macht Nicht-tun zu seinem Ziel
und übt Nicht-sprechen als seine Lehre.
Alle 10'000 Dinge greifen ihn an – aber er gibt nicht auf.

Werdend, nicht seiend —
Handelnd, aber sich auf nichts verlassend —
Großtaten vollbringend, aber nicht verweilend —
Als Mensch einsam und ohne Zuhause —
das Rechte tuend ohne Unterlaß.

---

[*] Blau: Textvariante Wang-Bi
[**] Rot: Variante einer dritten Textversion unbekannter Herkunft (siehe Kommentare ab N° 34).

第三章

不尚賢,使民不爭;不貴難得之貨,使民不為盜;不見可欲,使民心不亂。
是以聖人之治,虛其心,實其腹,弱其志,強其骨。常使民無知無欲。使夫智者不敢為也。為無為,則無不治。

03.

[Vergib] keine Auszeichnung an Tüchtige —
dann kämpfen die Leute nicht darum.
[Zeig] keine kostbaren, ihnen schwer erreichbare Güter —
dann werden die Leute keine Diebe sein.
Gib weniger Begierden Raum —
dann denkt das Volk nicht an Aufruhr.[*]
Der wirklich weise [Herrscher] regiert so:

Leer ist sein Herz [von Wünschen und Gedanken] —
voll ist sein Bauch [von Genügsaamkeit].
Untergeordnet ist sein Wollen —
kraftvoll sind seine Absicht, Geist und Seele.[**]

Stets sorgt er dafür, daß das Volk
ungebildet und uneigennützig bleibt —[***]
er macht, daß die Menschen
kluge Untertanen sind und sich nicht getrauen, zuviel zu tun.

Tuend im Nicht-tun regiert er ohne Unheil[※].

---

[*] Unter *Volk* ist auf der esoterischen Ebene des Texts immer an die *Persönlichkeit des Kandidaten selbst* zu denken (siehe Kommentare in späteren Kapiteln ab N° 34).

[**] Die *Polyvalenz* chinesischer Ideogramme wie 心 – *Herz* und 志 – *Wille, Bestrebung, Sehnsucht* (worin das Ideogramm *Herz* enthalten ist) kann im Deutschen nur durch *mehrere Ausdrücke neben einander* übertragen werden. (Siehe Kommentare ab N° 34).

[***] Vgl. Text N° 65 und Kommentar.

[※] Gemeint: ohne gestürzt oder umgebracht zu werden.

第四章

道沖,而用之或不盈。淵兮,似萬物之宗;挫其銳,解其紛,和其光,同其塵。湛兮,似或存。吾不知誰之子,象帝之先

04.

Dao ist ein Ozean,
den niemand je vollkommen austrinken kann.
Oh Du Abgrundtiefe!
Die 10'000 Dinge sind Gleichnisse nach Deinem Vorbild! [*]
   Seine Heftigkeit besiegend —
   Sein Durcheinander klärend —
   Harmonie in seine Lichter bringend —
   Sich seinem Staub gleich machend —[**]
Oh Tiefe! [***] *– Daß es so etwas nur irgend geben kann!*

[*] Die ganze Schöpfung – aber auch jedes einzelne Geschöpf darin – sind Bild und Gleichnis der Urmutter, woraus sie entstanden – DAO. Das entspricht der Aussage des *Corpus Hermeticum* – «Wie im Großen, so im Kleinen». Universum, ‹Milchstraßensysteme› (Makrokosmen), Sonnensysteme (Kosmen), jedes Geschöpf (Mikrokosmen) und jede kleinste Zelle (bis zum Atom) entsprechen einander – trotz ihrer unterschiedlichen Natur – aufgrund der Allem gemeinsamen universellen, ganz geistigen Grund-Energie (vgl. die ‹Platonischen Körper› und ihr Aufbau aus einem gemeinsamen Grundelement – dem Tetraeder, welcher seinerseits der pythagoräischen ‹Tetraktys› entspricht.

[**] Diese vier Zeilen sind genau identisch mit jenen im zweiten Abschnitt von N° 56. (siehe dort, samt Kommentar dazu).

[***] Auch bei den valentinianischen Gnostikern wurde der Urgrund, aus dem Alles hervorgeht (Bœhme's ‹Ungrund›), *Tiefe* genannt – vielleicht auch so angerufen. – Moderne Physik nennt dies die *Raum-Zeit-Energie*.

第五章

天地不仁,以萬物為芻狗;聖人不仁,以百姓為芻狗。
天地之間,其猶橐籥乎?虛而不屈,動而愈出。
多言數窮,不如守中。

05.

Himmel und Erde sind von unbewegter Strenge —
Ihnen sind die 10'000 Dinge wie Strohhunde.
Die Weisen sind von unbewegter Strenge —
Ihnen sind [selbst] die 100 Familien wie Strohhunde. [*]
Der Raum zwischen Himmel und Erde – ist er nicht wie ein Dudelsack? [**]
[Nichts als] Leere und unbewegt —
[Aber] bewege (spiele) ihn, und er wird immer ausdrucksvoller. [***]
Geschwätzigkeit, sagt das Sprichwort, ist schnell am Ende —
besser ist doch der Zurückhaltung Mittelmaß.

---

[*] Opferhunde aus Stroh. – Erklärung dafür siehe Kommentar zu N° 71. – Mit den wörtlich ‹100 Namen› sind hier wohl die noblen Familien gemeint, als Gegenpart zu den (beliebigen) 10'000 Dingen jeglicher Kategorie.

[**] Zeichengenau: … sie / entsprechen / Sack / Flöte / Frage-Partikel 乎. Die in vielen Übersetzungen gefundene Deutung *Blasebalg* wird den Ideogrammen 橐籥 nicht gerecht.
Der Dudelsack (‹*Sackpfeife*›) wird übrigens bereits im Alten Testament in Daniel 3:5, 10 und 15 (im Zusammenhang mit Nebukadnezar) erwähnt. Ebenso gibt es Hinweise auf Dudelsäcke in Ninive und Assyrien. Dudelsäcke wurden sogar in Ägypten gefunden und bis ins Jahr 1500 v.Chr. zurück datiert. Im Alten Indien und in China läßt sich die Tradition des Dudelsacks sogar bis fast 2600 v.Chr. zurückverfolgen!

[***] Dieser ‹Vers› baut offenbar auf einem Wortspiel mit *bewegt* und *unbewegt* – sowie mit *Zurückhaltung* und *Ausdruck* auf. Statt *unbewegt* i.S.v. *unbeugsam* könnte man auch *innere Kraft* sagen – so wie der noch *unbewegte* Dudelsack alle Töne, die man darauf spielen mag, als *innere Kraft* und potentiellen *Ausdruck* bereits *in sich hat*. – Damit wird auch der Übergang zur *Geschwätzigkeit* besser verständlich.

第六章
谷神不死，是謂玄牝。玄牝之門，是謂天地根。綿綿若存用之不勤。

06.

Das Untenliegende ist göttlich und unvergänglich — *
Es ist ein weibliches Mysterium.
Geheimnisvoll weiblich ist seine Öffnung. — **
Wirklich nennt man Himmel und Erde den Urquell:
Ewig scheinen sie zu dauern —
Um ihr Überleben muß man sich nicht sorgen. ***

---

* Wörtlich ebenso: *das Tal, das Untere, das tiefliegende* Göttliche; – insofern zu verstehen wie in N° 66. Doch darf man auch verstehen im Sinne der *Tabula Smaragdina*: *Das Obere und das Untere* – oder Yang und Yin. Dasselbe geht aus dem restlichen Text hervor. Die Bedeutung des ganzen Texts ist jedoch eher erahnbar als wörtlich übersetzbar.

** Variante: *Zu Recht nennt man das Mysterium ein Weib.* – [Denn] geheimnisvoll ist des Weibes Unterleib. Das *Große Mysterium* ist DAO; – aus DAO, der Urmutter kommen die ‹10'000 Dinge›, d.h. alle Geschöpfe hervor. Auch die Frau (als Symbol für DAO) ist als Mutter *«ein Kleines wie das Große»*. Darin liegt der Zusammenhang zwischen dieser und der ersten und vierten Zeile dieses Texts.

*** Ebensogut kann man lesen: *Ihre Nutzbarkeit ist [jedoch] nicht feststehend, stetig ...* – Dies im Sinne der periodischen kosmischen Kataklysmen mit der darauf folgenden Unwohnlichkeit beider Hemisphären (‹Steinzeit› des ‹Goldenen Zeitalters›) – sowohl der durch Feuer verbrannten als auch der durch Wassermassen überfluteten. Eigenartig berührt den westlichen Leser dieser offene Widerspruch in ein und demselben Zeichen 勤 – ein typisches *taoistisches Paradoxon*.

第七章

天長地久。天地所以能長且久者，以其不自生，故能長生。是以聖人后其身而身先；外其身而身存。非以其無私邪？故能成其私。

07.

Das Himmlische ist ewig, das Irdische währt lange (久)*.*
Daher ist das Universum fähig, immerwährend zu gedeihen,
jetzt und immerdar: —
So wie es nie entstanden ist,[*]
so vermag es, ewig zu dauern. (久)
Der rechte Weise lebt so:
Er setzt sein 身 *hintan und doch steht* 身 *zuvorderst —*
er läßt sein 身 *los, und so wird er* 身 *behalten.*[**]
Verursacht nicht seine Unpersönlichkeit Schaden?[***]
[Nein —]
Daher ist er imstande, sich persönlich zu vervollkommnen.[※]

---

[*] Ein heutiger chinesischer Interpret formuliert (hier in lesbares Deutsch übertragen): *Weil* (*wenn, falls*) *sie* (Himmel und Erde) *sich nicht um ihr eigenes Überleben und den natürlichen Lauf der Dinge sorgen.*

[**] Enthielt die vorhergehende N° ein Wortspiel, so diese hier ein Spiel mit dem Zeichen 身 (shēn) und dessen vielen Bedeutungen: *Lebensumstände, Lebensdauer, Leben, Person, Leib, Leiche, Platz, Rang, Stellung, Status, Hauptsache* etc. – Zu «und doch» äquivalent: *aber, und so, und zugleich.* Daraus wird z.B.: *Setzt er seine Lebensdauer hintan, so wird er lange leben; läßt er seinen Status fahren, so wird ihm sein Platz erhalten.* – Oder auch in den Worten des Evangeliums: *Die Letzten werden die Ersten sein* – und: *Wer sein Leben hingibt, der wird es behalten…* —

[***] In zwei fürs vorliegende Buch benutzten ‹Urtexten› endet diese Zeile mit dem *Fragezeichen* 乎 (mit der unausgesprochenen Antwort *Nein*). – Bei Wang-Bi enden dieselben Zeilen mit einem *Ausrufezeichen* – daher (wegen der Polyvalenz des Zeichens 邪, das auch übersetzbar ist als *Absurdität, Unvernunft, Schändliches, Böses* …): *Nie verursacht seine Selbstlosigkeit* oder *Unpersönlichkeit Böses!*

[※] Ebenso korrekte Variante: … *sein Innerstes zu verwandeln.*

第八章

上善若水。水善利萬物而不爭，處眾人之所惡，故幾于道。
居善地，心善淵，與善仁，言善信，政善治，事善能，動善時。
夫唯不爭，故無尤。

08.

Ein vorzüglicher Herrscher gleicht einem Fluß:
Ein friedlicher Fluß fördert unzählige Dinge und Wesen —
und dies ohne zu kämpfen.*

Handelt er so, daß das Volk seine Regierung haßt —
was bringt ihm das im Hinblick auf Dao?**
Sorgt er [aber] wohlwollend für das Land —
Ist sein innerstes Wesen zutiefst wohlwollend und tugendhaft —
ist seiner Rede wohlgesetzt und vertrauenswürdig —
ist er ein gerechter und tüchtiger Herrscher —
dann ist er gut geeignet für seine Aufgabe
und wird seine Regierungszeit vollkommen nutzen.***

Ein Mensch muß nur nicht streiten —
dann kennt er keine Zwischenfälle.※

---

* Das Zeichen 爭 umfaßt alles, was mit forciertem Wollen zu tun hat: *kämpfen, streiten, eifern, sich an Hindernissen stoßen* – im Gegensatz zur *angemessenen Anpassungsfähigkeit* (‹Weichheit› des Wassers); – siehe auch spätere Kapitel.

** Wang-Bi schreibt ohne ‹Frage-Zeichen›: ... *dann ist das wenig in Übereinstimmung mit Dao*.

*** Dieselben Zeichen erlauben auch die Lesart (im Gegensatz zur zweiten Zeile des zweiten Absatzes): *Dann wendet er seine Zeit* (die Zeitspanne, die ihm gegeben ist) *gut an.* – Der Sinn: Nur ein Herrscher, der nach Dao strebt, ist ein guter Herrscher; – nur die Zeit, die im Hinblick auf Dao angewendet wird, ist gut angewendete Lebenszeit.

※ Zeichengenau: *nichts Sonderbares*. In späteren Kapiteln steht der Ausdruck *Sonderbarkeiten* immer i.S.v. Anschlägen und (meist blutigen) Verbrechen. – Im Sinne der daoistischen Kriegsführung (‹*Formlosigkeit*› und ‹*Unsichtbarkeit*› gemäß *Sun-Dse*; – siehe Kommentare zu Kapiteln 36, 40, 49, 68, u.a.) könnte man auch lesen: *Ein einzelner Mensch, der nicht kämpft, fällt nicht auf.* – Oder siehe auch N° 22.

第九章

持而盈之，不如其已； 揣而銳之，不可長保。
金玉滿堂，莫之能守； 富貴而驕，自遺其咎。
功遂身退，天之道。

09.

Horten, wovon Du vollauf hast – das ziemt Dir nicht.
Mutmaßungen anstellen, wenn Entschlossenheit am Platz ist —
so einer ist nicht [einmal] fähig zum Anführen eines Wach-Trupps. *
Gold und Edelsteine sorglos im Haus —
Nichts und Niemand kann den beschützen. **
Reich, Edelmann und zugleich stolz —
von selbst verliert man diese Untugend! ***
Wer Großtaten vollbringt, und sich zurückzieht — ⊗
zum Himmelreich führt sein Weg! ‡

---

* Die von den bisherigen Übersetzern benutzten Substantive wie Bogen, Gefäß, Schwert etc. fehlen in allen drei für dieses Buch verwendeten Texten. Auch geht es hier nicht um schlechte Gewohnheiten, sondern um grundlegende Schwächen im Gegensatz zu Heldentum und zum Weg von Dao, der nicht einmal ausdrücklich genannt, sondern nur im letzten Zeichen – DAO – angedeutet wird: Der *tiefe Sinn* der Texte liegt nie an der Oberfläche und bezieht sich fast stets auf Herrscher und Umstände im China des 5. Jh. v. Chr.

** Das Zeichen 之 kann sowohl *ihn*, den Besitzer meinen, als auch *die*, die Schätze; in der *Mentalität* der chinesischen Schrift: *sie* – beides.

*** Genau wäre auch: *gewiß* – oder *sicher* – werden solche Fehler – oder auch: *diese Schande* – *verloren* oder *aufgegeben* ...

⊗ Es könnte auch heißen: «... und einen Ehrenplatz (oder *eine Pension auf Lebenszeit*) *zurückweist* ...». Jedenfalls geht es um Tüchtigkeit, echten Adel und Bescheidenheit im Gegensatz zu Leichtfertigkeit und Ehrsucht. Bisherige Übersetzungen übertragen nur drei der vier Zeichen dieser Sequenz.

‡ Das Zeichen 天 kann Himmel, Gott und Kaiser (auf verschiedenen Ebenen zugleich) meinen: Ein Solcher ist (im Gegensatz zu Zeile 3) *fähig zum Kaisertum* – ist quasi schon ein Kaiser, wie jener in der *Chymischen Hochzeit des Christian Rosencreutz!*

第十章

載營魄抱一，能無離乎？
專氣致柔，能如嬰兒乎？
滌除玄鑒，能如疵乎？
愛國治民，能無為乎？
天門開闔，能為雌乎？
明白四達，能無知乎？
生之，畜之，
生而不有；為而不恃；
長而不宰,是謂玄德.

10.

*[Wer] ein Heer führt und sein Herz auf das Eine ausrichtet —
darf [der] wirklich die Trennung mißachten?**
[Wer] erfährt, wie das Lebens-Prana zart sich ausdehnt —**
darf [der] sich wirklich gleich verhalten, wie ein kleiner Bub?
*[Wer] über das Ausrotten von Schmutz und Heimlichkeiten wacht —
darf [der] wirklich über Mängel hinweg sehen?*
*[Wer] mit Vaterlandsliebe das Volk regiert —
darf [der] wirklich untätig sein?*
*Der Mensch, der die Himmelstore öffnet und schließt —
darf [er] sich wirklich spielerisch aufführen wie ein Mädchen?*
*[Wer] die vier Hauptsachen klar erkannt hat —
darf [der] wirklich seine Kenntnis vernachlässigen?****
Ob Gelehrter oder Bauer:
Da er geboren ward, hatte und war er nichts —
Er macht Erfahrungen, verläßt sich aber nicht darauf —
[Er] wächst und bildet sich, aber [er] beherrscht nichts —
Zu Recht nennt man DE ein Mysterium.

---

* Der Kern dieser Reihe rhätorischer Fragen ist das 能 … 乎? (*kann/darf [man / er] wirklich …?*). Es geht also um Bewußtsein und Unterscheidungsvermögen. – Der Haupt-Tenor des Texts ist (wie andernorts auch): Der Weg von DAO besteht aus Kenntnis, Selbsterkenntnis und Selbstdisziplin; – den Inhalt von DE bilden konkrete Verhaltensweisen («Lebenshaltung») als sichtbare Zeichen auf dem angemahnten Weg zur Vollkommenheit. – *Trennung* kann hier alles zwischen *«weggehen»*, und *«sich aus dem Staube machen»* heißen. Die Frage ist also mehrdeutig.

** Das Zeichen 氣 heißt *Lebensatem, Geist* – ‹Qi› (vgl. N° 15); – heutige Chinesen interpretieren: *Prana*.

*** Bisherige Übertragungen dieses Texts sind meist allzu persönlich, und vordergründig auf abstrakt philosophische Gebote fixiert, sodaß sie sich auf erfundene Dinge und Beziehungen stützen mußten. Die hier gegebene Übertragung – streng textgenau mit Ausnahme der Klammerinhalte – strauchelt bei der letzten Frage: Meint 四達 die ‹4 Welt-Ecken›? – die 4 Kardinaltugenden? – eine der sprichwort-artigen Verwendungen von 四 (siehe S. 151)? Es könnte auch heißen: *«[Wer] strahlende Kenntnis der 4 Hauptziele* (von 達 – *Vorzüge) erreicht hat – kann [der] wirklich …?»* – Alle früheren Übersetzungen haben für 四 überhaupt keinen Ausdruck.
Die Schwierigkeit für den Übersetzer: Die Grundschwingung von in sich selbst scheinbar widersprüchlichen Zeichen zu verstehen. Ein Beispiel: Das Zeichen 玄 hat Bedeutungen wie: *Schmutz, schwarz, geheim, Mysterium.* – Die Grundschwingung: das polyvalente *dunkel.*

第十一章

三十輻，共一轂，當其無，有車之用。
埏埴以為器，當其無，有器之用。
鑿戶牖以為室，當其無，有室之用。
故有之以為利，無之以為用。

11.

Dreißig Speichen – eine Radnabe –
Genau da wo Nichts ist, erhält das Rad seine Nützlichkeit.*
Eine Begrenzung aus Lehm-Erde dient als Gefäß –
Was wie Nichts aussieht, gibt dem Gefäß seine Brauchbarkeit.**
Meißeln, mit Türen und Fenstern als Ergebnis –
Was man für Nichts hält, gibt dem Raum seine Verwendbarkeit.
Daher:
Etwas Stoffliches bewirkt den Zweck eines Dings –
Etwas Unstoffliches bewirkt seinen Nutzen.***

---

* Dieses allein nützliche ‹Nichts› ist nicht der beliebige Zwischenraum zwischen den Speichen, sondern *das Loch in der Nabe*, das lediglich durch die Speichen – ‹Gefäß› für die Nabe – ermöglicht wird.

** Der Text hat keine Verben wie *kneten, formen* udgl, wie doch so oft übersetzt wurde, sondern nur *Grenze, Begrenzung, Abgrenzung.* – Das ist dichterisch weniger ‹schön›, jedoch philosophisch tiefer und genauer.

*** Die einfache Wiederholung desselben deutschen Worts für die Wiederholung äquivalenter Zeichen würde der Vielfalt des Chinesischen nicht gerecht: Was der Westen für *Synonyma* hält, ist dem Chinesischen Vielschichtigkeit in *Nuancen*, die den meisten Westmenschen völlig unbewußt sind. Gerade dies macht den sprachlichen Reichtum und die philosophische Präzision des Originals aus. Es lohnt sich, diese Nuancen tief zu meditieren! – Was genau ist z.B. ‹*Etwas* ... ›? – Und: Nicht *alles* Unsubstanzielle bringt Nutzen!

第十二章

五色令人目盲；五音令人耳聾；五味令人口爽；馳騁畋獵，令人心發狂；難得之貨，令人行妨。是以聖人為腹不為目，故去彼取此。

12.

*Fünf Farbschattierungen [zugleich] bewirken,
daß der Blick verschwimmt. —
Fünf Befehle [zugleich] bewirken, daß das Ohr sich verschließt. —
Fünf Gewürze [zugleich] bewirken, daß der Mund kühl bleibt.* —[*]
*Rasen und Rennen und Jagen und Streben bewirken,
stechende Herz-Schmerzen und völlige Verrücktheit.*[**]
*Verlust und Gewinn mit Geld und Gut bewirken,
daß die Umgangsformen verderben.*[***]
*Der wirklich konsequente Weise sorgt für Nahrhaftes —
er lebt nicht von Erwägungen.*[‡]
Daher verläßt er Jene und wählt Dieses.[※]

---

[*] Man könnte auch sagen: *daß der Mund sich nicht erhitzt* oder daß er *offen* (unentschieden) *bleibt.*

[**] Und dies bereits ums 5. Jh. v. Chr !

[***] Andere, etwas freiere Lesart: *Übergroße Bemühungen zum Erreichen von Geld und Gut bewirken, daß das Weiterkommen verhindert wird.*

[‡] Varianten aller Satzteile vereint: *Der Weise, der wirklich seinen Vorteil nutzt, dient dem Magen, nicht dem Auge: er tut nichts um des guten Namens willen.* – Unter dem *Nahrhaften* verstehen wir aber lieber geistige Nahrung als stoffliche: Der Weise *sorgt* sich nicht ums tägliche Brot, worauf er *gemäß seinem Geschick* Anrecht hat; er hütet sich vor Spekulationen.

[※] Dieses letzte Zeichenpaket ist genau identisch mit der letzten Sequenz von N° 38. Auch der innere Sinn des ganzen letzten Absatzes ist ähnlich bzw. wortgleich wie jener dort; – entsprechend Sprichwörtern wie: «*Vom Hinsehen allein wird Keiner satt!*».

第十三章

寵辱若驚，貴大患若身。
何謂寵辱若驚？寵，為下，得之若驚，失之若驚，是謂寵辱若驚。
何謂貴大患若身？吾所以有大患者，為吾有身，及吾無身，
　吾有何患？
故貴以身為天下，若可寄天下；愛以身為天下，若可托天下。

13.

Ehrungen und Beschämungen erscheinen als ein Schreck —
Prächtigkeit und schwere Sorgen erscheinen als die Hauptsache. *
    Wie kann man sagen, Ehrung und Beschämung seien
        wie ein Schreck?
Ehrung [wird zur] Ursache für Erniedrigung —
sie zu erhalten, ist eine Überraschung; sie zu verlieren, ein Schreck.
Wirklich: ob Ehrung oder Beschämung – man erhält einen Schreck.
    Wie kann man sagen, Wohlstand und große Sorgen seien
        die Hauptsache?
Meine Arbeitsstelle und das entsprechende Einkommen sind
        Gegenstand großer Sorge.
Darum ist mein Einkommen die Hauptsache.
Wäre mein Emporkommen nicht die Hauptsache —
wie könnte dann meine Existenz eine Sorge sein? **
    Die Folge ist:
Wohlstand und persönliches Ansehen sind das Ziel der ganzen Welt.
Dies scheint gutzuheißen und zu glauben die ganze Welt.
Verliebt ins persönliche Ansehen ist die ganze Welt —
und damit scheint zufrieden und zuversichtlich die ganze Welt ...

---

* Mit *Sorgen* (das Zeichen enthält das Element *Herz* – 心) ist einfach das Gegenteil von *Wohlstand, Pracht, Gewinn* und *Zuversicht* gemeint.

** Die *erste Person* wurde nicht vom Übersetzer eingeführt: Sie steht mehrfach als 吾 – *ich, mein* – im Text. Das Ganze ist also weder eine direkte Belehrung, noch eine mystische Betrachtung, sondern eine ganz konkrete Zeitkritik – aktuell bereits ums 5. Jh. v.Chr. – vgl. N° 12!
Die materialistischen Eckpunkte werden noch betont durch die *Ähnlichkeit der Zeichen* für diese Hauptbegriffe: 所 – *Platz, Arbeitsstelle,* ‹*Job*›; 身 – *persönlich, Leben, Status, Hauptsache, lebenswichtig*; 者 – *Thema, Gegenstand, Person, persönlich*; 有 – *Einkommen, Existenz, sein, haben, müssen, bekommen.* – Alle Deutungen sind stets ausgewählt aus einer Vielfalt und daher – *innerhalb dieser inhärenten Bandbreite* – subjektiv.

Version Wang-Bi für die dritte Zeile des untenstehenden Texts:
繩繩不可名，復歸於無物。是謂無狀之狀 無物之象，是謂惚恍。

Version des ‹Texts unbekannter Herkunft› für dieselbe Zeile:
绳绳兮不可名，复归于物。是谓无状之状，无物之象，是谓惚恍。

第十四章

視之不見，名曰夷；聽之不聞，名曰希；搏之不得，名曰微。
此三者不可致詰，故混而為一。其上不皦皦，其下不昧。
繩繩不可名，復歸于物。是謂無狀之狀，無物之象，是謂惚恍
迎之不見其首，隨之不見其后。
執古之道，以御今之有。能知古始，是謂道紀。

14.

Studiert man ES, so zieht es sich zurück —
man nennt es ungehobelt.
Lauscht man IHM, so rümpft man die Nase —
man nennt ES eine Absonderlichkeit.
Greift man danach+, so erfaßt man nichts —
man nennt ES nichtig.
Diese drei Tatsachen kann man nicht lange studieren —
sie verursachen Verwirrung, bewirken aber dasselbe.
Sein Hohes wird nicht ausgesprochen —*
sein Niedriges wird nicht verschwiegen.
Übergroße Zurückhaltung ist ungeeignet für hohes Ansehen.
Komplexität führt zur Ratlosigkeit, was zu tun sei.**
Zu Recht sagt man: Nichts ist wie ES —
keine Gestalt sieht IHM ähnlich —
zu Recht nennt man ES verschwommen und verwirrend.
Geht man ihm entgegen, so verbirgt es seinen Kopf —
folgt man ihm, so verbirgt es sein Hinterteil.
Begreife und ergreife ES wie früher: als Leitweg und Methode —
sträube dich gegen die moderne Art: ***
Wer kennen lernt den alten Beginn,
nennt zu Recht den Weg von DAO eine Diszplin-Übung. ※

---

* Grundtext und Wang-Bi haben: 不皦 – *nicht glitzernd*, also *nicht ‹hell›* (vgl. N° 10); der ‹dritte Text› hat das deutlichere 不□ der Übersetzung.

** Grundtext und Wang-Bi haben beide das wiederholte Zeichen für Zurückhaltung: 繩繩不可名 + *nicht darf [laut] genannt werden*; – also *doppelte Vorsicht*, und daran anschließend die Sequenz: 復歸於無物 – d.h.: *die Kompliziertheit führt dazu, daß man nichts tut*. Der ‹Text unbekannter Herkunft› hat ein wiederholtes analoges und zudem ein drittes Zeichen: 绳绳兮, das ein verstärkendes *oh!* darstellt, und daran anschließend 复归于物 – d.h.: *die Kompliziertheit führt dazu, daß man zurück schreckt betreffend Tun* – also eher: *nicht weiß, was man tun soll*.

*** Aus der Vielzahl von Bedeutungen der Ausdrücke der zwei letzten Zeilen wurden je zwei kombiniert, um eines jeden ‹Grundschwingung› besser anzutönen. – Für Weg, Geleise, Methode etc. steht in den Texten natürlich das Zeichen 道 bzw. 道 – *Dao*. Auch scheint an dieser Stelle der Unterschied zwischen chinesischer und deutscher Syntax besonders groß und gibt zum Rätseln Anlaß: Auch frühere Übersetzungen zeigen das.

※ Variante: *eine Lehrlingszeit*. – Wirklich kann man DAO, heute wie je, ‹zu Recht› den *langen Weg von Selbsterkenntnis und Selbstdisziplin* nennen.

第十五章

古之善為道者,微妙玄通,深不可識。夫唯不可識,故強為之容
豫兮若冬涉川;
猶兮若畏四鄰;
儼兮其若客;
渙兮其若凌釋;　　　bzw. 渙分若冰之將釋
敦兮其若樸;
曠兮其若谷;
混兮其若濁;　　　　+ 飂分若無止　bzw. 蹟餿粑拗埂
孰能濁以,靜之徐清.孰能安久,以動之徐生.
保此道者不欲盈。夫唯不盈,故能蔽不新成。

15.

Einst waren Jene, die DAO nachfolgten, [*]
Kenner der subtilsten Feinheiten der Mysterien,
deren Tiefe man nicht erkennen konnte.
Kein einziger Mensch kann sie beschreiben —
daher ist man zu bildlichen Ausdrücken gezwungen:
Ganz so, wie jemand durch eine verschneite Ebene stapft —
Gerade so, wie wer vier Anlieger zu respektieren hat —
Äußerst vornehm, wie ein Gast —
Zutiefst erleichternd wie wenn eine Verleumdung geklärt wird — [**]
So unerhört ehrlich wie die Narren — [***]
So unfaßbar verschwenderisch wie ein Kornfeld — [⁑]
Ganz so undurchsichtig wie Schlammwasser —
So überaus still wie ein See —

Das Jetzt scheint kein Ende zu haben! [※]
Irrtum und Dummheit verstopfen hartnäckig den Kanal [⊗]
Wer kann Aufgewirbeltes durch Gelassenheit allmählich klären?
Wer kann in Unbewegtheit Bewegung allmählich entstehen lassen?
Dies bewahrend begehrt der Jünger von DAO nichts Überflüssiges.
Nur Menschen ohne Überflüssigkeiten sind imstande,
sich zu bedecken und die Erneuerung zu vollenden. [‡]

---

[*] Anstatt 道者 – *Jünger von Dao* – hat Wang-Bi den Ausdruck 士者 – *Ritter*, was am ehesten den erst arabischen, dann westlichen Graalsrittern entspricht; – zeit- und ort-los gesagt: den *Jüngern der Gnosis*.

[**] Die gewohnte Übersetzung: *«wie wenn dickes Eis schmilzt»* ist weniger plausibel, denn Wang Bi: hat, etwas ausführlicher: 涣兮若冰之將釋; d.h. z.B.: *... wie wenn eine Schachmatt-Drohung abgewendet wird.*

[***] Die beliebte Version: *«roh wie ein roher Block»* ist nicht nachvollziehbar. – Das Verstärkungs-*Zeichen* 兮 ist hier stets durch *ein Wort* ersetzt.

[⁑] Gemeint: *freigebig*. – Eine andere kohärente Lesart wäre: *Wild wie eine Schlucht*: Adepten sind weich wie Wasser, zugleich aber hart wie Fels.

[※] Diese Zeile hat nur Wang-Bi. Anstatt *Jetzt* fürs Zeichen 飋 konnte nur noch die Bedeutung *Gipfelwind* gefunden werden. – Vielleicht ist damit der *Universelle Geist* gemeint, der *«über Allem weht»*?

[⊗] Diese Zeile steht nur im Text unbekannter Herkunft. – *Kanal*: zeichengenau der *Bewässerungskanal im Reisfeld* – hier: in der Erkenntnis-Fülle.

[‡] Nur der abgebildete Text hat in der letzten Sequenz ein 不 – *«nicht, ohne zu»*, das in beiden anderen Texten nicht steht. Die gegenwärtige Ausgabe zieht daher die positive Aussage vor. – *Bedeckt* meint hier: *unerkannt*.

第十六章

致虛極,守靜篤。
萬物并作,吾以觀復。
夫物芸芸,各復歸其根。歸根曰靜,靜曰復命。
復命曰常,知常曰明。不知常,妄作凶。
知常容,容乃公,公乃王,王乃天,天乃道,道乃久,沒身不殆。

16.

*Vollkommene Leere erreicht zu haben, bewirkt
die wahre Unbewegtheit.
Die 10'000 Dinge sind verwickelt in Geschäftigkeit —
ich beobachte ihr [ständiges] Wiederkehren.
Menschen und Dinge sind tätig — und tätig
wiederholt jedes stets die Wiederkehr zu seinem Ursprung.*[*]
**Rückkehr zum Ursprung nennt man Ruhen:
Wirklich bedeutet es eine Rückkehr ins Schicksals-Rad.**[**]
**Rückkehr ins Schicksalsrad nennt man Ewigkeit —
Kenntnis der Ewigkeit nennt man Klarheit —
Unkenntnis der Ewigkeit: lächerliche Geschäftigkeit.**[***]

**Kenntnis der Ewigkeit zulassen —
sie zulassen und dadurch geduldig werden —
geduldig sein und dadurch ganz werden —
ganz sein und daher überirdisch werden —
überirdisch sein und daher mit Dao Eins sein —
mit Dao Eins sein und daher lange leben —
dann ist das Absterben der Persönlichkeit nicht gefährlich.**

---

[*] Die Synonyme für dieses Zeichen spezifizieren diesen Ursprung als *individuelle Natur*, als *Quelle* von eines jeden Art, und als *Universum*. — Dies wäre Dao als «*Mutter aller Dinge*» — der Schoß der Natur.

[**] Zeichengenau: *Naturgesetz, Schicksal, Los, Leben* (nach der Natur).

[***] Um diesen Vers zu verstehen ist das *Wissen* ums *Rad der Geburten und Wiedertode* sowie Kenntnis vom zeitlichen *Jenseits* – ‹Kamaloka› – nötig, was die *Menschen ohne Kenntnis* aber gewöhnlich «*Eingehen in die Ewigkeit*» nennen. In Wirklichkeit handelt es sich um die «*endlose Wiederkehr des Gleichen*» innerhalb des Schicksalsrads der Natur (Nietzsche). Dem wird nun gegenübergestellt -die Kenntnis der *wahren* – der göttlichen Ewigkeit, in die der echte Gnosis-Jünger, der sich durch Selbsteinweihung *vom Rad befreit* hat, Eingang finden wird.

第十七章

太上,不知有之;其次,親而譽之;其次,畏之;其次,侮之。
信不足焉,有不信焉。
悠兮其貴言。功成事遂,百姓皆謂:「我自然」。

17.

Überragende Herrscher – das Volk kannte sie persönlich.[*]
Ihre Nachfolger – es liebte und verehrte sie —
Deren Nachfolger – es fürchtete sie —
und deren Nachfolger – es entthronte sie.[**]
«Wo dem Fuß nicht zu trauen ist,
da vertraue dem [ganzen] Menschen nicht!»[***]
Oh, wie wohlüberlegt die Edlen sprachen!
Großtaten vollbringend dienten sie Ihrem Auftrag.
In den 100 Familien sagte Jeder:
Ich selber habe es gemacht![※]

---

[*] Diese Zeichenfolge (下知有之) nur bei Wang-Bi; die anderen Versionen haben: 不知有之 – *nicht kannten die Leute sie.* – Ein Kopierfehler? – Wang Bi's Version ist im Zusammenhang plausibler; – sie entspricht dem Bild des idealen Herrschers als Diener und Gönner des Volks: dem Bild vom Volkskönig (vgl. Friedrich-Wilhelm II v. Preußen, Bismarck, Haakon VII von Norwegen; Rom's *Pater Patriæ*). – Heutiger Fürsten ‹Bad im Volk› *bezweckt* dieselbe Sympathie, ist ihrer jedoch nur selten würdig.

[**] Zeichengenau: *erniedrigen, beschimpfen.*

[***] Es mag gewagt sein, das Zeichen 足 in dieser seltenen Bedeutung zu nehmen; doch als Sprichwort verstanden ist das Bild deutlich für einen Herrscher, dem das Volk nicht traut, weshalb es selber unehrlich wird; – und umgekehrt: Wo der Herrscher ehrlich ist, da ist es auch das Volk (vgl. Nrn. 08, 15, 39, besonders 57, und noch 41, 45 und 81). Und ist nicht der Herrscher der Fuß, auf dem das ganze Reich steht – oder fällt?

[※] Unter den *100 Familiennamen* verstehen wir vorallem die noble Oberklasse; – wie man heute sagt: die *Personen von Rang und Namen.*

第十八章

大道廢,有仁義;智慧出,有大偽;六親不和,有孝慈;國家昏亂,有忠臣。

18.

Der hohe Weg von DAO ist verkommen —
es gibt [nur noch] Güte und Rechtschaffenheit. *
Geistreichtum und Weisheit sind verschwunden —
es herrscht ein weitverbreitetes So-tun-als-ob.
In den Familien gibt es Streit —
die Kindererziehung ist weichlich. **
Volk und Staatsführung sind abgestumpft und chaotisch —
es gibt [jetzt] Knechte und Herren. ***

---

* Vgl. N° 38, wo diese Abstufungen im Detail aufgezählt sind.

** Man denke daran, daß das Alte China patriarchalisch organisiert war: Der Älteste der Sippe war auch der Weiseste, Strengste und Gütigste.

*** Die beiden letzten Ausdrücke 忠臣 sind *graphisch* inspirierend: Im ersten steht das Element *Herz* (jemand hält ein Plakat oder Spruchband hoch); der zweite gleicht eher einem Wand-Anschlag (Verordnung). Die meisten Übersetzer haben für 忠臣 *ergebene Minister.* Eine Variante wäre: *Es gibt jetzt Vertrauenswürdige und Hofbeamte. –* Beide Zeichen zusammen tragen *heute* den Sinn *Loyalisten.* Eine weitere Variante für diese Zeile wäre darum auch: *Es gibt jetzt staatstreue Höflinge [und Andere] –* kurz ausgedrückt: *Es gibt jetzt politische Parteien.* Damit wäre dieser Vers *noch näher* ans Heute gerückt, als er es sonst schon ist.

第十九章

絕聖棄智,民利百倍;絕仁棄義,民復孝慈;絕巧棄利,盜賊無有.
此三者以為文,不足.故令有所屬:見素抱樸,少思寡欲.

19.

*Würden alle Weisen ganz auf ihre Weisheitslehren verzichten,
so fänden die Leute hundert Vorteile.
Würden alle Guten ganz auf ihre Anstandsregeln verzichten,
so würden die Leute zu kindlichem Miteinander zurückkehren.
Würden alle Schläulinge ganz auf ihre Vorteile verzichten,
so würden Diebe und Räuber nichts mehr stehlen.* *
*So zeigen drei Dinge, daß Worte [allein] nicht genügen:
Durch Dogmen kommt man in einen Zustand der Abhängigkeit.* **
*Wer je das Reine erschaute und das Einfache annimmt,
verliert die persönlichen Sorgen und wird selbstlos —* ***
*er verzichtet auf jegliche Imitation und
hat keinen Kummer mehr.* ‡

---

* Diese Mischung aus direkter Lehre und taoistischem Paradoxon ist nur dank *zahlreichen heutigen chinesischen Kommentaren* verstehbar. Deren Tenor ist: Ruhm und Autorität von Kapazitäten und deren Kopfwissen sollen zerstört werden; das Lob der Tugend und der pietistischen Nächstenliebe soll natürlicher kindlicher Achtsamkeit weichen; und wo keine Sondergüter angesammelt werden, gibt es auch nichts zu stehlen.

** Zwei *chinesische* Haupt-Auslegungen zu diesem zweiten Teil wurden gefunden: Die eine stützt die gegenwärtige Übersetzung. Die andere sagt: «*Erziehung allein ist nicht genug; es braucht Regeln. Man soll das einfache Leben im Auge behalten und es makellos leben: Je kleiner der Egoismus, desto kleiner die Wünsche und die Probleme*».

*** Vielleicht ist sogar *ich-los* gemeint ...

‡ Diese Zeile nur im Text unbekannter Herkunft. Sie zeigt jedoch, daß der ganze Vers in direktem Zusammenhang mit dem vorhergehenden steht.

第二十章

絕學無憂。唯之與阿,相去几何?美之與惡,相去若何?人之所畏,不可不畏。
荒兮,其未央哉!
眾人熙熙,如享太牢,如春登台。
我獨泊兮,其未兆;
沌沌兮,如嬰兒之未孩;
累累兮,若無所歸。
眾人皆有餘,而我獨若遺。我愚人之心也哉!
俗人昭昭,我獨昏昏。
俗人察察,我獨悶悶。
眾人皆有以,而我獨頑似鄙。
我獨異于人,而貴食母。

20.

Hör auf, eifrig zu lernen, und sorge dich nicht:
Wie weit voneinander sind Anteilnahme und Schmeichelei?
Wie weit voneinander sind Gut und Böse?
Menschen fürchten um ihre Stellung —
sie sind unfähig, sich nicht zu fürchten.
Wie sinnlos ist doch ihr endloses Ach und Weh!
Die Masse der Menschen lebt vollkommen munter, —
als ob sie ihr Gefängnis überaus genössen.^{*}
als ob das Leben ein Frühlings-Ausflug wäre.^{**}
Ich allein bin – ach! – so träge —
ohne ihre Myriaden von Tätigkeiten —^{***}
wie ein Kind, das noch keinen eigenen Namen hat —[∴]
bin – ach! – so müde, wie Jemand, der
kein Haus hat, wohin er heimkehren könnte.
Die Masse der Menschen hat Überfluß —
ich allein bin in Verlegenheit.
Ich allein bin ein blöder Mensch – und überdies einer mit Herz!
Ach! wie bin ich so verwirrt![⊗]
Gewöhnliche Menschen sind ohne Zweifel und klar —
ich allein bin verwirrt und unklar.
Gewöhnliche Menschen sind kühn und interessiert —
ich allein bin bedrückt und gelangweilt.[※]
Die Masse der Menschen ist berechenbar und nützlich —
ich allein bin schwierig und hartnäckig —
und zudem noch ausgestoßen und verachtet.
Ich allein bin – ach! – anders als die Leute —
aber kostbar ist die Nahrung der Mutter.[‡]

(Die Anmerkungen zu diesem Kapitel stehen auf der nächsten Seite.)

Anmerkungen zu N° 20
(Text siehe vorhergehende Seite)

* Variante: *... als ob sie sich eines übergroßen Opfers freuten.* – Eher als um ein (frühlings-spezifisches) rituelles Opferfest, wie viele Übersetzer das wollen, handelt es sich wohl um *ihr eigenes Opfer* (als Preis für das Bewahren ihrer Stellung und ihres Wohlstands). Insofern handelt es sich um eine Fortsetzung zu Vers N° 13.

** Zeichengenau, nach dem MDBG *Chinese-English Dictionnary* (dort als *alte Variante* bezeichnet, was auf unseren Text paßt): *... als gingen sie fröhlich zusammen auf den Dreschboden.* – Oder: *... als ob sie eine Theaterbühne betreten hätten.* – Oder, wie ebenfalls viele Übersetzer haben: *... als ob sie am Frühlingsanfang eine Aussichtsterrasse besteigen würden*; – und Anderes, Ähnliches.

*** Eine Variante wäre: «*... habe nicht ihre Milliarden {Sorgen oder Dinge?}*»; – doch scheint Immaterielles naheliegender – z.B.: «*... habe nicht ihr Schicksal*» (zeichengenau: ihr *Omen*).

⁑ Variante: *... wie ein Kleinkind, das noch kein Kind ist* – also ein *ungeborenes Kind*. Die häufige Version «*... das noch nicht lächelt*» ist sowohl philologisch als auch anthropologisch unhaltbar: Bekanntlich sieht man bereits den Embryo «lächeln»; *bewußt lächeln* kann jedoch nur ein Ich.

⊗ Diese Sequenz nur bei Wang-Bi.

※ Anstatt als Verstärkung ist die Zeichenwiederholung durch zwei komplementäre Interpretationen desselben Zeichens übersetzt. Analog wurde in den Folgezeilen jeweils die Polyvalenz des Begriffs (die den alten Chinesen gefühlsmässig sicher stets gegenwärtig war) durch je zwei Varianten übertragen.

‡ Hier straucheln *alle* Übersetzer auf der Suche nach einem kohärenten Satz. Vielleicht handelt es sich wieder um ein Idiom in der Art eines Sprichworts, vielleicht auch um eine gewollte Mehrdeutigkeit (materielle, moralische und spirituelle Bedeutung). Einige chinesische Interpreten vertreten den Standpunkt, *die Mutter* sei DAO; andere, unter *Nahrung* sei der tiefe Sinn gewöhnlicher Realitäten zu verstehen. Wieder Andere (Chinesen) interpretieren *Nahrung* + *Mutter* als *Muttermilch*. – Noch manche andere Möglichkeiten gibt es auf chinesischen Internet-Seiten; – wir müssen das – unsicher wie alle Anderen – hier so stehen lassen.

DE als Hofdame – Seidenmalerei im Yongle-Palast..

第二十一章

孔德之容，惟道是從。
道之為物，惟恍惟惚。惚兮恍兮，其中有象；恍兮惚兮，其中有物;
窈兮冥兮，其中有精；其精甚真，其中有信。
自今及古，其名不去，以閱眾甫。吾何以知眾甫之狀哉？以此。

21.

Wie eine Wohnhöhle ist die Erscheinung von DE —
DAO aber ist ein enger Weg![*]
DAO ist das Ziel – aber unklar; aber verschwommen.
— Oh! so verschwommen! — Oh! so unklar!
Teils ist ES eine [riesige] Erscheinung —
Oh! so unklar — oh so verschwommen!
Teils ist ES ein [lächerlich] Ding —
Oh, welche Tiefe! — Oh welche Dunkelheit!
Teils ist ES Essenz des Lebens[**]
(und dieses Leben ist äußerst real!) —
Teils ist ES eine Glaubenssache.
Ich selber habe seit Langem und bis heute nie aufgehört,
seine Bedeutung auf vielerlei Arten genau zu erklären.
Und wie ist meine Art, es der Menge genau zu erklären?[***]
So wie gerade jetzt![‡]

---

[*] Wie in der Titelei ausgeschrieben und andernorts erklärt (vgl. Nrn. 38, 51 und 55), ist zu unterscheiden zwischen 道 – DAO (als *Weg, Lehre* und *Methode*) und 德 – DE (*moralisch-sittliche Tugend*). Frühere Übersetzer haben die zwei durch 惟 («*aber, allein, bloß*») deutlich getrennten Zeilen-Hälften in einen einzigen krausen Satz verflochten. – Belegbare Varianten wären: *Wie eine Höhle, Mündung* etc. *empfängt ihn DE; aber der Weg von DAO ist wirkliche Nachfolge.* – Oder auch: ... *verlangt einen Entscheid* – oder ... *ist eine Lebenshaltung* – und alle Mischungen daraus.

[**] Die über 60 Bedeutungen des Zeichens 精 kreisen um Begriffe wie *Erscheinung, Gemüt, Seele, Geist, Dämon, Lebenskraft, Samen, Essenz* – kurz: um *feinstoffliche ‹Tugend›,* im Gensatz zu 物 – *stofflich manifestierte Substanz, Kram, Zeug, Dings* ... – und auch im Gegensatz zu 象 – *riesige Erscheinung, Elefant* (vgl. den «*unsichtbaren*» Elefanten» in N° 41).

[***] Das Zeichen 眾 umfaßt sowohl die *große Menge* der Methoden, als auch die *große Menge* der Zuhörer – das *Volk*.

[‡] Bunt und hochfliegend sind die bekannten Übersetzungen hier – doch was sagen sie *konkret* aus? Die gegenwärtige Übertragung bleibt genau bei den Zeichen (und bei deren Wiederholungen) und – so genau als deutschsprachlich möglich – bei deren Reihenfolge. Alle Übersetzungshilfen bestätigen diese Version; sie selbst bestätigt die allen Stücken gemeinsame Art des Autors: Nüchterne Klarheit der Fakten vereint mit poetischer Einfühlung ins menschliche Empfinden, hier betont durch das wechselnde: *Oh! so neblig! – oh! so unklar! ... – Oh so unklar! – oh! so neblig!* in den Zeilen 3, 4 und 7.

第二十二章

曲則全,枉則直,窪則盈,敝則新,少則多,多則惑。
是以聖人抱一為天下式。不自見,故明;不自是,故彰;
不自伐,故有功;不自矜,故長。
夫唯不爭,故天下莫能與之爭。古之所謂「曲則全」者
豈虛言哉!誠全而歸之。

22.

Was biegsam ist, bleibt in der Regel unversehrt:
Was gebeugt ist, kann sich wieder aufrichten —
was abgesenkt ist, wird einmal aufgefüllt werden —
der Geringe und Unwichtige wird wertvoll und einflußreich —
Edle und Einflußreiche werden erniedrigt ... —
Der rechte Weise hält fest an dem Einen
und dient der Welt als Beispiel:
Nicht selber sehen, sondern erkennen — [*]
nicht selber richten, sondern recht bekommen —
nicht selber angreifen, sondern den Sieg erhalten — [**]
sich nicht stolz zurückhalten, sondern als Führer wachsen. [***]
Wenn ein Mann nur nicht danach trachtet, zu kämpfen,
dann kann in der ganzen Welt niemand danach trachten,
ihn zu bekämpfen.
Früher gab es Orte, wo jemand sagte: [‡]
«Was gebeugt ist, kann sich wieder aufrichten ...»
Wie könnte das [heute] falsch sein? —
Vollkommen wahr ist es, und zwar immer wieder.

---

[*] Das ist ein Element aus Sun-Dse's *Kunst der daoistischen Kriegsführung*; – deutscher Titel: *Wahrlich siegt, wer nicht kämpft*. Ein Buch, worauf im Folgenden noch mehrfach eingegangen wird (Nrn. 34, 40, 49, 68, 69, 71, 73, 79, et passim – sowie Endnote 44).

[**] Siehe vorhergehende Anmerkung.

[***] Kombination mehrerer Bedeutungen je eines Zeichens überträgt noch besser die gemeinsame *Grundschwingung* der Ausdrücke in der etwas saloppen Variante: *... nicht mitleidig lächelnd im Hintergrund stehen, sondern ‹ständig dran bleiben›*. – Das Zeichen 矜 meint also nicht, wie viele Übersetzer in gutmenschlicher Absicht wollen, *bescheidene Zurückhaltung*, sondern im Gegenteil die Überheblichkeit der ‹splendid isolation› – im Gegensatz zum «sich hinein knien, sich dem Staub vereinigen» von N° 57. Eine Art Gegensatz zu dieser Strophe bildet N° 24.

[‡] So die zeichengenaue Übertragung. – Vielleicht dürfte man auch kürzer sagen: *Früher pflegte man zu sagen ...* (vgl. das französische *il y avait lieu de dire ...*). – Auch das wiederholte *Fallen und wieder Aufstehen* jedes ernsthaften Kandidaten ist hierin enthalten.

第二十三章

希言自然。
故飄風不終朝,驟雨不終日。孰為此者?天地。天地尚不能久而況于人乎?故從事于道者,同于道;德者,同于德;失者,同于失。同于道者,道亦樂得之;同于德者,德亦樂得之;同于失者,失亦樂得之。
信不足焉,有不信焉。

23.

Ein ungewöhnliches Sprichwort [sagt] sehr treffend:
«Ein langdauernder Wind endet nicht am Morgen —
ein Platzregen dauert nicht einen ganzen Tag».*
Und was bewirkt, daß dies so ist? — Das Universum.**
Das großartige Universum [selbst] kann nicht lange dauern —
und wie ist die Lage bei der Menschheit?
Seit je folgen Jünger bezüglich des Ziels von DAO
dem Weg von DAO —
Tugend-Menschen dem Weg von DE —***
Verlorene Menschen dem Weg der Verlorenheit.
Menschen des Wegs von Dao gewinnen jeweils
die Freuden von DAO —
Menschen des Wegs von DE finden jeweils die Freuden von DE —
Menschen des Wegs der Verlorenheit —
Verlorenheit bezüglich der Freuden gewinnen sie.※
Wo der Glaube mangelhaft ist, ist kein Glaube da.‡

---

* *«Natura non facit saltūs»* – Man denke nur an einen regional typischen Wind – in Europa z.B. an den ‹Mistral›, der gewöhnlich über drei oder ein Mehrfaches von drei Tagen bläst, und nie am Morgen aufhört.

** Zeichengenau: *Himmel und Erde.* Das ist das klassische Paar von *Oben und Unten,* das in vielen Versen des Buchs erscheint. Der alte Chinese lebt im Bewußtsein des Paars von *Yin und Yang,* worunter zugleich die *ewige Harmonie der natürlichen Gegensätze* verstanden wird: DAO.

*** Zeichengenau: DE-Menschen dem Weg von DE (Tugend; vgl. N° 38).

※ Diese *Text-Variante* mit 失於樂得之 steht nur bei Wang-Bi: Die andern Texte sind hier durchwegs genau analog, sagen also: *Freuden betreffend die Verlorenheit finden sie.* Der Unterschied: die Einen ‹leben lustig weiter›; die Anderen erleben ihre Verlorenheit inmitten der Freuden. – Sie sind also am Ende freudlos, und zwar *ohne «jeweils»* – d.h., es gibt hier *nur die eine* Verlorenheit, dort aber viele Freuden: Das ist das faustische *«... und im Genuß verschmacht' ich nach Begierde!»*

‡ Die bekannten Übersetzungen basieren allein auf *Gegenseitigkeit:* Wer *nicht genügend* vertraut, erhält *kein* Vertrauen. Die entsprechende Aussage aus der hermetischen Literatur meint aber den *Kandidaten: Wessen Glaube nicht vollkommen ist, der hat gar keinen Glauben.* Der Text hier heißt zeichengenau: *Wo der Glaube/das Vertrauen/die Aufrichtigkeit mangelhaft ist, ist kein Glaube/Vertrauen/Aufrichtigkeit da* – mit den Paaren: hier/dort, weswegen/deswegen, wo/da, wie [du mir]/so [ich dir] ...

第二十四章

企者不立；跨者不行；自見者不明；自是者不彰；自伐者無功；自矜者不長。
其在道也，曰：餘食贅形。物或惡之，故有道者不處。

24.

Wer auf Zehenspitzen geht, steht nicht fest —
Wer mit gespreizten Beinen geht, geht nicht weit —
Wer selber nachsieht, macht keine Erkenntnis —*
Wer sich selbst rechtfertigt, ist nicht ohne Fehl —**
Wer selber angreift, wird nicht siegen —***
Wer sich stolz zurückhält, wird nicht zunehmen —‡
[Geschieht] dies auch noch auf dem Weg von Dao, sagt man:
«Über Gebühr zu essen, belastet die Figur».※

[Solche] Dinge sind ihm eklig und verächtlich —
daher tut ein Jünger von Dao nichts dergleichen.

---

* Hier verstanden gemäß der Lehre von Sun-Dse (Sun-Dsu, Sun-Tsu): *Erkennen ohne selber gesehen zu haben*, bzw. *wissen, ohne zu kennen.* (vgl. N° 47 und 67 sowie die Kommentare zu diesen). – Eine (zweifelhafte) Variante wäre: *Wer sich selbst zur Schau stellt, bleibt unbekannt.* – 不明 steht für Beides.

** Auch: *Wer selbstgerecht ist ...*

*** Wieder eine Anspielung an die Lehren von Sun-Dsu; – vgl. Nrn. 22, 40, 68 und 69 sowie Endnote 44.

‡ – im Gegensatz zu N° 22, und entsprechend N° 59: *Zunehmen* bedeutet, innerlich und äußerlich zu *wachsen* im Sinne von DE und DAO.

※ Vertretbare Varianten: *«Übermäßige Gebühren erschweren das Dasein».* – *«Wer zuviel bezahlt, wirkt besitzergreifend»* – und ähnliche Kombinationen. Verschiedene Übersetzer bringen hier *Küchenabfälle* ins Spiel; dazu wäre aber ein zusätzliches Zeichen 廚 nötig, das ebensowenig im Text steht, wie Zeichen für die *Eiterbeulen, Geschwüre, Sarkome* etc. derselben Übersetzer – wohl aufgrund einer Wahl im Sinne der möglichen Variante: *«Überschüssige Nahrung überfordert den Leib».*

第二十五章

有物混成,先天地生。寂兮寥兮,獨立而不改,周行而不殆可以為天地母。吾不知其名,強字之曰道,強為之名曰大。大曰逝,逝曰遠,遠曰反。
故道大,天大,地大,人亦大。域中有四大,而人居其一焉人法地,地法天,天法道,道法自然。

25.

Es gab etwas volkommen Vermischtes,
bevor Himmel und Erde entstanden.
— Welche Ruhe! – Welche Stille! —
als Einziges bestehend und unveränderlich —
ein kreisender Schoß, ganz unvorstellbar —[*]
fähig, Himmel und Erde ins Dasein zu bringen als Mutter.[**]
Ich kenne seinen Namen nicht.
«Kraft» und «Wort» nenne ich es, und «DAO». —
Kraft wirkt es, und man ehrt es und nennt es: Das Größte.
Als Großes nennt man es vergänglich —
Als Vergängliches nennt man es flüchtig —
als Flüchtiges nennt man es widersprüchlich.
Daher nennt man DAO das Älteste,
den Himmel das Höchste, die Erde das Große —
und sogar den Menschen groß.[***]
Vier große Hauptgebiete gibt es —
aber die Menschheit ist das Erste davon.[※]
So wie der Mensch ist, so ist die Erde —
so wie die Erde ist, so ist der Himmel —
so wie der Himmel ist, so ist Dao —
Dao aber ist allein wie es selbst.

---

[*] Zeichengenau sagt der Text: *unwahrscheinlich.* – Synonym zu *wahrscheinlich* ist *vorstellbar,* daher → *unvorstellbar.* Eine andere Bedeutung wäre *«ganz ungefährlich»*; – philosophisch ausgedrückt: *«ohne ein Übel darin».* – Das wäre dann das Allein-Gute des *Corpus Hermeticum.*

[**] Zeichengenau: *erdenken, anlegen, aufbauen und hervorbringen!*

[***] Zweifellos handelt es sich um ein Spiel mit der Glyphe 大 – hoch, groß etc. – mit deren vielen Bedeutungen und *Steigerungsformen.* Einem alten Chinesen waren diese noch alle zugleich bewußt und gegenwärtig.

[※] Genau wäre auch: *... und der Mensch ist eines davon.* – Es scheint uns jedoch, daß hier zugleich die sog. *Vier Reiche der Schöpfung* angetönt werden: Menschenreich, Tierreich, Pflanzenreich und Mineralreich, deren ‹erstes› die *ur-göttliche Idee des Geistmenschen* ist. Dazu kämen noch drei *höhere Reiche*: Das Reich der *Geister,* das der ‹Götter› (神, Elohim, Æonen), und als Siebentes das *Reich von DAO,* was dem Textverlauf nicht widerspricht, vielmehr von ihm schweigend bestätigt wird. Der ganze Vers, und besonders die Analogie der Reiche, entspricht sowohl dem *Corpus Hermeticum* (z.B. I, 21-25 ; II, 26 ff.; IV, 79-94; das ganze Buch XVI) als auch der *Tabula Smaragdina* (*«wie oben so unten»* u.s.w).

第二十六章

重為輕根,靜為躁君。
是以君子終日行不離輜重。雖有榮觀,燕處超然。
奈何萬乘之主,而以身輕天下?
輕則失根,躁則失君。

26.

Beherrschung ist der Duldsamkeit Grundlage —
Gelassenheit ist der Unduldsamkeit Beherrscher.
Recht herrscht darum ein Prinz, der fähig ist,
den ganzen Tag nicht zu verlieren
Duldsamkeit und Beherrschung. *
Allerdings gibt es Welche, die, Ehre suchend
das ruhige Zuwarten ** *übertreiben.*
Wie kann man helfen Demjenigen, der
Zehntausend Viergespanne sein Eigen nennt,
mächtig zu herrschen – und zugleich
lebenslang duldsam zu wirken im Reich?
Der allzu Duldsame verliert in der Regel die Grundlage —
der allzu Unduldsame verliert in der Regel die Herrschaft. ***

---

* Varianten: *Recht herrscht daher ein König von Morgens bis Abends, der sich nicht distanziert von Geringen und Mächtigen.*– Oder: *der Herrscher von Sonnenaufgang bis Untergang*; – oder: *ein König [soll] von der Kindheit bis zum Tod* ...; – und die Kombinationen aus all diesen. Der Ausdruck *der Weise*, den andere Übersetzer haben, steht nicht im Text. Hingegen könnte der *König von Aufgang und Untergang der Sonne* d.h. *von Osten und Westen*, auch der *Kaiser* sein.

** Unsicher: *Niemand* findet mehr eine sichere Bedeutung fürs Zeichen 燕.

*** Es ist leider unmöglich, die *wunderbare Harmonie* dieses Texts samt seiner *Symmetrie von erster und letzter Zeile* auf Deutsch adäquat wiederzugeben. In der *ersten Zeile*: A bewirkt D von C (zweimal); – in der letzten Zeile: C verliert gewöhnlich D; (zweimal); – und dazwischen das Spiel mit *herrschen* und *Beherrschung*. Dazu kommt die *große Menge der Synonyma* für C_1 (轻) – *sanft, weich, gering, leicht, leichtfertig*, u.s.f. – sowie für D_2 (君) – *herrschen, königlich*, etc. – Anstatt *Grundlage* auch: *Standfestigkeit, Halt, Basis* udgl.

第二十七章

善行無轍跡,善言無瑕讁;善數不用籌策;善閉無關楗而不可開,善結無繩約而不可解。
是以聖人常善救人,故無棄人;常善救物,故無棄物。是謂襲明。故善人者,不善人之師;不善人者,善人之資。不貴其師,不愛其資,雖智大迷,是謂要妙。

27.

Gute Tat muß ihre Spuren nicht entfernen —[*]
Gutes Sprechen kann einen hohen Beamten herabsetzen,
ohne daß Einer sein Gesicht verliert. —[**]
Gutes Rechnen braucht weder Zettel noch Schreibstift.
Gutes Beschließen braucht kein Türschloß umzudrehen —
und doch kann niemand öffnen.
Gut Gebundenes benötigt weder Band noch Vereinbarung —
und doch kann niemand es lösen.[***]
Der weise Herrscher
[ist] stets gnädig gesinnt, die Menschen loszusprechen —
und so läßt er keinen Menschen im Stich.
Stets [ist er]liebevoll geneigt, die Dinge zu bewahren —
und so läßt er kein Ding verkommen.[‡]
Zu Recht sagt man: «Er ererbt ein leuchtendes Kleid!»[※]
Daher:
Ist er ein Wohltäter, so sind bedürftige Menschen ihm Vorbild.
Ist er ein bedürftiger Mensch, so werden Wohltäter ihm helfen.[⊗]
Seine Vorbilder sind ihm nicht teuer; seine Gönner verehrt er nicht —
denn obschon große Klugheit hoch gepriesen wird,
sagt man doch zu Recht:
«Worauf es hauptsächlich ankommt, ist die Redlichkeit!»[†]

---

[*] Das Zeichenpaar 善行 heißt: *gute Tat.* – Nur 行 *allein* heißt g*ehen, reisen* udgl. – 辙 heißt *entfernen* – nicht *hinterlassen.* – Vielleicht steht in den *Symbola des Pythagoras* («Wenn du aufstehst, verwische deine Spuren im Stroh») die erste Fehlübertragung dieses Spruchs?

[**] Genau: 无瑕 = *macht keinen Fehler,* 谪 = *Herabsetzen* (von *tadeln* bis *verbannen*). – Obige Interpretation hilft dem westlichen Verständnis.

[***] Nicht nur Sachen, auch Menschen, Verträge und Botschaften sind gemeint: Der fünfte Ausdruck der ersten Zeile (约) heißt u a. *Anordnung, Zustimmung, festhalten*; der letzte (解) u.a. *deuten, erlösen, trennen.*

[‡] Der Text verwendet das polyvalente Zeichen 棄 – *aufgeben, zur Seite schieben, verlassen, verwerfen, verschwenden* etc.

[※] Das chinesische Wörterbuch MDGB spezifiziert: Eine alte Form von 襲 meint *Erhalten eines Kleids,* bevorzugt einer *Grab-Robe.*

[⊗] Genau: *guter Mensch // nicht-guter Mensch.* – Siehe N° 62 u. Kommentar.

[†] Die Synonyma für 妙 reichen von *Schlauheit* und *Scharfsinn* über *Geschliffenheit* und *Vortrefflichkeit* bis zur *Rätselhaftigkeit* (Sun-Dsu!).

第二十八章

知其雄，守其雌，為天下谿。為天下谿，常德不離，復歸于嬰兒。
知其白，守其辱，為天下谷。為天下谷，常德乃足，復歸于樸。
知其白，守其黑，為天下式。為天下式，常德不忒，復歸于無極。
樸散則為器，聖人用之，則為官長，故大智不割。

28.

Wer seine männliche Kraft kennt und sein Weibliches bewahrt, *
wirkt in der Welt wie ein Flüßchen:
Wirkend in der Welt wie ein Flüßchen
verläßt er nie den Weg von DE —
und er gewinnt zurück die Jugendlichkeit eines Kindes.

Wer sein Klares zeigt und sein Dunkles bewahrt,
dient der Welt als Vorbild:
Der Welt als Vorbild dienend, ist DE ihm stets eine Stütze —
und er gewinnt zurück das grenzenlos Ungeteilte. **
Wer seine Verdienste kennt und seine Beschämungen bewahrt,
steht in der Welt wie ein Hirsehalm: ***
In der Welt stehend wie ein Hirsehalm, übertreibt er nie DE —
und er gewinnt zurück seine Schlichtheit.

Wer schlicht ist, wird erlöst davon,
den [Natur-]Gesetzen unterworfen zu sein wie ein Topf: ‡
Als ein Weiser ist er berufen,
dem Gesetz zu dienen als verantwortlicher Teilhaber —
daher entfernt er sich nie von der höchsten Ordnung. ※

---

* Dieses Bewahren meint sowohl nach innen *pflegen* als auch nach außen *schützen* und betrifft alles: von *persönlicher Schande* bis zu den *Mysterien*. Das ist Teil der ‹Unsichtbarkeit› im Sinne von Sun-Dsu. Wie im Ausdruck *männliche Kraft* (zwei Bedeutungen desselben Zeichens) dürfte man auch *weibliche Anpassung* sagen; doch das steht nicht im Text.

** Das doppelte Zeichen 無極 bedeutet ganz genau: *grenzenlos und frei von aller Dualität* (von männlichem Pol und weiblichem Gegenpol).

*** Der Sinn des Zeichens 谷 geht vom Hirsehalm übers Kornfeld bis zur Ebene eines Flußtals und zum Brei, der aus Hirse gemacht wird. Der abgebildete Text hat zweimal 白 (*hell, klar* etc.); Wang-Bi hat im zweiten Fall 榮 (Ehre, Verdienst etc.) und vertauscht die zwei Attribute; die gegenwärtige Übersetzung folgt dem Text von Wang-Bi.

‡ 器 Topf = *Gefäß, Fahrzeug* und *Werkzeug* – d.h. *ohne Seelenbewußtsein* (vgl. dieses 器 mit dem Ausdruck 器長 in N° 67).

※ Auch 官 (*Teilhaber*) bedeutet u.a. *Werkzeug*. – Der Satz bewegt sich auf drei Ebenen: Vom passiven Werkzeug des *Gesetzes von Ursache und Wirkung* über den aktiven Dienst am *kosmischen Gesetz von DE* bis zur Vereinigung mit *DAO* – dem *höchsten Gesetz des Universums*.

将欲取天下而为之，吾见其不得已。
天下神器，不可为也，不可执也。为者败之，执者失之。
是以圣人无为，故无败；无执，故无失。
夫物或行或随；或嘘或吹；或强或羸；或载或隳。
是以圣人 去甚，去奢，去泰。

第二十九章

將欲取天下而為之，吾見其不得已。天下神器，不可為也。
為者敗之，執者失之。
故物或行或隨；或噓或吹；或強或羸；或載或隳。
是以聖人去甚，去奢，去泰。

29.

Wenn jemandes Begehren erreichen wollte,
daß alles unter dem Himmel nach seinem Willen ginge —
nach meiner Ansicht würde er damit scheitern:
Die Welt ist das Instrument der Götter —
man darf das wirklich nicht tun —
man darf wirklich nichts erzwingen. *
Täte man [etwas davon] – man verdürbe sie —
erzwänge man es – man verlöre sie.
Der wirklich Weise tut nichts [davon], darum verdirbt er nichts —
er erzwingt nichts, darum verliert er nichts. **
Der (gewöhnliche) Mensch reiht Dinge ein, oder paßt sie an —
entweder er flüstert [in ihrer Nähe] – oder er brüllt [sie an] —
entweder sie sind stärker als er, oder er zerstört sie —
entweder sie sind nützlich – oder er vernichtet sie.
Der wirklich Weise
verwirft die Extreme, verzichtet auf Übertriebenes
und läßt alles Großartige hinter sich. ***

---

* Sowohl das *nicht möglich* als auch das *nicht erlaubt* (für 不可) könnten ausgedrückt werden als: *Es ist uns Menschen nicht gegeben* ...

** Die rot gedruckten Text-Teile stehen nur im Text unbekannter Herkunft. – Man sehe die ähnliche Aussage bei Wang-Bi in N° 64.

*** 去 *als Verb* enthält all diese und noch mehr ähnliche Bedeutungen: der orientalische Stil liebt die Wiederholung eines polyvalenten Ausdrucks; der deutsche Stil bevorzugt die Variation eindeutiger Ansichten ...

第三十章

以道佐人主者，不以兵強天下。其事好遠。師之所處，荊棘生焉
大軍之后，必有凶年。
善有果而已，不敢以取強。果而勿矜，果而勿伐，果而勿驕。
果而不得已，果而勿強。
物壯則老，是謂不道，不道早已。

30.

Benutzt der Herrscher einen Jünger von DAO als Lehrer — *
nicht mit Waffengewalt erobert er die Welt.
Sein Trachten ist es, [das] lieber zu vermeiden.
Sein Kommando ist ihm ein Ehrenamt:
Dornensträucher wachsen dort,
wo eine große Armee hindurchgezogen ist —
und es folgen elende Jahre. **
Ein guter Mann siegt und hält an —
er wagt es nicht, Gefangene zu foltern — ***
er siegt ohne Mitleid —
er ist ein Sieger, greift aber nicht [selber] an — ※
er ist ein Sieger, aber nicht eingebildet —
er ist ein Sieger, denn so muß es sein —
er ist ein Sieger, aber nicht brutal.
[Selbst] die großartigsten Dinge müssen altern —
genau das nennt man [das Gesetz von] Dao. ‡
Was [aber] nicht in Dao ist,
endet früher.

---

* Ein typischer Fall für die *gleichzeitige* Mehrfach-Kombination von Ausdrücken: 道人 – ein *Taoist*; 道佐 – ein *Jünger von Dao*; 道佐人 – ein *Meister* oder *Lehrer von Dao*; – 佐 = *helfen, Mitarbeiter, Assistent*; und endlich: 佐人 – ein *Berater*. – Mögliche Umkehr der Syntax mit demselben Zeichen 以 als Satzanfang: *Dient ein ... einem König als ...*

** Das ist ein wörtliches Zitat aus Sun-Dse's Lehre von der daoistischen Kriegsführung – *Wahrlich siegt, wer nicht kämpft* (siehe N°68 samt Kommentar – sowie Endnote 44).

*** Blau gedruckte Sequenz: 敢 – nur bei Wang-Bi.

※ Ebenfalls eine Grundsatz-Lehre von Sun-Dsu (a.a.O.).

‡ Das ist das Gesetz von Entstehen – Blühen – Altern und Vergehen …

第三十一章

夫唯兵者，不祥之器，物或惡之，故有道者不處。
君子居則貴左，用兵則貴右。兵者不祥之器，非君子之器，
不得已而用之，恬淡為上。勝而不美，而美之者，是樂殺人。
夫樂殺人者，則不可得志于天下矣。
吉事尚左，凶事尚右。偏將軍居左，上將軍居右，言以喪禮處之
殺人之眾，以悲哀泣之，戰勝以喪禮處之。

31.

Der Menschen schönste Waffen sind leidbringende Geräte —
Gegenstände, die man meiden sollte.
Darum benutzen Menschen, die in Dao leben, sie nicht.*
Der Prinz hat gewöhnlich zuhause seinen Ehrenplatz links —
in der Heeresaufstellung aber einen Ehrenplatz rechts.

*Waffen sind leidbringende Geräte —
kein Gegenstand zum Gebrauch für einen Prinzen:
nur wenn er keine andere Wahl hat, benutzt er sie.*

*Still und ernst ist dann ein Edelmann:
Wird er Sieger, so ist er dennoch nicht stolz auf sich. —*

*Einer, der [als Sieger] stolz auf sich ist,
ist Einer, der sich freut, Menschen zu töten —
und jemand, der sich freut, Menschen zu töten,
wird ganz gewiß keinen guten Ruf haben im Reich.*

Der Generaladjutant befindet sich am linken Flügel des Heeres —**
der Kriegsherr befindet sich am rechten Flügel.
Man sagt dann: «Er steht am Begräbnisplatz» — [Denn]
Werden viele [seiner] Mannen getötet,
so trauert er klagend und weinend. —
Kämpft [er aber] siegreich,
so zieht er Trauerkleider an und führt ein [Toten-]Ritual durch.

---

* Auch diese Zeile ist ein Zitat aus einem daoistischen Klassiker – dem *Yin-Fu-Ging – Die Vereinigung des Yin* (vgl. Text und Kommentar in N° 57 und 68, bzw. Endnote 46). – Zum *Yin-Fu-Ging* siehe Einleitung.
** Genau übertragen: ... *befindet sich in der Truppenbereitstellung links* – bzw. ... *rechts.*

第三十二章

道常無名．樸雖小，天下莫能臣。侯王若能守之，萬物將自賓。
天地相合，以降甘露，民莫之令而自均。
始制有名，名亦既有，夫亦將知止，知止可以不殆。
譬道之在天下，猶川谷之于江海。

32.

DAO ist ewig namenlos und schlicht.*
Obschon klar, wird es dennoch geringgeschätzt; — [aber]**
Himmel und Erde unterwerfen sich keinem Herrn außer ihm.

Wären Adlige und Könige fähig, Es aufrecht zu erhalten —
   alle Geschöpfe strebten zu ihnen hin —
Himmel und Erde vereinigten sich, damit süßer Tau herab stiege —
und alle Völker einigten sich ohne irgendwelche Befehle.***

Im Anfang, wurden [allen Dingen] Namen zugeteilt —※
   [viele] Namen gab es seitdem überdies —
und die Menschen wollten auch die Grenzen erkennen:
Die Grenzen zu kennen, ermöglicht Gefahrlosigkeit.

Eine Allegorie: Dao ist für Himmel und Erde
   wie der Strom für die Tal-Ebene —
   wie der Meerbusen für den Ozean.

---

* Roter Teil nur im ‹Text unbekannter Herkunft›.

** *Klar* im Gegensatz zu *dunkel* (vgl. N° 28). –Blauer Teil nur bei Wang-Bi; – ohne ihn könnte es heißen: *Obschon es geringgeschätzt wird* ...

*** Das ist zugleich ein deutlicher Hinweis aufs *Zweite Werk* der operativen Alchemie.

※ Das Zeichen 制 enthält drei Elemente: 失, (*loslassen, vergessen, verlieren*) über 而 (*aber, und zugleich*) neben 則 (*Regel, Gesetz, muß* ...). Dieses einzelne Zeichen enthält also die komplexe Aussage: *Benennen heißt verlieren der Einheit, trennen* (in ‹richtig› und ‹falsch›, in ‹gut› und ‹böse›) *– und schafft das Gesetz* (von Ursache und Wirkung).

第三十三章

知人者智,自知者明。
勝人者有力,自勝者強。
知足者富。
強行者有志。
不失其所者久。
死而不亡者壽。

33.

Einer, der die Menschen kennt, ist ein Weiser —
Einer, der sich selbst kennt, ist ein Erleuchteter.
Einer, der die Menschen besiegt, hat Kraft —
Einer, der sich selbst besiegt, ist stark.
Wer mit seinem Dasein zufrieden zu sein weiß, ist reich.
Wer kraftvoll vorwärts strebt, geht in die Annalen ein. *
Wer an seinem Posten nicht versagt, hat Ausdauer **
Einer, der stirbt, ohne zu verderben,
ist wie [eine alte Person, die] Geburtstag hat. ***

---

* Mögliche genaue Varianten: *Ein unbeirrbarer Pilger besitzt Willenskraft.* – Oder auch: *Wer [seinen Weg] forciert, ist ehrgeizig.*

** Variante: *Wer seinen Posten nicht verliert ...* – vielleicht auch: *wer ... nicht aufgibt...* – Das Zeichen 久 – *lange* kann auch *Langmut* heißen. Manche Übersetzer haben: *... lebt lange.* – *Lange zu leben*, heißt im Rahmen des Alten China – außer einem langen irdischen Leben – viel Nachruhm zu erhalten, und deshalb, nach dem Tod sehr lange durch Totenopfer ‹am Leben erhalten› zu werden.

*** Die bekannte Übersetzung dieser Zeile – *... lebt ewig* – ist zwar – vorallem in Verbindung mit dem vorangehenden Zweizeiler – wohl *logisch richtig*, jedoch *philologisch unkorrekt* (jenes wäre dann 无量寿 – *wúliàngshóu* – *unermesslich langes Leben*). – Eine alte Bedeutung des Zeichens 壽 ist indes neben allem, was *langes Leben* ausdrückt, auch: *Geburtstag einer alten Person*. Daher ist die hier angebotene Lösung nicht nur *logisch richtig*, sondern auch *philologisch korrekt* (mystisch, kurz: *... wie jemand der Geburtstag hat*).

Der *physische Tod* als Beginn eines neuen Incarnations-Zyklus (er löst den Prozeß der *physischen Erneuerung* aus), ist zugleich eine *metaphysische Geburtsstunde*. – Im Transfigurismus aber folgt auf einen *allmählichen metaphysischen ‹Tod›* (zu Lebzeiten der Persönlichkeit) eine *allumfassende Erneuerung* mit einer stufenweisen *spirituellen «Neugeburt zum ewigen Leben»*: Das ist die *«Wiedergeburt aus Wasser, Geist und Feuer»*. –

Soviel zur Begründung dieser etwas extravaganten Übersetzung.

34
大道氾兮,其可左右。
萬物恃之以生而不辭, 功成而不名有。
衣養萬物而不為主,**常無欲**可名於小。
萬物歸焉,而不為主,可名為大。
以其終不自為大, 故能成其大。

第三十四章

大道汜兮,其可左右。萬物恃之以生而不辭,功成而不有衣養萬物而不為主,常無欲,可名于小;萬物歸焉而不為主可名為大。以其終不自為大,故能成其大。

34.

Oh großes, überfließendes Dao,
das Du wahrlich überall bist!
alle Geschöpfe vertrauen auf Dich; denn
Du bringst sie hervor, verläßt sie aber nicht.
Ruhmvolles vollendest Du, doch nicht zu Deinem Ruhm.
Kleidend und erhaltend alle Geschöpfe,
— doch nicht, um zu herrschen — ewig selbstlos!
Billig gerühmt wirst Du von den Geringsten.
Alle Geschöpfe kehren hierher zurück,
solange sie nicht göttlich sind,
billig rühmend das Größte.
Infolgedessen endet ihre Unfähigkeit, selber Großes zu tun —
daher werden sie fähig zur Wandlung in ihr Höchstes.

Nachdem in der Einleitung die wichtigsten Begriffe und Verhältnisse geklärt wurden, ist es möglich, zu diesem 34. Kapitel eine für die heutige Zeit gültige Deutung anzubieten. Dieser Text zeigt die große Besonderheit, daß er keinen einzigen Bezug aufs gewöhnliche Erdenleben nimmt und nur die innige Verehrung und Dankbarkeit aller Geschöpfe für das All-Eine, das All-ein-Gute ausdrückt. Tatsächlich wird Dao hier ganz direkt als makrokosmische Schöpferkraft angerufen, die, wie die Schriften sagen, «*das Werk ihrer Hände nie verläßt*». Es ist eine Verehrungs-Formel von ergreifender Schönheit, die, ebenso wie der Schluß von N° 62, deutlich ans christliche Hauptgebet – das «*Unser-Vater ...*» – erinnert.

Nicht von ungefähr wird Dao hier *überfließend* genannt. Unter dem kabbalistischen Namen *Mutter aller Dinge* bringt Dao hervor und nimmt wieder auf jedes kleine Wesen – belebt oder unbelebt; und so kann man mit Recht sagen, daß jedes Geschöpf – jedes der ‹10'000 Dinge› – in Dao geborgen ist, bei seinem Erscheinen wie bei seinem Zurücktreten – in seinem ‹Leben› wie in seinem ‹Sterben›. Zugleich ist Dao das Gesetz des Universums – *Karma*.

Auch die aktuelle Gnosis spricht vom überfließenden *Strom Lebenden Wassers*, der das ganze Universum erfüllt, alle Wesen – kleine wie große – durchfließt, belebt, und zugleich Alles vorwärts treibt auf einer unermeßlichen ansteigenden Spirale einer

Evolution nicht der physischen *Form* der Geschöpfe, sondern ihrer geistigen *Essenz* – ihres Bewußtseins.

Wie wird dieser ‹Strom lebenden Wassers› – dieser ‹Gottesstrom› erlebt? – Wie wird er wahrgenommen und praktisch ‹angewandt›? – Das ist es, was der denkende Mensch gerne wissen möchte; – denn – ob ‹gläubig› oder nicht – jeder Mensch *spürt* diese Gegenwart, und sei sie noch so unklar, unbewußt und un-nennbar. Davon spricht bekanntlich das allererste Kapitel des *Dao-De-Ging*.

Nun kann es im Leben des Menschen (da es ums *Bewußte Sein* geht, sei nur von ihm die Rede) einen Moment geben – man nennt ihn auch den *psychologischen* Moment – wo dieser Mensch in beinah oder ganz physischer Weise die von diesem Gottesstrom ausgehende Berührung *erfährt* – oft anhand eines dramatischen Erlebnisses. Manche *suchen* nach diesem Strom wie nach einer alten Erinnerung; – sehr Wenige sogar von frühester Jugend an.

Wenn der so berührte Mensch in seinem tiefsten Inneren getroffen innehält und sich vom Lebenden Wasser sozusagen *überströmen* läßt, dann gleicht er einem müden, durstigen und erhitzten Wanderer, der auf seinem Weg einen Wasserfall trifft, spontan darunter tritt und sich vollständig von ihm überfluten und durchtränken läßt: Bis ins Innerste spürt er die Wohltat dieses Überströmt-werdens; – nie wird er diesen magischen Augenblick vergessen.

Die kritische Frage ist nun: Werden seine Kleider wieder trocken sein, lange bevor er zu Hause ankommt? – Wird auch sein Inneres wieder ganz trocken und durstig sein, oder wird sich ein erster Strahl keimenden Lebens – eine Spur der gnostischen ‹Wurzelfeuchtigkeit› in seinem Herzen erhalten können? – Falls nein: Die geschilderte unverhoffte Berührung kann in einem Menschenleben zwei bis dreimal auftreten, oder auch erst in einer nächsten Existenz, doch dann unter erschwerten Bedingungen, weil so viel ‹nachzuholen› ist. – Falls aber ja, wird die so in ihrem innersten Kern berührte Person bewußt oder unbewußt nach einer Möglichkeit rufen, um diese Berührung zu wiederholen und *fortzusetzen*. Dann setzt bereits die wundersame Wirkung von *Dao* ein: Dieses Gesetz, das zugleich das Gesetz von Ursache und Wirkung ist, ‹sorgt dafür›, daß der noch erst halb bewußte Ruf des derart ‹aus Gott geborenen› Suchers ein magnetisches Echo findet, wodurch er oder sie angezogen und zur nächsten Berührung geführt wird: Dann hat wirklich ein Strahl der Gnosis – des *universellen Dao* –

den mikrokosmischen Kern, das geistige Samenkorn im Herzen des Suchers befruchtet und zum Leben erweckt. Und selbst wenn der so erweckte Sucher es noch nicht *weiß*, so ist dies doch der Keim, woraus sein *individuelles Dao* sprießen kann und wird.

So oder ähnlich beginnt der Weg eines neuen Suchers – eines neuen Kandidaten der Gnosis; und so macht er oder sie sich auf den Weg. Indem sie diesen Weg zu gehen beginnen, beginnt ihre Aufmerksamkeit, ihre *Wahrnehmung* zu erwachen für die geistige Welt, für die Welt von *Licht, Wahrheit und Leben*. Da nun auch ihre *Einsicht* in die geistigen Zusammenhänge im Universum zunehmend erwacht, beginnt auch ihre *Sehnsucht* zu wachsen, und die Frage taucht auf: *«Was muß ich tun? – Was kann ich tun, um auf diesem Weg, den ich noch nicht kenne, vorwärts zu kommen?»*

Die *Antworten* kommen; – die *Hilfen* kommen; – *Fortschritte* zeigen sich; – und indem all dies sich zeigt, kommen auch die ersten *Hindernisse*. – Wie wird nun der junge Kandidat reagieren?

Angenommen, er oder sie bleiben fest, so werden sie alsbald erkennen, daß sie *geführt* werden. Das ist die *«Leuchte vor meinem Fuß»*, wovon die Schriften reden. – Doch nur eine Leuchte ist es; keine zwingende Beeinflussung: Vom ersten Augenblick seines geistigen Wiedergeburtsprozesses an steht der Neophyt unter der Gesetzlichkeit des *freien Willens* und der *Selbstverantwortung*!

Die erste Phase dieses Wegs besteht im Absorbieren der Grundlagen der Universellen Lehre: Das ist seine gnostische Muttermilch. Indem er diese Lehr-Elemente, die eher eine Überlieferung sind, mit der ihm zugänglichen physischen Realität vergleicht, gewinnt er eigene Erfahrungen: Das ist sein erstes Erfahrungswissen, seine erste persönliche *Gnosis*, der Keim seines innereigenen *Dao*. Doch ist er damit noch keineswegs ein *Gnostiker* geworden! Diese Bezeichnung kann auf ihn erst angewandt werden, wenn er unentwegt forscht, lernt und übt; wenn er gar *nicht mehr anders kann*, als selbständig und auf eigene Verantwortung seine Kenntnis des Wegs *aus erster Hand* zu erweitern und zu vertiefen; wenn sein Herz nichts Anderes mehr weiß, als den *Weg* – als *Dao*.
Indem diese Kenntnis wächst, wächst auch des Suchenden *Einsicht*, wächst seine *Sehnsucht*, einem Ziel nahe zu kommen, das er in der Ferne zu erkennen beginnt: es ist das Ziel der Selbst-Befreiung, welches am Ende des Weltenwegs aufleuchtet wie ein Stern, der ihm helfen will, den Weg zu finden. Zugleich wächst

auch seine *Dankbarkeit* der Gnosis gegenüber, wächst seine *Freude*, den Weg gehen zu dürfen und zu können, wächst sein Vertrauen in die Gnosis, die jeden seiner Schritte begleitet. Immer mutiger und zuversichtlicher geht er *«im neuen Morgen der aufgehenden Sonne entgegen – mit offenem Herzen, barfuß und mit entblößtem Haupt»*, wie die *Confessio Fraternitatis RC* es ausdrückt.[9]

Je weiter der Kandidat so fortschreitet, desto mehr wird er finden, was sein Staunen, sein Sich-wundern, seine Freude und Dankbarkeit weckt, was eine sich mehr und mehr vertiefende *Ehrfurcht durch Einsicht* bewirkt und seine *Entschlossenheit* stärkt, dem Weg treu zu bleiben «bis zu seinem letzten Atemzug und auch danach». Denn selbst wenn sein Leben nicht reichen mag, das sublime Ziel zu erreichen: Nichts Essentielles geht verloren; Alles kommt dem Einen Plan zugute, wonach jedes Geschöpf dereinst seine göttliche Bestimmung erreichen wird.

Das ‹apokryphe›, ganz gnostische *Thomas-Evangelium* sagt[10]:

«Daß jemand der sucht, nicht aufhöre zu suchen, bis er gefunden hat. Und wenn er gefunden haben wird, wird er sich wundern. Und wenn er sich gewundert haben wird, wird er als König herrschen. Und wenn er als König geherrscht haben wird, dann wird er Ruhe finden.»

Das ist eine Ruhe und Stille *«nicht von dieser Welt»* – die Ruhe des biblischen ersten Sabbats: Sechs mühevolle Stufen des Erkennens und zunehmenden Schauens liegen hinter ihm, von der *Unterscheidung von Licht und Finsternis* über das Erwachen des beseelten Menschen nach seiner ‹Spaltung› in Yin und Yang, und hin zu seinem endgültigen *Wieder-Eins-Werden* als Geist-Seelen-Mensch im göttlichen Yin-Yang. – Es ist die *siebente Stufe* – die gott-menschlichen *Stufe der Vollendung*.

Diese Zwischenphase der Ruhe und Sammlung folgt notwendig auf die vollkommene Erneuerung in der Transfiguration. – Sie ist zugleich die *neue Erste Stufe* für einen neuen Spiralengang: Einen neuen Himmel und eine neue Erde durchwandernd steigen die *Kinder Gottes* auf als Glieder der Bruderschaft der wahrhaft lebenden Seelen — von Kraft zu Kraft, und von Ewigkeit zu Ewigkeit:

Infolgedessen endet ihre Unfähigkeit, selber Großes zu tun — und so werden sie fähig zur Wandlung in ihr Höchstes.

Hong-Wu I. — Gründerkaiser der Ming-Dynastie.

第三十五章

執大象,天下往。往而不害,安平泰。
樂與餌,過客止。道之出口,淡乎其無味,視之不足見,聽之不足聞,用之不足既。

35.

Wer das große Ideal verwirklicht,
steht im Gegensatz zur Welt —
im Gegensatz, aber ohne Haß —
zufrieden — gleichmütig — still.

Locken Musik, Geselligkeit und köstliche Speisen,
verweilt der vorübergehende Reisende. —
Dao [aber] bietet ihm eine Aussicht ohne Verlockung:
Es strömt keinen köstlichen Duft aus —
blickt man es an, so mangelt es ihm an Anblick —
horcht man ihm, so mangelt es ihm an Klang —
Wendet man es an, so mangelt es ihm an Beidem.

Vielfach sind die Formen, in denen Dao erlebt, erfahren, verwirklicht oder verworfen werden kann. Zahlreich sind, die gerne davon kosten; – sei es, um im Vorübergehen von seinem Nektar zu naschen, sei es, um wirkliche Nahrung für ihr Gemüt zu finden.

Allein, so einfach ist es nicht. – Warum nicht? Kann denn nicht Jedermann daran teilhaben, und niemand kann ihm's wehren? – Dies ist allerdings der Fall, und insofern ist es wirklich einfach. Doch damit ist es nicht getan; – ja, damit kann es noch nicht einmal beginnen!

Betrachtet man den Text von seiner Form her, so erkennt man, daß er zwei Teile enthält, deren Essenz aber nicht erläutert. Diese Essenz ist dem Wortlaut nach dieselbe, dem Sinne nach aber ganz entgegengesetzt. Und in der Auflösung dieser Gegensätzlichkeit liegt das Verständnis des 35. Verses des *Dao-De-Ging*:

«*Reisende*» – damit sind nicht irgendwelche Wanderer, Spaziergänger oder Geschäftsreisende gemeint. Dies hier ist ja eine Einweihungs-Schrift, und Lao-Dse wird sich – innerhalb seiner Lehre – kaum mit Vergnügungsreisenden aufgehalten haben. Außerhalb seiner Lehre zwar wohl; empfiehlt er doch andernorts, «*sich zum Staub zu mischen*» (N° 56), «*das Herz Aller zu dem seinigen zu machen*» (N° 49) usf. –

Hier aber hat man sich unter ‹Reisenden› die Sucher nach dem *geistigen Gold*, nach *geistiger* Nahrung und *geistiger* Musik (Harmonie) vorzustellen. Der Ausdruck ‹*Reisender*› wird im Orient schon seit Jahrhunderten verwendet. Diese ‹Reisenden› sind also Menschen auf einem *geistigen Weg* – oder auf der *Suche* nach einer geistlichen Lehre, die sie der Erkenntnis von Gott, Welt und Menschheit näher bringen würde: Eine Lehre, die ihnen sogar die *Erlösung* versprechen und verschaffen könnte. Viele von ihnen sind sich noch gar nicht bewußt, *was* sie suchen; – ja, die Meisten sind sogar ganz unbewußt, *daß* sie auf der Suche sind: Schlafwandler auf dem Weg zur geistigen Vollkommenheit. Das ist der Weg der ganzen Menschheit – ja, aller Geschöpfe im Universum. Wirkliche ‹Reisende› im Sinne der Heiligen Sprache sind also *bewußt* Suchende nach einem Weg zu *Dao* – nach einem Weg zur ‹Himmlischen Seligkeit›.

Was ist ‹Dao›? – Was ist ‹Seligkeit›? – Es ist die vollkommene Harmonie eines Wesens mit seiner Umwelt im körperlichen, seelischen und geistigen Sinne; also auch – und im gegenwärtigen Fall ganz besonders – die bewußte *Einheit mit Gott* in der Harmonie des gesamten Universums, mit *Kosmos*, was griechisch *Ordnung*, *Schönheit* und *Schmuck* bedeutet. – Ist nicht das Universum der Schmuck, die Krone der Gottheit?

Das Kron-Juwel aber ist der Mensch als ‹Compendium› dieser universalen Schöpfung. Nicht der Mensch in seiner heutigen degenerierten halb tierischen Form allerdings, sondern ‹Adam Kadmos›: der Mensch, so wie er «im Anfang war», als göttliches Urbild des denkenden Geschöpfes Mensch – Manas – das Eins war mit der göttlichen Ur-Monade. Der *Weg zurück* zu diesem *göttlichen Urbild* ist das *«große Ideal»*, wovon diese N° 35 spricht. Wer dieses göttlich geistige *Urbild* in seiner lebendigen Seele belebt, wird selber zum *Vorbild* für die übrigen Bewohner des Universums: Vorbild dafür, daß der Weg, daß das Erlangen von Dao möglich – eine *Wirklichkeit* – ist!

Finden gewöhnliche Reisende diesen Weg in dieser Welt? Lao Dse sagt: NEIN! – Es sei denn, der Reisende habe Dao bereits früher kennengelernt, sei bereits von Dao berührt worden und in seinen Weg eingetreten: Wer Dao *ergreift, festhält und verwirklicht* (all dies sind Bedeutungen des ersten Zeichens dieses Texts) steht bereits im Widerspruch zu dieser Welt – wenn auch ohne Feindschaft ihr gegenüber. Er oder sie ist bereits ein Reisender im oben genannten Sinne, besitzt also andere Ideale und andere Sinnesorgane als die gewöhnlichen Menschen.

Unter *Musik und köstlicher Nahrung* sind für den Schüler *inneren Wissens* weder lustige Lieder noch leckere Häppchen und ausgelassene Geselligkeit zu verstehen, wie dies über 200 Übersetzungs-Versionen des *Dao-De-Ging* wollen, sondern die ‹süffigen› *esoterischen Sprüche und Lehren* und die Schein-Harmonie der zahllosen mehr oder weniger gutgemeinten (‹bonafiden›) Gesellschaften zur Förderung menschlicher Kultur und Religiosität.

Fürs China des Lao-Dse dürften allerdings tatsächlich *auch* Opferspeisen für die alten Natur-Götter sowie Tempeltänze, religiöse Feste und Riten gemeint sein, ja sogar noch die ‹Orgien›, Umzüge und extatischen Tänze, wie sie in den Mysterien der Antike (Isis-Kult), im Alten Testament (David), in den rituellen Tänzen der Indianer Nord-Amerikas begegnen – und natürlich in den schamanistischen Ritualen und Festen der sogenannten ‹Wilden› auf den alten Kontinenten Australiens, Asiens und Afrikas – oder noch im heutigen Taumel moderner Tanz-Bars.

Das griechische Wort *Orgie* kommt übrigens ursprünglich vom *geordneten (org-anisierten) rituellen Festablauf* im Rahmen der heiligen Handlungen bei einem Opfer- oder Weihefest. Dessen innerster Sinn war nur den Eingeweihten bekannt und verstehbar. Was jedoch allen Zuschauenden wohlgefiel, waren Bratendüfte, Musik und Tänze – samt den Ausschweifungen, die an den großen Messen unserer ‹aufgeklärten› modernen Zeit noch immer genau dieselben sind, und die noch heute von weit her Nutznießer und Gesindel herbei locken, wie Jedermann weiß.

Auch an solch rituelle Vergnügungen mag Lao-Dse mit jenen Ausdrücken gedacht haben, die allgemein als «leckere Speisen und Musik» übersetzt werden; – ganz in Analogie zu dem, was wir heute ‹Esoterik-Tourismus› nennen dürfen, und um zu unterstreichen, daß Einweihung eben *kein* Vergnügungs-Spaziergang ist, *kein* Volksfest in einem spirituellen Schlaraffenland, *kein* Springen von Häppchen zu Häppchen, von Tanz zu Tanz.

Nicht daß Einweihung mit trister und leidvoller Entsagung verbunden wäre – weit gefehlt! Charakteristisch für den wahren Eingeweihten ist ja gerade seine gelassene Heiterkeit: Seine Entsagung ist – wo sie wirklich stattfindet – kein Leiden, sondern *vernünftiges* Maßhalten, *vernünftiger* Verzicht.

Mäßigkeit war einst eine der vier Kardinal-Tugenden: *Weisheit (Klugheit), Tapferkeit, Gerechtigkeit und Mäßigung.* Doch deren Platz nehmen heute (neben Mittelmäßigkeit und faulen Kompromissen) ganz andere ‹Tugenden› ein: Seit der ‹Aufklärung› im 18. Jahrhundert stehen an ihrer Stelle *Tapferkeit, Freiheit, Güte, Gerechtigkeit.* Aber Tapferkeit, Gerechtigkeit und Freiheit sind nichts, wenn ihnen das Maß der Weisheit fehlt! Wie oft wird doch heute ‹Gerechtigkeit› zur Ungerechtigkeit, herrscht ‹Recht› ohne Güte noch Weisheit; – und der Anspruch auf ‹Freiheit› ohne Klugheit ist in der heutigen Menschheit zum Egoismus – oft gar zur Tyrannei geworden: Der berühmte Rechts-Streit der zwei ums selbe Kind sich streitenden Frauen vor Salomo wird heute gar oft durch das Zerspalten des Kindes gelöst ... –

Die *Mäßigkeit* des Eingeweihten aber ist seiner *Klugheit* unterworfen: Was nicht in Heiterkeit und Freude erfüllt werden kann, ist nicht echt. Was nicht auf Vernunft und innerer Erkenntnis gründet, ist dem wahren Weg von Dao fremd. Dennoch wird auch dem authentischen ‹Reisenden› auf dem Weg von Dao das Geschick so manche unverhoffte ‹köstliche Speise› reichen, die er dann mit umso größerer Dankbarkeit genießt; und manches bei seinen Weggenossen gefundene Wort, mancher Gedanke einer stillen Eingebung durchklingt seine Seele als wunderbare Musik!

Für die gewöhnlichen Menschen: die ‹Spaziergänger› in dieser Welt, die den geistigen Sinn des Lebens noch nicht erkannt haben, ist der Weg von Dao farblos, geruchlos, geschmacklos – kurz: ohne Reiz. Darum steht, wer den Weg von Dao anwendet und verwirklicht, im Gegensatz zur übrigen Welt – ja sozusagen außerhalb davon. Dank seiner Einsicht durchschaut er das Große Spiel, das alle Dinge und Wesen dieser Welt hervorbringt, bewegt und wieder verschwinden läßt. Er erkennt die Doppelnatur dieser Welt: Einerseits göttlich beseelt, voller ursprünglicher Schönheit und Harmonie; – andererseits überall mangelhaft, vergänglich – voller Widersprüche und Gegensätze: Das ist die realistische Schau, die von den Dogmatikern dieser Welt *Dualismus* genannt wird.

Aber auch den wahren Reisenden – jenen Suchern nach dem Geist, die sich durch den unauffälligen Tisch von Dao ‹aufhalten› lassen – werden die saftigen Häppchen nicht einfach in den Mund gesteckt: Sie müssen sich zuvor selbst dafür *zubereiten.* Auch müssen sie alles selber gründlich kauen und verdauen lernen, damit die Nährstoffe für Seele, Geist und Körper den bestmöglichen Nutzen bringen können, nämlich ein Weiterschreiten auf dem Pfad von Dao. Gut vorbereitet wird es zum täglichen Vergnügen, sich aus diesem unerschöpflichen Vorrat zu nähren, aus ihm zu wachsen, die eigenen Zellen und Organe zu erneuern in «stillem Reifen», wie die Übersetzung von Backofen es nennt, um endlich – als Neuer Göttlicher Mensch – auf dem Spiralengang der wahren geistigen Evolution eine Stufe höher zu steigen.

Es ist also nötig, zu sehen und zu hören, was das gewöhnliche Auge nicht sehen, das gewöhnliche Ohr nicht hören kann, gemäß dem Paulus-Wort in 1. Cor 2: 9 – *«Was kein Auge gesehen und kein Ohr gehört hat und in keines Menschen Herz gekommen ist; – was Gott bereitet hat denen, die ihn lieben».*

Erlangt er oder sie dies, so werden sie sich mit anderen Suchern, Pilgern, Reisenden und Findern – ‹Trobadors› – im zweiten Satz des 35. Spruchs des *Dao-De-Ging* auf einer höheren Ebene zusammenfinden: Sie haben *Das Große Ideal* oder *Urbild* in sich selber *neu belebt*; und da sie ihm treu bleiben, sind sie eingetaucht in die unerschöpfliche Fülle *geistiger* Nahrung und Musik von *Dao* und sind damit Eins geworden: *«Nicht Fremdlinge mehr, sondern Hausgenossen Gottes»* – als seine Kinder und Brüder.

Es handelt sich darum, das äußere ‹Kleid› der inneren Lehre zu durchdringen; den Schleier beiseite zu schieben und zur inneren Bedeutung der Heilsbotschaft und ihrer Kern-Philosophie durchzudringen. Das heißt: Lernen und verstehen; – offenbare Widersprüche und ‹Fehler› durchdringen, um ihre Wahrheit selber zu finden dort, wo kein Wort sie erklären, kein Zeichen sie sichtbar machen kann. Und es ist nötig, überzugehen vom Studieren und Lernen zum Anwenden und Vermehren: Zur Verwirklichung im eigenen Inneren zuerst, zum strahlenden Darleben danach – und endlich zum Weitergeben derselben Lehre aus Liebe zu den Mitgeschöpfen – und aus Erbarmen zu Jenen, denen die Mahlzeiten am Tisch der Gnosis noch zu fade erscheinen.

Das belegt einmal mehr, daß es nicht genügt, die *Gute Botschaft* der Gnosis mit Appetit und Ausdauer zu studieren, laut zu lesen und ihren ‹Nektar› in großen Bibliotheken oder in einem beeindruckenden Gedächtnis zu speichern wie die Bienen den Honig in ihren Waben: Die unbedingte Forderung heißt, Alles umzusetzen, in einer täglichen Lebenshaltung, die *wortlos* Zeugnis ablegt für die Gemeinschaft des Pilgers mit dem Geist. Nicht daß eine Bibliothek unnötig, noch, daß ein beeindruckendes Gedächtnis eitler Tand wären: Kein einziger hoher Eingeweihter lebte je, der nicht mehrere Sprachen gesprochen, mehrere Philosophien studiert, eine oder mehrere Künste gekannt und gepflegt hätte: Das sind die *Sieben Künste* der Antike mit ihren Musen, deren Herr Apollo, der Gott der Sonne selber ist!

Doch all dieses *Wissen* ist noch nicht die *Kenntnis* von Dao, und noch weniger seine *Verwirklichung*, sondern allein ein wichtiges Instrumentarium, das Vieles sehr erleichtert. Nichts auf dem Weg gelingt ‹automatisch›; – alles ist Gnade für eigene Anstrengung. Anstrengung und Gnade sind wie rechte und linke Hand auf dem Weg. Ganz wesentlich trägt ‹humanistisches› Können und Kennen zur Verdaubarkeit der Speisen auf dem Tisch von Dao bei: Es hilft zu verstehen, was Symbole, Riten, Mythen und heilige Schriften wirklich bedeuten und bezwecken.

«Trachtet zuerst nach dem Reiche Gottes und *Seiner*, Gottes Gerechtigkeit; und alles Übrige wird dem hinzugefügt werden!» – *«Alles Übrige»* wird erläutert in der Überlieferung der operativen Alchemie, wenn gesprochen wird von den *drei Gaben*, die der Stein der Weisen dem Adepten einbringt: Wohlstand, Gesundheit und langes Leben. – Im Alten China war der Wunsch nach einem langen Leben einer der wichtigsten: Nicht, um möglichst lange «Bratendüfte und Musik» zu genießen, sondern, um möglichst weit fortzuschreiten auf dem Weg von Dao, bevor der Vorhang erneut fällt; und um möglichst viel der Guten Lehre anzuwenden *und zu vermehren* in der Welt!

Damit ist der Reisende *Bewahrer*, *Zeuge* und *Lehrer* geworden beim Wiederbeleben des Großen Ideals – in ihm selbst und im Universum: im Kleinen wie im Großen; – so innen wie außen! Der ursprünglich göttlichen Monade, deren Licht fast ganz erloschen war, konnte er – konnte sie – durch ständige bewußte Ernährung und ausdauerndes Bemühen – *aus Gnade* – wieder zu Licht und Leben verhelfen; – Jetzt stehen sie im Überfluß von Dao – in jener Fülle, die niemals ganz ergründet werden kann.

Wer sich von der Welt «abgewendet» hat, in Dao lebt und weiß, daß genug genug ist, dem *«fällt alles Übrige von selber zu».* Ihm fehlt nichts Nötiges, und er lebt in innerer Harmonie:

ohne Haß – zufrieden – gleichmütig – still.

Kandidaten warten auf Einlaß zur Beamtenprüfung. – Ming-Dynastie.

第三十六章

將欲歙之,必故張之;將欲弱之,必故強之;將欲廢之,必故興之;將欲取之,必故與之。是謂微明。
柔弱勝剛強。魚不可脫于淵,國之利器不可以示人。

36.

Was man rasch einengen will,
muß man zuvor sich ganz entfalten lassen. —
was man entscheidend schwächen will,
muß zuvor überaus stark sein. —
Was mühelos vernichtet werden soll,
muß man zuvor voll erblühen lassen —
Um bequem zu nehmen,
muß man zuvor geben.
Das wirklich nennt man wahre Kenntnis:
Biegsam und Schwach besiegt Hart und Gewaltig.
Der Grundwels soll nicht zur Oberfläche steigen —
Eines Landes Vorteile und Möglichkeiten
soll man den Menschen nicht zeigen.

Dieses Kapitel ist eine Lehre für Fürsten und Feldherrn, damit sie vorausschauend und erfolgreich führen bzw. regieren sollen. Die «*präzise Kenntnis*» ist ebenso genau als *Detail-Kenntnis* zu übersetzen; und das ganze Verhalten weist deutlich auf die Lehren von Sun-Tsu über taoistische Kriegsführung hin, die in späteren Kapiteln noch ausführlich gewürdigt werden: *Wahrlich siegt, wer nicht kämpft.* Auch Spruch N° 22 des *Dao-de-Ging* erläutert diese in Widerspruch-Paaren empfohlene Verhaltensweise, die ganz auf der Lehre von *Fülle und Leere* des Sun-Dsu beruht. – N° 26 zeigt zudem, wie diese Paare einander sogar gegenseitig hervorbringen (wie N° 2 und Weitere auch): Zuviel Kraft schwächt sich selber. Das letzte Beispiel sagt aber, teils ebenso ‹wörtlich›: «*Ein Land im Wohlstand*» soll zurückhaltend bleiben!

Es geht also darum, die Dinge voll zur Entwicklung zu bringen, oder noch besser: sie sich aus eigener Energie *selbst entwickeln zu lassen* bis zu ihrem Höhepunkt, wo sie aus eigener Energie die Tendenz zum Niedergang zu entwickeln beginnen gemäß dem kosmischen Gesetz von Aufgang, Blühen, Reife und Zerfall, wonach die Dynamik jedes Dings der Welt sich früher oder später in ihr Gegenteil verkehrt – ja, verkehren *muß*. – Dann aber soll der Herrscher oder Feldherr mit Entschlossenheit und Festigkeit *handeln*.

Damit wird eines der grundlegendsten Phänomene im Universum aufgerufen: das Phänomen der unendlich vielen Gegensatz-Paare – ob stofflich oder unstofflich, ob sichtbar oder unsichtbar. Deren Erfahrung beschäftigt, ja, irritiert besonders jene Menschen, die keinerlei spirituelle Interessen und Ambitionen haben:
«Wie ist es möglich, daß soviel Ungerechtigkeit ist in der Welt?»
– «Wie ist es möglich, daß ein Gott, der doch das Gute ist, auch das Böse in der Welt duldet?» – Viele solche Fragen stellt sich der Durchschnitts-Mensch; und die Antworten sind – auf diesem Niveau betrachtet – nur selten einleuchtend. Mephisto sagt dazu in Goethe's Faust kurz und änigmatisch: «Nun ja, du siehst die Sachen eben, wie *man* die Sachen eben sieht ... !»

Der geisteswissenschaftliche ‹Schüler› oder ‹Reisende› aber «sieht die Sachen» *anders*: Er weiß, daß alles was hier erfahren wird, sich auf der Bahn von *Dao* – der uns bekannten Naturordnung – bewegt. Das Gesetz, wonach das Universum lebt, sagt: *Was einen Beginn hat, muß auch ein Ende haben.* Daraus folgt, daß es auch nur Dinge, die ihr Gegenteil – Kräfte, die ihre Gegenkraft schon in sich tragen, hervorbringen kann, ja, hervorbringen *muß*: Das ist das Rad der Natur, das ‹Rad der Geburten und Wiedertode›.

Auf dieser Ebene betrachtet, ist die N° 36 «leicht zu verstehen». Darum kann Jedermann diesen Spruch auf Jedermanns tägliches Leben anwenden – ob Geschäftsmann, Landwirt oder König. – Auf einer etwas höheren Ebene jedoch sieht die Sache schon etwas komplexer aus: Die vier Zweizeiler *von Ursache und Wirkung* («*actio = reactio*») am Beginn des Texts drücken auf dem Niveau des *Gesetzes von Dao* bereits einige höhere Weisheiten aus.

Vorallem ist deutlich, daß die acht keineswegs immer dasselbe meinen. Am deutlichsten ist der Fall von Geben und Nehmen: Was man gibt, ist *nicht immer* dasselbe wie was man erhält. – Und so ist es teilweise auch bei den anderen Paaren: Einmal sind die beiden «*Was ...*» vielleicht identisch; ein Andermal *können* sie identisch sein oder sind ganz verschieden. Und wiederum läßt sich eine Sicht finden, worin *alle* «*Was ...*» wirklich identisch sind!

Nicht allein das direkte ‹Bezahlen› oder ‹Ausgleichen› im *materiellen* Leben ist hier gemeint: Auch im geistigen Leben gilt das berühmte «*Ohne Fleiß kein Preis*». – Auf der Alles umfassenden Ebene erfährt der Geisteswissenschafter: Nichts Unverdientes kommt zum Menschen – weder Leid noch Freude, weder Verlust noch Gewinn. Hier spricht man vom Gesetz des *Karma*, das in seiner wunderbaren, ganz unbegreiflichen Präzision auch die kleinste Ungleichheit ausgleicht – irgendwie, und auf oft völlig unverständliche Weise: Die kleinste Anstrengung wird belohnt, die kleinste Schuld vergolten durchs universelle Gesetz dieser «ausgleichenden Gerechtigkeit» von Ursache und Wirkung, von Schuld und Sühne, von Anstrengung und Gnade.

Der Evangelist Matthäus formuliert es so (Mt 10:29-30): *«Werden nicht zwei Sperlinge um einen Pfennig verkauft? Nicht einer von ihnen fällt auf die Erde ohne euren Vater; – an euch aber sind selbst die Haare des Hauptes alle gezählt».*

N° 73 nennt dieses Dao ein *unentrinnbares Netz*. Auf dieser und ähnlichen Textstellen der Schrift beruht auch der Einwand aus Existenz-Angst – und daraus die Begründung für den Fatalismus so vieler Menschen: «Wenn ohnehin Alles vorbestimmt ist, kommt es auf eigene Anstrengung gar nicht an: da kann man nichts tun!» –

Beliebter Einwand der gewöhnlichen Vernunft, in Unkenntnis der Tatsache, daß selbst das Karma seinem eigenen Gesetz folgt, indem es einer *Gegenkraft* gegenüber steht: dem *Freien Willen*, wonach ein Mensch zwar durch Karma sekundengenau und oft millimetergenau in eine bestimmte Situation (oder aus ihr heraus) gebracht wird, wobei er doch auch in derselben Sekunde *die Möglichkeit und die Verantwortung* der eigenen Wahl hat.

Das *Postulat des freien Willens* ist ein Thema, das besonders die Religionsführer verschiedenster Couleur seit vielen Jahrhunderten beschäftigt; denn es relativiert ihre Macht beim Diktat der «Rechten Lehre» – der *Orthodoxie*, die, ganz abgesehen von fundamentalen Unterschieden der Bekenntnisse, und entsprechend der Tragik menschlichen Halbwissens stets wieder eine andere ist. —

Doch zurück zum Text von N° 36 mit seinen vier direkten Paaren aus Handlung und Wirkung:

Für den Pilger auf dem gnostischen Pfad stehen hier einige wichtige Empfehlungen und Lehren – und zugleich eine ebenso wichtige Warnung. – Um bewußt Energien ausklingen und sich neutralisieren zu lassen, ist es nötig, die eigenen Impulse stets gut zu beobachten, die eigenen Motivationen besser und besser zu durchschauen; – denn wie soll der Kandidat ‹falsche Gewohnheiten› loslassen, Fehler vermeiden, *Schwächen in Stärken verwandeln*, wenn er sich selber nicht kennt? Zunehmende Achtsamkeit wird hier gefordert: Ein stets kritischer Blick auf eigenes Verhalten und Motive, ein stets scharfes Ohr für die eigenen Worte, ein stets

waches Bewußtsein für die eigenen Gedanken ... – Ja, das konkrete Leben des nach der hohen Weisheit der Mysterien strebenden Kandidaten wird immer kritischer, sein Pfad immer schmaler, der Anspruch an Reinheit, Klarheit und Wahrhaftigkeit immer höher!
Da ist es nun wichtig, daß er der indirekten Empfehlung des 36. Spruchs des *Dao-de-Ging* folgt: Keine Erfahrung zu *verweigern* – sondern alle Energien sich entfalten zu lassen, unter dem Blick der Selbstkontrolle in Liebe und Verständnis des Schülers für sich selber: Er ist sein eigener Beobachter und Mentor für seine gnostische Selbst-Einweihung; – er allein *kann und muß* dies sein! – Jesus stieg zur Hölle hinab, bevor er zum Himmel auffuhr!

Zwar sprechen alle Traditionen – von Buddha bis zur modernen Gnosis – vom «*Abtöten der Begierden*»; doch keine dieser Lehren meint damit ein gewaltsames aktives Töten irgendeiner Regung. Alle meinen das gedankliche und emotionale *Loslassen*, das bewußte *Neutralisieren* und das dynamische *Ausschwingen-lassen* alter Verlangen, Gewohnheiten, Gedankenbilder und fixer Ideen. *Das* ist der innere Reinigungs-Prozeß, und er konzentriert sich auf Herz und Haupt – auf Denken, Wollen und Fühlen!

Damit eine falsche Gewohnheit, ein starkes hinderliches Bedürfnis harmonisch aus-*schwingen* kann, muß es zuerst bewußt *erfahren* und, wie der Volksmund sagt, «aus-*gelebt*» werden. Sehr individuell ist das Maß dieses Auslebens für den einzelnen Menschen, dieser «Höllenfahrt» der tiefsten *Katharsis* – dieser *Reinigung* 同其塵，是謂玄同durch aller-innerste Erfahrung. Die Einen müssen alles ganz intensiv am eigenen Leib erfahren bis zum Überdruß; – Anderen genügt schon das Bewußt-werden durch sehr tiefes Einfühlen in die astralen und ätherischen Abläufe, um diesen Überdruß mental so intensiv zu erfahren, als ob sie Alles physisch erlebt hätten. So kann das Verlangen erlöschen; – vorallem wenn es unter bewußte Kontrolle genommen wird, bis es so schwach wird, daß bereits die erste Regung abgewiesen werden kann.

Paulus sagt es so (Rö. 7:19): «*Denn das Gute, das ich will, das tue ich nicht, sondern das Böse, das ich nicht will, das tue ich*».

In aller Klarheit steht diese Tatsache vor den Augen des gewissenhaften Kandidaten; – doch da er sich darin übt, nichts und niemanden mehr zu verurteilen, so verurteilt er auch sich selber nicht: Er sieht, versteht, schüttelt vielleicht lächelnd den Kopf und geht weiter: Doch allmählich können Herz und Haupt zur natürlichen Absage ans alte Wesen heranreifen.

Die *Warnung* in diesem 36. Spruch heißt also: «*Weiche keiner Erfahrung gewaltsam oder aus Furcht aus; denn jede Erfahrung ist auch ein Lehrstück. Was in bester Absicht verdrängt wurde, kann im schlechtesten Moment – vielleicht auf einer sehr hohen Stufe des Pfads – hervorbrechen. – Die Folgen können verheerend sein!*». – Ja, weder gewaltsam durch forcierte Askese, noch durch schmerzhafte Exerzitien kann die erstrebte Selbst-Erziehung vollendet werden, sondern nur, indem mit «biegsamer Zurückhaltung» beobachtet, unterschieden und *frei gewählt* wird. – So wird sich einmal auch hier – ganz taoistisch ausgedrückt – *Nachgiebigkeit stärker als Festigkeit, Sänfte mächtiger als Gewalt* erweisen.

Bleibt noch der letzte Abschnitt des 36. Spruchs des *Dao-De-Ging*, wo von einem Fisch und von *«Bequemlichkeit»* des Landes die Rede ist. Verwirrend erscheint dieser Text; und verwirrt wurden schon viele Übersetzer dieser Passage: Was ist von diesem *«Fisch in finsterer Tiefe»* – vom *«schärfsten Schwert im Anblick des Volkes»* zu halten? – Wirklich: Was soll der Leser über Lao-Dse, den großen Weisen denken, wenn der in die lapidare Bemerkung ausbricht, wie ein Übersetzer vorschlägt: «*Fische gehören ins Wasser, das Schwert gehört in die Scheide*»?

Zwar kann man wirklich die *Bequemlichkeit* bzw. *Vorteile und Möglichkeiten* des Landes auch mit *scharfe Werkzeuge* (gemeint: *Talente!*) übersetzen; – doch liegen *Formlosigkeit* und *Unsichtbarkeit* gemäß Sun-Dse's Strategie-Lehre hier sicher näher:

Wie der Grundbarsch sich stets im Trüben einwühlt, um desto sicherer seine Beute zu fassen und noch fetter zu werden, soll auch ein «Land» seine Nachbarn weder durch seine Stärken provozieren, noch sie durch seine Annehmlichkeiten anlocken. – Auf der spirituellen Ebene darf man verstehen, daß es – kurz gesagt – darum geht, *die Mysterien zu schützen*, wie es auch in einem der Rosenkreuzer-Manifeste Anfangs des 17. Jahrhunderts heißt: «*Man werfe keine Perlen vor die Säue, und keine Rosen vor die Esel!*» –

Das nennt man wirklich vorausschauendes Handeln!

第三十七章

道常無為而無不為。侯王若能守之,萬物將自化。
化而欲作,吾將鎮之以無名之樸。無名之樸,夫亦將不欲
不欲以靜,天下將自正。

37.

Dao ist stetiges Nicht-tun – aber nichts bleibt ungetan.
Fürsten und Könige scheinen sich selbst zu bewahren —
aber alle Dinge verlangen selber nach Veränderung —
nach Veränderungen und nach Tätigkeit.

Um meine Verlangen abzukühlen, benutze ich das Unnennbare
und bin einfach:
Wenn sie sich abkühlen aufgrund des Unnennbaren und
schlicht sind,
sind alle Menschen ohne Verlangen —
Ohne Verlangen – und darum ruhig und still –
wird die ganze Welt sich selber ordnen.

Dem Nicht-tun sind im *Dao-de-Ging* mehrere Kapitel gewidmet: im engeren Sinne fünf, im weiteren Sinne mindestens zehn. Das unterstreicht nicht nur die Wichtigkeit des ‹Nicht-tuns› für das Begehen des Pfads, sondern auch die Vielfalt der Betrachtungsmöglichkeiten. Es gibt so viele Möglichkeiten, aktiv aufs Geschehen in der Welt und in sich selber einzuwirken, auch ohne zu *direktem Handeln*, zu handelndem Eingreifen oder gar zur Gewalt überzugehen: Selbst das *Denken*, ja sogar gedankenloses *Empfinden* kommen einer Handlung gleich! Es zeigt sich damit, wie wichtig es wird, seine eigenen Motive und Verlangen gut zu kennen, sie auch in jedem einzelnen Falle zu er-kennen und – sehr oft – als dem Weg abträgliche Handlungen zu *entlarven*.

Warum ist das so? – Das Universum, ja, jedes seiner Atome ist in jeder Sekunde in ständiger Veränderung begriffen. – Veränderung ist Bewegung, und Bewegung ist *Leben*. Ohne Veränderung stürbe die Welt! Doch diese Veränderungen sind nicht ungeordnet; sie geschehen nicht von ungefähr: Sie folgen in jeder Sekunde in jedem Atom dem einen universellen Gesetz – dem einen göttlichen Plan. Und jedes Geschöpf im Universum hat ein innewohnendes Bewußtsein dieser Bewegung – nur der Mensch nicht!

Der Mensch hat heute anstatt des kosmischen Gesamtbewußtseins ein individuelles Selbstbewußtsein. Damit sammelt er im Laufe seines Daseins in der Welt unzählbar viele Bilder, Eindrücke,

Erfahrungen. – Und er entwickelt ebenso unzählbar viele Ideen, Wünsche, Pläne, Ängste und Strategien zum Erreichen oder Vermeiden von Diesem oder Jenem. Nur in wenigen Fällen setzt er Prioritäten für sein Leben als Ganzes: bewußte Zielsetzungen, *aus freiem Wollen gewählt*. Doch diese Ziele dienen kaum jemals dem lebendigen Fortgang des Universums, sondern wieder nur kurzfristigen egozentrischen Interessen; – Zielen, die der Befestigung des eigenen *Status quo* dienen sollen. Und das gilt vorallem im Falle der Herrscher.

Wahrnehmungs- und Verhaltens-Grundlagen werden als Ganze zu einer Lebens-Norm (falls es so weit kommt); – doch ist diese Lebensnorm dem Menschen selbst mehr oder weniger unbekannt. – Ja, selbst wenn ein Mensch für sich solche ‹Lebensnormen› zu nennen wüßte, wäre seine Aufzählung entweder unzutreffend oder unvollständig – oder beides.

Daher die zeitlose Aufforderung aller Eingeweihten, sich selbst kennen zu lernen: Γνωϑι σεαυτόν – gnothi seautón heißt der griechische Spruch, der die Grundlage antiker Einweihung bildete, und der sogar zum Titel eines Werks des ersten Theosophen der Neuzeit wurde: Valentin Weigel, ein lutheranischer Pastor, der in Verbindung stand mit dem Tübinger-Kreis um Valentin Andreæ, verfaßte um 1570 dieses sehr präzise philosophische Buch.[58]

Das «Erkenne Dich selbst» wird erheblich erschwert durch die Struktur des denkenden, fühlenden, wollenden und handelnden menschlichen Wesens, das zusammengefaßt wird unter dem Begriff der *Persönlichkeit*. Deren gewöhnlicher Herrscher ist ihr Ich. Dieses unterscheidet sich in nichts von jedem anderen König, untersteht aber noch dem *Aurischen Wesen*. Im vorhergehenden Kapitel wurde die Wichtigkeit und Undurchsichtigkeit von Motiven und Motivationen fürs menschliche Dasein angedeutet; hier seien nun noch zwei Definitionen gegeben:

Als *Motivationen* sollen – im positiven Sinne – übergeordnete Ideale und Zielsetzungen gelten; als *Motiv* die jeweils augenblickliche Dynamik von Gefühlen, Gedanken oder Willens-Impulsen. (falls es zu solchen überhaupt kommt). Es sind also meist spontane Mechanismen, die eine Handlung *ohne Kontrolle durchs Bewußtsein* auslösen. Der äußere Anlaß zu einer Handlung ist ja selbst kein Motiv, sondern nur ein Impuls, der grundsätzlich von jedem Menschen anders umgesetzt – in eine Handlung *übersetzt* werden kann; wobei – noch einmal sei es betont – im Begriff *Handlung*

Gedanken und Emotionen ausdrücklich mit eingeschlossen sind: Diese sind ja nur unterschiedlich verdichtete Entsprechungen dessen, was ein ‹Subjekt› objektiv in Bewegung setzt. Unter diesem Aspekt betrachtet, bekommt der gegenwärtige Text eine ungeahnte Weite und Bedeutung für den ‹Reisenden› auf dem Pfad von Dao – für den ‹Schüler› der Gnosis.

Vorausgesetzt, der Pilger habe bereits einige oder mehr Schritte auf *Dem Weg* zurückgelegt, er habe bereits den großen Überblick gewonnen darüber, was *Der Weg* beinhaltet; – dann hat er auch verstanden, daß jeder Stufe der *Erkenntnis* eine Stufe der *Einsicht* vorausgehen muß: Einsicht in die Bedeutung der Welt, des *Universums* und der Menschheit, in Bedeutung und Inhalt des *Wegs* und in das, was unter den vielen, ja zahllosen Gottesbegriffen verstanden werden sollte.

Hat er – hat sie – jedoch auch einen vertieften Einblick erhalten ins eigene Wesen? – einen Einblick ins eigene Ich, der tiefer geht, als der eines intelligenten Durchschnittsmenschen?

Dies ist anzunehmen, denn da der nicht mehr ganz am Anfang stehende Schüler auch mit den Grundbegriffen der Hermetik bekannt geworden ist, kennt er auch die Entsprechungen von Oben und Unten, von Außen und Innen, von Großem und Kleinem. Und falls er sich seiner Selbsterkenntnis überhaupt gewidmet hat, hat er auch festgestellt, daß, je tiefer sein Verständnis für Gott, Welt und Menschheit geworden ist, auch sein Erkennen seiner selbst desto tiefer geworden ist. Längst ist ihm dann selbstverständlich, bei jeder Beobachtung außerhalb seiner selbst zugleich zu fragen: «*Und was bedeutet das für mich?* – Wie verhält es sich damit *in* mir und *für* mich selber? – Bin *ich mir* dieses Elements, dieser Dynamik, Eigenschaft oder Tatsache für mein eigenes Wesen bewußt, welches ja nur der Spiegel ist dessen, was ich im Außen wahrnehmen und verstehen kann – und umgekehrt?»

Nun ist der Grundgedanke des 37. Abschnitts des *Dao-De-Ging* offenbar die *Harmonie im Nicht-Tun.* – Was ist damit gemeint?

Es ist das *Herrschen von Ruhe und Frieden* gemeint, das sich einstellt für den, der in Dao seine Zuflucht und Hilfe gefunden hat: Wo innere Ruhe und Frieden herrschen, da herrscht Harmonie, da herrscht endlich auch Dao. Das gilt, wie der Text nahelegt, für jede Privatperson ebenso wie für die Könige und ihr Land; – anders gesagt: für den König und die Herren im Mikrokosmos des Einzelnen ebenso wie für Könige und Herren in der Welt draußen.

Dieser *oberste Beherrscher* der Persönlichkeit des Menschen ist ein herrschsüchtiger, sein Volk ausbeutender König; ein Tyrann, der sein Volk nicht regiert, sondern manipuliert. Er tut das so geschickt, daß der *Regent* der Persönlichkeit – das Bewußtsein – sehr lange braucht, bis er dieses System nur *erkannt* hat – aber noch viel länger, bis er es *durchschaut*, und zwar nicht erst, wenn eine Handlung schon erfolgt ist, sondern mehr und mehr bereits vorher. Im vorangehenden Kapitel wurde es bereits angetönt – und im gegenwärtigen wird es ganz ausdrücklich gesagt: Es geht darum, unkontrollierte impulsive Verlangen *abzuweisen* wo immer es möglich ist; – sie *einzuschränken* und die Hitze des Begehrens *«abzukühlen»*, wie der Text sagt.

Der Text sagt nicht *«unterdrücken»*, denn dies käme der Anwendung von Gewalt gleich, und Gewalt kann nur Gegengewalt hervorrufen. Auch wurde bereits festgestellt: Wo die Untertanen – die Impulse, Gewohnheiten und Neigungen – in allzu harter Selbstzucht und Askese unterdrückt werden, da werden sie früher oder später revoltieren, und *König Ich* geht gestärkt aus der Kraftprobe hervor – jedes Mal und ganz unvermeidlich!

Den Begriff der *Askese* erklärt am besten ein Zitat aus dem Vorwort zum Buch von al-Ghazāli – *Brief an den Jünger*: *«Der Ausdruck ασκέω, askéo – üben, sich befleißigen, meinte ursprünglich keine forcierte Entsagung, sondern das Einüben – aus Einsicht – einer reinen, priesterlichen Lebenshaltung, worin die irdischen Bedürfnisse und Impulse zwanglos und – als natürliche Folge der ausschließlichen Orientierung auf Den Weg – auf das biologische Minimum vermindert werden. Dieses Konzept der freiwilligen Entsagung um der Reinheit willen, das doch bis zum jesuitischen und ‹heidnischen› Flagellantismus ausartete, ist in der Psyche der Völker zu einer schweren Hypothek geworden. Die Masse von Lehrern und Volk konnte den Hintergrund dieses vernünftigen Konzepts nicht erkennen noch begreifen, das dann durch etablierte Institutionen zum gezielten Kultivieren von Unwürdigkeits- und Schuldkomplexen – ideale Basis zur Manipulation der Massen – mißbraucht wurde und noch wird ... – Solche* [schmerzhafte Übungen] *sollten dazu dienen, den Menschen der Antike ein Ich-Bewußtsein entwickeln zu lassen. Für den mystischen Weg der Ich-Entsagung ... und für das Aufgehen im All-Einen sind diese Techniken der Ich-Kultur jedoch das allergrößte Hindernis».*[14]

Es darf also keine ‹Kraftprobe› geben, worin *das Ich das Ich zu beherrschen* suchen – und damit wirklich *sich selber stärken* müßte.

Was tun? Der Text sagt es sehr deutlich – und auf den wenigen Zeilen sogar zu drei Malen: Es geht darum, selber *nichts* zu unternehmen, außer sich auf die Gnosis als einzige, höchste Priorität zu konzentrieren, sich ganz von der Gnosis bestimmen zu lassen und aus der Verbindung, ja, der Vereinigung mit der Gnosis *Schlichtheit, Ruhe und Frieden* zu schöpfen: Dann wird alles Übrige sich ordnen, in die Harmonie des All-Einen einfügen und mit Ihm wieder Eins werden, «wie es im Anfang war». Fügt sich das Ich ganz Dao, so wird wieder, wie im Altertum, der ‹König› der *edelste Diener seines Volkes* – also auch Diener am Weg von Dao. – Und wer sind die ‹Herren›? Auch sie sollen ja gereinigt und in den Dienst des Einen Unnennbaren gestellt werden! – Es sind: Das Herz (das innerste Wesen), die Seele (die höchste Sehnsucht), die Hingabe (die höchste Ideation), der Glaube (als Erfahrungswissen), die Intelligenz (das Wahrnehmungs- und Unterscheidungsvermögen), das Selbstverständnis (erlernte Meinungen, Vorstellungen, Ideen, Verlangen und Ängste) und der aus ihnen allen resultierende *marsische Wille*.

Der Kandidat hat also dafür zu sorgen, daß die Verlangen des Persönlichkeits-Ich, die sich einmal nicht verleugnen lassen, und die aus den genannten Gründen auch garnicht verleugnet werden *sollen*, allmählich und zunehmend unter die Kontrolle der ausschließlichen Hingabe an Dao und der im Licht der Gnosis zunehmenden Einsicht und Selbstbeherrschung begeben: *«Um mein Verlangen abzukühlen, benutze ich das Unnennbare und werde schlicht».* – Nachdem die ‹Staatsregierung› in obigem Sinne geordnet und die Wahrnehmung der Dinge verfeinert wurde durch reine Orientierung auf Dao, gilt es, Schlichtheit und Vertrauen zu entwickeln und sich ganz zur Mitte zu wenden: nach der stillen unbeweglichen Mitte des Rads, auf die ‹Perle im Lotos› oder, wie die modernen Rosenkreuzer es nennen, auf den *göttlichen Ur-Funken im innersten Kern des Kerns des Mikrokosmos*. Hier und nur hier herrscht immer Ruhe und Frieden. Von hier aus kann Alles geschehen im Einklang mit Dao; – so lehrt uns Lao-Dse.

Nicht *tun* muß der Kandidat auf dem Pfad, sondern allein *zulassen*, daß Dao *Es in Einem* wirkt: *«Nicht ich – sondern der Christus in mir»*, oder, wie Lao-Dse in unübertrefflicher Prägnanz sagt:

DAO ist ewiges Nicht-tun — aber nichts bleibt ungetan!

TEIL II:

«DE-GING»

德經

FORTDAUERNDE TUGEND

第三十八章

上德不德，是以有德；下德不失德，是以無德。
上德無為而無以為；下德為之而有以為。
上仁為之而無以為；上義為之而有以為。
上禮為之而莫之應，則攘臂而扔之。
故失道而后德，失德而后仁，失仁而后義，失義而后禮。
夫禮者，忠信之薄，而亂之首。
前識者，道之華，而愚之始。
是以大丈夫處其厚，不居其薄；處其實，不居其華。故去彼取此

38.

Das höchste DE ist ohne Streben nach DE —
gerade darin besteht DE.
Geringes DE ist das Nicht-loslassen von DE —
gerade das entspricht nicht DE.
Das höchste DE ist, unbewegt zu sein, ohne nachzudenken —
Geringes DE ist, unbewegt zu sein und zugleich nachzudenken.
Höchste Güte ist, zu dienen, ohne [darüber] nachzudenken —
Höchste Redlichkeit ist, zu dienen, und [sich etwas dabei] zu denken.
Höchste Sittlichkeit ist, etwas zu tun – und wenn niemand es gut heißt,
die Arme zu verwerfen und es weit von sich zu weisen.

Daher:
Wo DAO vernachlässigt wird, herrscht DE —
wo DE vernachlässigt wird, herrscht Güte —
wo die Güte vernachlässigt wird, herrscht Redlichkeit —
wo die Redlichkeit vernachlässigt wird, herrscht Sittlichkeit.
Ein Mensch von guter Sitte ist ergeben, aufrichtig und bescheiden —
doch sein Denken ist ohne Ziel.
Früher war dies bekannt:
DAO ist wunderbar; – aber blöd ist sein Beginn. —
Daher lebt ein fest entschlossener Mensch
in reichhaltiger Tiefe, anstatt in dürftiger Bedeutungslosigkeit —
im wahren Leben, anstatt in duftender Erlesenheit. —
Und so verläßt er [all] Jenes und wählt Dieses [Eine]. [14a]

Erstaunlich sind die großen Unterschiede in der Vielzahl von Übersetzungen für diesen Abschnitt des *Dao-de-Ging* – auch in den chinesischen Kommentaren, und sogar in den selbst erstellten Übersetzungs-Varianten. Doch das ist begreiflich: Was *ist* der Weg – was ist er *nicht*? – Was *tut* der ‹Weisheits-Finder›, was tut er *nicht*? Wer über längere Zeit sich um den Weg bemühte, hat erkannt, daß das Finden oft gerade dort beginnt, wo das Suchen aufhört; – daß der Fortschritt auf dem Pfad gerade dort liegen muß, wo an ‹Vorwärtskommen› nicht mehr gedacht wird. Ein solcher wird Gegensätze und Unklarheiten des Texts verstehen und in die Philosophie der *aktuellen Gnosis* einordnen können. Das Hindernis liegt im Bedürfnis heutiger Menschen, jeden Satz voll auszustatten mit allen für einen modernen Satz charakteristischen Elementen: Pronomina, Konjunktionen, Interjektionen – und natürlich mit adjektivischen *Qualifikationen*. Dadurch wird aber ein ‹mehrspuriger› Text auf *eine* Spur festgelegt; sein Reichtum fällt dahin. So kann der interessierte Leser eine Vielzahl von z.t. recht krausen Übersetzungs-Varianten studieren: Dem Weg selbst mehr oder weniger fernstehend, bemühen sie sich um ‹süffige› *moderne Sprache und Logik*. Die Ergebnisse sind zwar schön zu lesen; aber es fehlt ihnen die in den Symbol- und Mysteriensprachen seit je gepflegte *gewollte Unschärfe* der Aussagen; und damit ist auch der *innere – der esoterische Sinn* verloren.

Vorallem dies unterscheidet den alten chinesischen Text von den modernen ‹Kultursprachen›: Ersterer stellt nur fest: Etwas *ist da, sichtbar, wirksam, gegenwärtig*, was alles mit demselben Zeichen ausgedrückt werden kann; – oder es ist *abwesend, mangelt, fehlt, wurde vergessen* oder *verlassen*, wozu wieder ein einziges Zeichen genügt. – Ganz ohne Wertung: Entweder ‹Er› *ist* ein Mensch auf dem Pfad, also ein *Eingeweihter*, ein ‹*Weiser*›, ein ‹*Kämpfer*› oder gar *Eins mit DAO* – oder er ist es eben nicht.

Die Schwierigkeit besteht darin, daß *ein Zeichen* für so viele Aussagen stehen kann – und dies gerne nach ästhetischem, rhythmischem oder musikalischem Sprachempfinden, nicht nach intellektueller Logik. Solche im Chinesischen typische Tatsachen machen ‹eindeutiges Übersetzen› ganz unmöglich, helfen aber bei der Sinn-Findung. Sicher lag es auch in der Absicht des Autors, in wenigen *Wort-Begriffen* möglichst viele *innere* – also *seelische Begriffe* ‹einzubauen›. Wer *Den Weg* kennt, begreift all dies leicht; aber der um eine gültigen Übertragung ringende Herausgeber sieht sich mit einer sehr komplexen Aufgabe konfrontiert.

Warum stehen diese Bemerkungen hier und nicht in der Gesamt-Einleitung zum vorliegenden Buch? Sie stehen dort auch, sind hier aber Teil des Kommentars zum gegenwärtigen ‹Vers›. So gilt es, zu beachten, daß der Text *DAO* (im Gegensatz zu bekannten Übertragungen) erst im zweiten Textteil nennt – und auch da nur am Rand. Der erste Teil erwähnt nur *DE* – ungenau als *Streben nach Tugend* übersetzbar. Und ‹Tugend› ist noch lange nicht ‹Weisheit›: Nicht umsonst betont der Text, daß *wahres Streben nach Tugend* auch gelegentlich *das Streben nach Tugend loslassen* können solle!

Ebenso ist man versucht, in Stil-Imitation des Dao-de-Ging zu sagen: «Wer wirklich *über DAO* sprechen will, spricht *nicht von*

DAO!»; – und in diesem Sinne extrem verschärft, sogar: «Wer auf die höchste Art durch DE nach DAO strebt, *denkt nicht* an *DE als Methode*, noch an *DAO als Ergebnis* seines Strebens: Er oder sie strebt *ohne nachzudenken!* Das bedeutet: vollständige *Hingabe* an den Weg in *Selbstvergessenheit.*

Lao-Dse sagt es mehrfach: Der Weg von Dao ist der Weg des *Vergessens* oder *Verlierens*, doch nicht des *forcierten Abtötens* des Ich: Der *Beherrscher* der Persönlichkeit und ihres Ichs, nicht Ich und Persönlichkeit selbst sollen ‹sterben›: Sie werden so lange als möglich als Dienstknecht und Magd gebraucht, um den Weg nicht nur lebend zu gehen, sondern auch an Andere zu «verkünden»! Das Ich, das ‹sterben› muß, ist nicht das neutrale *Selbst* der Persönlichkeit, sondern der *Brennpunkt* zentripetaler Bewegtheit, woraus die Funken und Flammen zumeist astraler Impulse schlagen, und den der gewöhnliche Mensch für seinen Persönlichkeits-Mittelpunkt hält.

Das förmliche ‹*Abtöten des Ich*› entstammt einem asketischen Verständnis der modernen Gnosis im letzten Jahrhundert. Der Grund dafür ist der folgende: Am Beginn des vergangenen Jahrhunderts, als von Gnosis noch nicht offiziell gesprochen werden konnte, und während der Jahrzehnte danach, als von ihr nicht gesprochen werden *durfte* – war die asketische Auffassung die einzig mögliche, um eine offene gnostische Tätigkeit überhaupt auszuüben – ob als Finder oder als Verkünder der Gnosis in der Gegenwart. Dies erhellt auch aus der Tatsache, daß die Gründung einer eigentlichen *rosenkreuzerischen Mysterienschule* durch Rudolf Steiner in den frühen Zwanzigerjahren des 20. Jh. nur als «Hochschule» zur Sprache kam, obgleich R. St. von Anfang klar die Zielsetzungen und Charakteristika einer Mysterienschule ‹verkündigte›. Indes: ‹die Seinen› verweigerten ihm die Gefolgschaft – und das NS-Regime trachtete ihm nach dem Leben. Hingegen ist ebenso offensichtlich wie wunderbar dies: Genau als R.St., sein Projekt einer Mysterienschule aufgeben mußte, konsequenterweise krank wurde und starb, wurde in Holland wirklich eine rosenkreuzerische Schule gegründet, die aber eine bescheidenere Zielsetzung offenlegte: Das Wiederbeleben der Gedanken und Bestrebungen der Rosenkreuzer des 17. Jahrhunderts mit ihrem ‹*Vater Bruder Christian Rosenkreutz*› sowie das ‹Hervorbringen› von Menschen, die über eine neu erwachte ‹*Lebendige Seele*› verfügen – im Sinne der Bergpredigt-Worte Jesu also eine *innerliche* «Taufe mit Wasser» erlebt haben sollten. Dies weist sogleich auf einen *Prozeß der Reinigung, Erneuerung und Wandlung* hin;

– auf einen *Spiralengang*, dessen erster Umgang eben die ‹Neue Seele› hervorbringt. Der zweite Umgang ist folgerichtig die *«Taufe mit Geist»*, und der dritte dann die feurige ‹strukturelle Umwandlung› zu einem wirklichen *Neuen göttlichen Menschen* – also die eigentliche *Transfiguration*, der Seele, dem Geiste und dem Körper nach.

Damit ist aber der Spiralengang nach oben nicht beendet, sondern ‹nur› ein höheres Niveau – eine höhere *Dimension* – erreicht, von der aus eine wahrlich hohe Dienstbarkeit gegenüber Gott, Universum und Menschheit erst eigentlich *beginnen* kann.

Auf der Basis dieser und früherer Bemerkungen betrachtet, kann man von einem *wirklich hohen Streben nach Tugend* – nach DE also – nicht sprechen, solange dieses Streben selbst und seine Bedingungen noch das Denken und Trachten des Kandidaten erfüllen; – solange dieser also noch Dinge denkt wie: *«Ich muß – ich will – ich möchte transfigurieren»*. – Nein, es handelt sich gerade *nicht* um *Ich*, was transfiguriert (bzw. allenfalls transfiguriert *wird*); – um kein *Müssen*, denn wo wäre dann der freie Wille? – Wo das seelische Reifen? – Auch von *Wollen* darf nicht die Rede sein, denn: Wer *«will»*, wenn nicht das *zentripetale Ich*? Und das *«möchte»* zeigt außer der Ichzentralität des Tuns auch noch einen Mangel an fundamentalem *Glauben*. Der jedoch ist die *absolute Grundlage* (und Zuflucht) allen transfiguristischen Strebens – also des Wegs nach DAO – und zwar so unabdingbar wie die Luft zum Atmen!

Alles, was dem nicht entspricht, kann allenfalls als *weniger hohes* – z.B. rein religiöses – Tugendstreben betrachtet werden; – als Gutmenschentum, oder im mindesten Falle als (oft heuchlerische) ‹gute Sitte› – z.B. im Sinne des Alten Testaments. Wo aber auch Sittlichkeit und altes Brauchtum (Riten) fehlen, da stehen die Tore offen für *«alle Arten von Unordnung und Unruhe»*. Damit ist die Polyvalenz eines *einsilbigen* chinesischen Ausdrucks ins Deutsche gebracht, den unsere Übersetzung nur mit *«ziellos»* wiedergibt. Dies ist es, was die ersten Zeilen von Vers 38 meinen, sowohl bezüglich des *Strebens und Nicht-strebens*, als auch bezüglich des *Tuns*, des *Nicht-tuns* und des *Nicht-tuns im Tun* – des allbekannten ‹*Wu-Wei*›.

Genau im Gegensatz dazu stehen Übersetzungs-Varianten wie: «*Gesetzestreue* ist ... der Beginn der *Verwirrung*» (Kirchner); – «die *Riten verdarben Treue und Vertrauen*, und die *Wirrnis* erhob ihr Haupt» (Schwarz); – «*l'urbanité* (gemeint: *civilité*) ... c'est la source du *désordre* (Julien); – «La *religión* es *el fin de la virtud* y

[de] la honestidad» (Rivas); – «*Zedelijkheid* is ... *de begin van de wanorde*» (Wilemsens). – Eigenartige Einfälle zu einem Werk, das den *täglichen Weg* darlegt zur *best möglichen Tugend* für jedes Niveau: Könige und Fürsten, Beamte und Volk. –

So faßt Vers 38, der zugleich der erste im *Zweiten Teil des Daode-Ging* ist, in kürzester und prägnantester – zugleich aber auch in umfassendster Form die zentralen Elemente der Lehre von Dao zusammen. – Der berühmte Philosoph *Karl Barth* kommentierte diese Prägnanz in seinem Hauptwerk mit den Worten: *«Die eigentliche Unabsichtlichkeit, die in ihrer Einfachheit das Rätsel löst, ist vielleicht niemals im Philosophieren so entschieden zur Grundlage aller Wahrheit des Handelns gemacht worden, wie von Lao-Dse».*[11] – Die Erwähnung von *«Ziellosigkeit»* erscheint überdies wie eine Prophezeiung kurz vor dem Ausbruch des ‹Zeitalters der kämpfenden Staaten› (403-256 v.Chr).

Der letzte Teil dieses Texts beantwortet typische Fragen bezüglich *Des Wegs*: «Worum geht es *wirklich*? – Worauf kommt es an? – Woran kann man sich halten, wie sich selber beurteilen? – Was ist der Unterschied zwischen den hier *«niedrig»* genannten Tugenden und der *«höchsten»* Tugend des Wegs von Dao? –

Die Antwort heißt: Nur die Höhe des Ziels, das man *stets im Auge behalten muß* unterscheidet den Welt-König vom philosophischen ‹König›, der auch in der sehr alten Sprache der *operativen Alchemie* auftaucht – und in der Neuzeit wieder in jener der *Chymischen Hochzeit des Christian Rosencreutz*. – Der *Beginn* der Unwissenheit liegt im Verlassen *von DAO* und *DE*; ihr *Ende* im Wieder-Erlangen von *Gnosis*. Das ist *«jener große Erfolg»*, *«jene wirkliche Glorie»*. Alles Andere bedeutet *«mittelmäßiges Überleben in dieser betörenden Wohnung»*, in dieser Welt der Täuschungen: Wendet man sich von dieser ab, so erlangt man jene!

Der *Weg zurück* ist von wissenschaftlicher Präzision geprägt und von der königlichen Fähigkeit, jederzeit zu unterscheiden zwischen Wichtigem und Unwichtigem; – zwischen Spekulation und Spielerei einerseits – und solider Gewißheit andererseits. Es gilt, Altes, Überholtes loszulassen, zu vergessen und zu vergeben; – das Neue, real Aktuelle aber zu ergreifen und festzuhalten — Jetzt!

Darum verläßt er Anderes und hält sich an Dieses.

昔之得一者。
天得一以清。地得一以寧。神得一以靈。
谷得一以盈。萬物得一以生。侯王得一以為天下貞。
其致之。
天無以清將恐裂。地無以寧將恐廢。神無以靈將恐歇。
谷無以盈將恐竭。萬物無以生將恐滅。
侯王無以貞將恐蹶。
故貴以賤為本，高以下為基。
是以侯王自稱孤、寡、不穀。
此非以賤為本邪
非乎？
至譽無譽。
不欲琭琭如玉
珞珞如石。

第三十九章

昔之得一者：天得一以清；地得一以寧；神得一以靈；
谷得一以生；侯王得一以為天下貞。
其致之也，天無以清將恐裂；地無以寧，將恐發；神無以靈，
將恐歇；谷無以盈，將恐竭；萬物無以生，將恐滅；
侯王無以高貴，將恐蹶。
故貴以賤為本，高以下為基。是以侯王自稱孤、寡、不穀。
此非以賤為本邪？非乎？故致輿無輿。
是故不欲□□如玉，珞珞如石。

39.

Ehemals hatte jedes Ding seine Eine Bestimmung:
Des Himmels Eine Bestimmung war seine Klarheit —
der Erde Eine Bestimmung war ihre Stetigkeit —
Der Geisterwelt Eine Bestimmung war ihre Wachsamkeit —
Der Kornfelder Eine Bestimmung war ihre Fülle —
Der 10'000 Dinge Eine Bestimmung war ihre Lebenskraft —
Der Edlen und Könige Eine Bestimmung war, dem Reich zu dienen
in makelloser Vollkommenheit. —
So wie das Eine ist, ist auch das Andere. –
So überliefert man – und sagt überdies:
Fehlt dem Himmel die Klarheit,
so ist sehr zu befürchten, daß er birst.
Fehlt der Erde die Stetigkeit,
so ist sehr zu befürchten, daß sie zerspringt.
Fehlt der Geisterwelt die Wachsamkeit,
so ist sehr zu befürchten, daß sie untergeht.
Fehlt den Feldern die Fülle,
so ist sehr zu befürchten, daß sie sich erschöpfen.
Fehlt den 10'000 Dingen die Lebenskraft,
so ist sehr zu befürchten, daß sie aussterben.
Fehlt Königen und Edlen die Vollkommenheit,
so ist sehr zu befürchten, daß sie gestürzt werden.
Vorsätzliche Pracht schafft Grund für Bedürftigkeit —
Hochmut schafft Ursache für Erniedrigung. —
Gewisse Fürsten und Könige heucheln selbst
Einsamkeit, Kleinheit, Bedürftigkeit.
Welch niedrige Art, keinen Grund für Bedürftigkeit zu schaffen —
Oder etwa nicht?
Höchste Ehre rühmt sich nicht.
Berechnend Ruhm zu erlangen, ist kein Ruhm.
Der Ehrliche begehre daher nicht, ⌊zu klingen ⌉ wie
Jade ⌊glöckchen ⌉:
Stein an Stein [tönt] wie Stein.

Dieses Kapitel stellt sich wieder als Lehre an einen Prinzen oder König dar. Es steht nicht in direktem Bezug zum *Weg von Dao*;

sondern zeigt einen sittlichen Rahmen, worin Dao sich entwickeln kann. Es geht hier also ums Bewußtsein, daß jedes Geschöpf seine ganz bestimmte, ihm von Anfang an – *ab Origine* – durch den Schöpfer zugeteilte Stellung und Aufgabe besitzt, und daß *die Welt* nur existieren kann, wenn *jede Zelle, jedes Organ* ihrer *Einen Bestimmung* folgt. Dies zu verstehen, ist zugleich eine Grundlage fürs innere Erfahren der *Einheit von Allem und Allen* im ganzen Universum. Es ist die unterste Stufe der Tugend – *das Niedrige als Trittstein für das Hohe*, wie einige Übersetzer den Text in Umkehr der Zeichen interpretierten.

Nun ist eine in sich harmonische Übersetzung, die dem Rhythmus und der Haupt-Aussage dieses Texts folgt, nur möglich, wenn man den Zweck des *Dao-De-Ging* ebensowenig aus den Augen läßt, wie seine Einbettung in den Feudalismus des Alten China, mit dem Kaiser als *himmlischem Herrscher* – Sohn des Himmels und selbst ein Gott. Da Welt und Reich glyphisch äquivalent sind, entsprechen *Himmel* und *Erde* des Texts zugleich dem *Herrscher* und dem *Volk*. So verstanden, kommt noch deutlicher zum Ausdruck, daß, wenn die verschiedenen *Reiche der Schöpfung* ihre Eine Bestimmung nicht mehr erfüllen, die Ordnung der *Welt* empfindlich gestört wird, und der Sturz des *Herrschers* unvermeidlich ist.

Der zweite Teil des Texts ist die Ermahnung an den Herrscher zu ehrlicher Bescheidenheit: Er soll in seiner hohen Stellung das Niedrige nicht verachten und das Volk nicht provozieren, sondern bedenken, daß das Hohe des Niedrigen bedarf, aus dem es selbst hervorgegangen ist (wie mehrere Übersetzer ausdrücklich sagen). Dazu paßt dann die abschließende Ermahnung, nicht um Ehre zu buhlen (schon gar nicht mit unsauberen Mitteln): Unlauterkeit wird stets durchschaut werden – oder sich selber verraten. Andere Übersetzer betonen, daß ein guter Herrscher nicht von Allen geliebt werden kann: *Aller Lob ist kein Lob.*

Die Varianten stammen z.T. auch aus unterschiedlichen Textversionen. Die gegenwärtigen Textvariante kombiniert den Grundtext und den Text von Wang-Bi (blaue Stellen stehen nur bei *Wang-Bi*; rote nur im Grundtext).

Besonders interessant ist der Schluß, der im Kleid einer Spruchweisheit daher kommt. Um die Sache mit «Jade» und «Stein» erstens zu verstehen, zweitens aufs gegebene Beispiel richtig anwenden zu können, ist es nötig, ins kulturelle Umfeld des Alten China einzutauchen. Diese Mühe lohnt sich, selbst wenn das Resultat wegen der ⌊in Winkel-Klammern aufgefüllten⌉ Textlücken diskutierbar bleibt: Die Textsegmente ganz am Schluß könnten auch als *Halskette aus Jade* bzw. *Halskette aus Stein* interpretiert werden, wobei allerdings a priori auch Jade ein Stein ist. An der Bedeutung des Satzes ändert das nichts; hingegen ist es reizvoll, hier kulturgeschichtlich in die Tiefe zu gehen, und darum lohnt sich ein Exkurs:

Daß in China Jade wertvoller und *ominöser* ist, als jeder andere Stein, ist bekannt; doch gehen die Übersetzungen, die geradezu von *Edelsteinen* sprechen, sicher fehl: Nicht um den *Wert* geht es, wie der plutokratisch gestimmte Westmensch der Gegenwart zu glauben geneigt ist, sondern um den *magischen Klang* – um den *Beitrag zur gesamten Harmonie* – also wiederum um das Erfüllen der *Einen Bestimmung* (nicht aber *Zwecks!*) des Gesamten. Selbst solche in manche Übersetzungen eingefügte Aussagen wie: «*die Teile des Wagens sind nicht der Wagen*» und dergleichen, die in den uns verfügbaren chinesischen Texten nicht zu finden sind, haben dieselbe *Bedeutung*. Jedenfalls lohnt es sich, die Begriffe *Wert*, *Bestimmung* und *Zweck* zu meditieren, um den Text gut zu verstehen.

Um nun auf *Jade und Stein* zurückzukommen: Ein *Lithophon* ist ein Musik-Instrument, das aus rohen oder bearbeiteten Stein-Stücken oder -Scheiben bestehen kann – von rohen Felsgruppen in der Natur («*Rock-Gongs*») über ausgehöhlte Stalaktiten («*Stalacpipes*») bis hin zu den afrikanischen, nordamerikanischen, nordeuropäischen, indischen und Asiatischen Lithophonen (Stein-Ketten oder -Reihen in der Art eines Xylophons), die aus geeignetem Stein – auch *Phonolith* genannt – hergestellt werden. Auch *Carl Orf* erwähnt den Einsatz eines Lithophons in seiner Musik. Die ältesten Funde in China werden auf die Zeit von 2400 v.Chr. datiert, doch soll ihr Gebrauch viel älter sein.

Das chinesische *Bian-qing*, besteht aus L-förmigen, in einem Holz- oder Bronzerahmen aufgehängten *Steinteilen*, die melodiös gespielt werden können. Es spielt(e) in der Volks-, Hof- und Ritualmusik Asiens eine wichtige Rolle neben den auch im Buddhismus bekannten *Bronze-Glöckchen* (chin. *Bian-zhong*). Eine Sonderform davon sind die Qing's aus *Jade-Kugeln* (auch Birn-förmig wie Glöckchen). Diese wurden jedoch vorallem für die allerfeierlichsten Umzüge und Zeremonien des Kaisers und der Adeligen (Opfer für Himmel, Erde und Ahnen) benutzt.

Daraus wird nun die Bedeutung der letzten Zeile des Texts – im Rahmen von Lob, Selbstlob und Demut – klarer: Es geht darum, sich nicht wertvoller und nobler darzustellen oder zu benehmen, als einem zusteht; denn der wirkliche Wert des Menschen wird sich jedenfalls erweisen: Die Jadeglöckchen der Adeligen bei deren hohen Zeremonien klingen fein und melodiös; die einfachen Steinscheiben des Volks bei seinen ländlichen Tänzen robust und trocken.

«Gib dir nicht den Anschein von höherem Adel als den du in Wahrheit verkörperst, denn dein wahrer Wert wird sich in deinem *Seelen-Klang* manifestieren: Versuche also nicht, wie ein Glockenspiel von Jade zu klingen, wo du nur wie Kalk- oder Schwarzstein tönen kannst, sonst ist *sehr zu befürchten, daß du zerspringst* und weggeworfen wirst!», das meint der Text; – doch die buchstäbliche Aussage dieser Zeichen ist – der Textlücke wegen – allgemein unklar. Betreffend die Bedeutung ‹Halskette› konnte leider kein Bild gefunden werden, wonach im Alten China Ehrenketten aus Jade, entsprechend dem Ehren-Schmuck im Alten Ägypten (ägyptolog. ‹Halskragen›) getragen worden wären.

Wie genau die möglichst gewissenhaft zusammengefügte Übertragung nun sei, muß also dahingestellt bleiben; – umso mehr, als die drei benutzten chinesischen Texte unterschiedlich enden. Sie ist jedenfalls weniger phantastisch und ausgefallen, dafür aber kohärenter als alle bisher bekannten. – Vorallem stimmt sie aber überein mit sich selber, mit dem Umfeld des 39. Verses und mit dem des alten China – sowie mit dem Gesamt-Rahmen des *Dao-de-Ging* als gnostische Lehr- und Einweihungsschrift.

Wie dem auch sei: Viele der Varianten sind interessant; aber sogar die große Zahl heutiger chinesischer Interpretationen erlaubt es nicht, eine davon abschließend als ‹richtig› oder ‹falsch› zu beurteilen:

Vorsätzliche Pracht schafft Grund für Bedürftigkeit —
Hochmut schafft Ursache zur Erniedrigung!

Glockenspiel – Piang-zhong

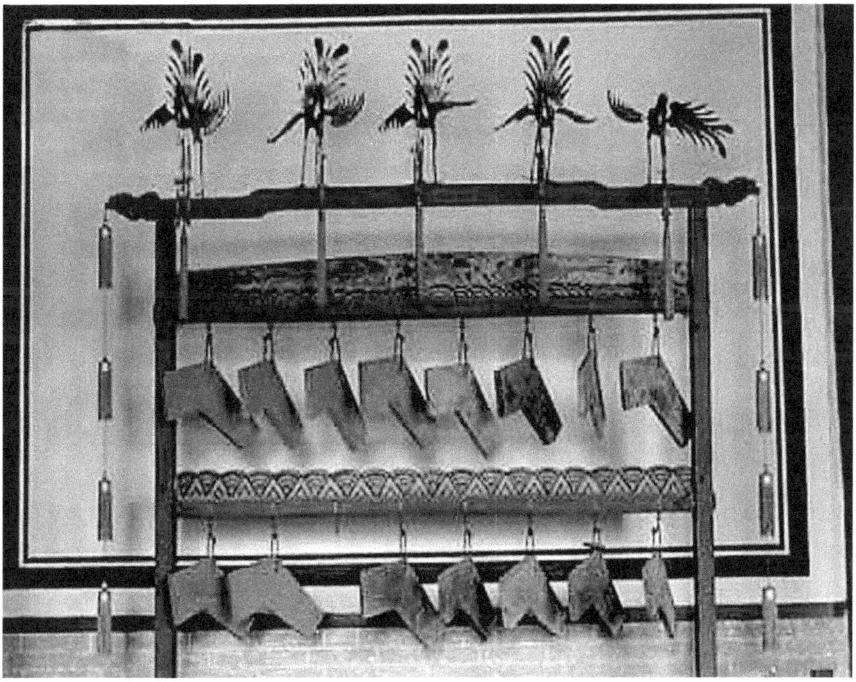

Kleines Lithophon – Piang-Qing.

第四十章

反者道之動；弱者道之用。
天下萬物生于有，有生于無。

40.

Wiederkehr ist des DAO Da-sein.
Schwach-sein ist des DAO So-sein
Der 10'000 Dinge unter dem Himmel Lebenskraft
kommt aus dem Da-sein
Des Da-seins Lebenskraft wurzelt im Nicht-sein.

Man kann dieses Kapitel als Darstellung der *Essenz von Dao* ansehen. Doch Dao ist selber die Essenz – Essenz des *Da-seins* – und dessen Mittelpunkt ebenso wie dessen Rahmen. Dao ist der Mittelpunkt des Kreises – und zugleich dessen Peripherie. – Dao ist Weg und Ziel zugleich; ist Sinn, Ursache und Gesetz; ist Maß und Unmeßbarkeit; ist Wolke, Quell und Ozean; ist Funke, Feuer und Asche (sie selbst auch Feuer). Sie ist die Wandlung in der Stetigkeit des «I» in I-Ging, dem *Geist*, und Eins mit ihm.

Geist – der *göttliche Geist* – ist ja selbst absolute Seins-Ganzheit als Summe allen Seins, ist zugleich die Essenz allen Daseins – und umgekehrt: Alles Da-sein der 10'000 Dinge mit allem was sie umgibt und be-wirkt – ist nichts als Ausdruck einer oder mehrerer Ansichten – ‹Facetten› – dieser stetig sich wandelnden, stets *sich* gleichbleibenden geistigen Seins-Ganzheit; – ist Ruhe und Bewegung zugleich.

Aus «Geist» kommt alles hervor; «Geist» ist alles; in «Geist» kehrt alles zurück. Geist ist zugleich *Kraft*, *Hitze* und *Bewegung* – unendlich wiederkehrende Bewegung: das Rad, das die Kreisläufe des *Da-seins* und des *So-seins* bewegt. Das ist der *aktive Aspekt* des Geistes. Zugleich ist *Dao* als *Geistigkeit* auch die Achse, um welche jene sich drehen. Das ist der passive Aspekt von Dao – der Aspekt des So-seins, Bewahrens und ‹Brütens›, des Ermöglichens und Erwartens. Nicht umsonst sagt die biblische Genesis: «Und der *Geist* Gottes *brütete* über den Urwassern».

Das *I-Ging* drückt diese Zweiheit des Geistes durch sein Zeichen-Paar für Yang und Yin aus: ▬ für den aktiven oder ‹männlichen›, ▬ ▬ für den passiven oder ‹weiblichen› Aspekt des Geistes. Man dürfte auch sagen: Der männliche Aspekt des Geistes ist sein *Da-sein* (Stetigkeit); sein weiblicher ist sein *So-sein* (Wandlung).

Nun ist den Menschen seit ältester Zeit bewußt, daß Geist, daß Dao nicht erkannt, nicht benannt, nicht *als solches* erfahren werden kann, sondern nur anhand seiner *Wirkungen*, seiner unzählbaren Manifestations-*Weisen* und Manifestations-*Formen*.

Alles, was eine Äußerung des Geistes ist, kann nicht *da-sein* ohne manifestierte Dynamik; kann nicht *da-sein* ohne irgend eine Bewegung – das ist der Dinge *So-sein*. Während nun der Geist «ewig» ist, sind die Dinge «vergänglich» – doch nur innerhalb *zeitlicher* Begrifflichkeit: Denn so wie der Geist sind auch die 10'000 Dinge in ständiger Veränderung begriffen und in einen Kreis der stetigen Erneuerung eingebettet. Die «ewige Wiederkehr des Gleichen» in neuer Form und Energie-Wesenheit ist selbst ein Ausdruck von *Statik*: Wer ist sich bewußt, daß sein persönliches ständiges Atmen ein Prozeß – ein *Kreislauf* ständiger Veränderung – ein Gegenspiel aus Altern und Erneuern – ist? Und doch: So ist es wirklich! Weil dies aber *nicht bewußt* geschieht, wirkt das Atmen nicht mehr als *Erneuerung*, sondern wie eine *Verbrennung*. – Was menschliches Verstehen an diesem Prozeß stört, ist allein die Tatsache, daß jede Erneuerung – also auch die des menschlichen *Wesens* – eine Phase der Auflösung der *Form* verlangt.

Nun ist es ein Privileg des Menschen, sein Da-sein bewußt zu erfahren; und so ist ihm auch sein Dahin-fallen bewußt – seine Hinfälligkeit und ‹Sterblichkeit›. Darum wurden ihm auch einige Unterschiede zwischen ‹lebendem› und ‹totem› Dasein bewußt – samt dem, was heute ‹der Tod› heißt. Ein zweites menschliches Privileg ist das (relativ) bewußte Wahrnehmen der ‹Umwelt› – der körperlichen wie der unkörperlichen. Und aus dieser relativen Bewußtheit folgt ganz natürlich ein drittes ausschließlich menschliches ‹Privileg›: das des *Fragens*.

In der Sicht des gewöhnlichen Menschen hört das Bewußtsein auf mit dem physischen Tod. Der Geisteswissenschafter jedoch ‹sieht›, daß Bewußtsein an keine physische Form gebunden ist, ja nicht einmal an eine *nennbare* Individualität; – daher seine das gewöhnlich Menschliche übersteigende vierte ‹Privileg›: die *Möglichkeit*, sich der Kontinuität und Unvergänglichkeit jeder Wesenheit – und überdies deren Einbettung ins *Eine-Ganze* bewußt werden zu können. Aus der Unnennbarkeit des Individuums in seiner eigentlichen Erneuerungsphase erkennt er die mikrokosmische Entsprechung der Unnennbarkeit von Dao, und damit die Verwurzelung der Monade in – und ihre Einheit mit – Dao, der Ur-Monade als Ursprung, Mitte und Ende allen Seins. So erfährt der Geisteswissenschafter auch den physischen Tod der Dinge und Wesen als Ausdruck des *Lebens* – als Ausdruck des ewigen Kreislaufs von Dao – von *Geist.* Und er versteht: Das *So-sein* als Ausdruck dieses Lebens ist zugleich die ‹Schwachheit› im Sinne der Daoisten, d.h. ‹*Biegsamkeit*› – *Anpassung* an die Kontinuität der Kreisläufe in allen Reichen des Universums. Mithin ist Dao auch dynamisches *Leben* – im gegenwärtigen Buch als «Lebenskraft» übersetzt, in den meisten Übertragungen aber als «geborenwerden» (was naturgesetzmäßig auch Gedeihen, Blühen, Altern und Vergehen einschließt).

Also: Insofern als Dao die Essenz allen Seins darstellt, ist es unbeweglich, unwandelbar, ‹fest› – der archimedische Punkt im Universum, die Universale Eins, das I. Insofern aber als Dao die ‹10'000 Dinge› hervorbringt (wer oder was sonst sollte sie hervorbringen?), steht es in ständiger Bewegung, in ununterbrochener Veränderung – ist ‹flüchtig›, trotz seines stetigen *Da-seins.*

Insofern, als es die bewegende *Kraft* von Allem ist, ist Dao somit das *Sein an sich.* Insofern als es die *Mutter allen Seins* ist, ist es das *Nicht-sein* selber. Insofern als es Yang, —— ist, ist es *Kraft.* Insofern als es Yin, — — ist, ist es ‹Schwäche›. ‹Schwäche› ist nicht gleich *Kraftlosigkeit,* sondern *Zurückhaltung der Kraft* – im Daoismus gleichbedeutend mit *Konzentration* der Kraft. Das ist das *So-sein* von Dao, seine innere Dynamik.

Auf diesem Konzept der zurückgehaltenen, nach außen unsichtbar bleibenden Dynamik und Kraft beruht die gesamte taoistische Lehre vom *Gegenspiel* der Kräfte sowie von der *Harmonie* der Abläufe im *Universum,* in jedem *Kosmos* und – dank der harmonischen Umsetzung dieser Kräfte im Leben eines Menschen – auch innerhalb dessen individuellem menschlichem *Mikrokosmos.*

Das bereits erwähnte Werk von *Sun-Tsu* über taoistische Kriegskunst, mit dem Titel «*Wahrlich siegt, wer nicht kämpft*», bringt das Zurückhalten der Kraft in Verbindung mit *Fülle* – das Vorpreschen der Kraft mit *Erschöpfung* und daraus folgender *Leere.* Die Strategie des guten Feldherrn ist darum jene, so zu tun, als ob er und sein Heer *schwach* wären, dadurch den Gegner zum Handeln zu provozieren und sich so von sich aus *entkräften* – d.h. von Kraft *entleeren* zu lassen, dabei die eigenen Kräfte und Mittel zu schonen und zu *konzentrieren* – nicht zu kämpfen – und somit selber in der *Fülle* der Kraft zu bleiben: «Man soll den Gegner auf sich zukommen (sich selber von Kraft entleeren) lassen und nicht auf ihn zugehen (selbst voll bleiben), sagt Sun-Tsu. –

Wenn also Vers 38 das *Wesen des Wegs* beleuchtet, so zeigt Vers 40 auf, was Dao eigentlich *wirklich ist* – und definiert damit die Essenz der Erkenntnis von Dao: Dao ist universeller dynamischer Kreislauf; sein Wesen ist die Konzentration von Kraft; – Kraft ist Leben; und *Leben ist Bewußtsein*.

Vers 39 deutet dieses Konzept bereits an mit der Unterscheidung zwischen Gnosis und Weltmenschentum – zwischen Ordnung und Unordnung. Wenn die hier gewählte Übersetzung von Vers 40 also den Ausdruck benutzt: «... *Lebenskraft kommt aus dem Da-sein* – bzw. *aus dem Nicht-sein»*, so könnte auch formuliert werden: Lebenskraft *beruht* auf dem *Da-sein* [von Dao] – und zugleich auf seinem *Nicht-da-sein* – also auf seinem *So-sein im Nicht-sein* – nicht aber auf seiner *Abwesenheit*! – Und so ist es wirklich. Genau dies ist es, was moderne Agnostiker nicht sehen können, weil sie keine Wirkung zu anerkennen vermögen, deren Ursache sie nicht an den beschränkten Maßstäben menschlicher Intellektualität festmachen können.

Somit wird auch im Daoismus mehrfach ausgedrückt, daß die unzähligen Gegensatzpaare in der sichtbaren wie in der unsichtbaren, in der physischen wie in der geistigen Welt *keine Not-Ordnung* darstellen, sondern vielmehr eine *not-wendige Ordnung*, derer der Mensch sich *bewußt werden* muß. Sie sind ja nur der manifestierte Ausdruck für die Zweiheit des Geistes (Yang und Yin, Bewegung und Ruhe, Aufbau und Zerstörung), und damit zugleich die unabdingbare Basis dafür, daß die Schöpfung überhaupt entstehen und sich zur Blüte und zur Frucht entwickeln konnte, so wie sie endlich den Reifepunkt überschreiten und in den Ursprung zurückkehren muß, aus dem sie kam – und ... woraus sie wieder aufsteigen wird.

Der reine göttliche Geist – Dao, das *Wort*, die Gnosis – ist ewig. Ihr Da-sein ist der Kreislauf aller Dinge, ob Mikrokosmos, Kosmos oder Universum. – Ihr *So-sein* aber ist die fließende Verwandlung, *angepaßt* an die jeweiligen Umstände, in weiser Zurückhaltung der Kraft: im *Nicht-sein*.

Wiederkehr ist des Dao Da-sein —
Des Da-seins Lebenskraft kommt aus dem Nicht-sein.

第四十一章

上士聞道,勤而行之;中士聞道,若存若亡;
下士聞道,大笑之。不笑不足以為道。故建言有之:
明道若昧;　　　進道若退;
夷道若□;　　　上德若谷;
廣德若不足;　　建德若偷;
質真若渝;　　　大白若辱;
大方無隅;　　　大器晚成;
大音希聲;　　　大象無形;　　　道隱無名。
夫唯道,善貸且成。

41.

Hoch-gebildete erfahren von DAO – und wenden ihr Leben um.
Mittelmäßig Gebildete erfahren von DAO – und wenden es teils an,
teils lassen sie es bleiben.
Ungebildete erfahren von DAO – und lachen laut darüber.
Ohne Gelächter gibt es keinen Anlaß, Dao ernsthaft zu erwägen.
Daher sagt alte Spruchweisheit dies:
Das Licht von DAO scheint verborgen –
Der Eintritt in DAO scheint versperrt –
Die Glattheit von DAO scheint trügerisch –
Große Liebenswürdigkeit gilt als Selbstgefälligkeit –
Großherzigkeit gilt als Mangel –
Fundierte Bildung gilt als unanständig –
Ehrlichkeit des Charakters gilt als Hinterhältigkeit –
Große Reinheit gilt als Schande. –
Die breiteste Straße hat keine Ecken –
Ein großes Gefäß braucht lang zur Vollendung –
Eine sehr große Stimme hat einen ungewöhnlichen Ton –
Der größte Elefant ist mit nichts zu vergleichen. –
DAO ist geheimnisvoll – namenlos.
Wenn Menschen daran glauben, sind sie fähig, es anzunehmen
und zudem, es selbst zu vollenden.

Als Erstes bedarf ein unvermeidliches Mißverständnis der Klärung: Der «Gebildete» ist, zeichengenau übersetzt, ein «Beamter». Indes war dies im Umfeld der Redaktion des *Dao-De-Ging* dasselbe: Damals war eine hohe Bildung nötig, um als Beamter überhaupt in Frage zu kommen. Um ‹Privatlehrer›, ‹Berater› oder ein Winkel-Advokat zu werden, brauchte ein Mensch, wie heute auch, weder besondere Bildung noch Erfahrung. Um jedoch als kaiserlich akkreditierter Beamter zu wirken, mußte eine Beamtenprüfung bestanden werden. Eine Abbildung aus der Ming-Zeit (vgl. S. 111) zeigt Hunderte von Prüfungskandidaten: Manche sind beritten angereist. Die meisten sind hell (weiß?) gekleidet; manche blau (Schreiber, Lehrer), einer schwarz (Jurist) und zwei grau (Ärzte). Diener und einige der Kandidaten tragen Braun (vgl. N° 35 und N° 70). Der Film *A Touch of Zen* – zu deutsch: *Ein*

Hauch von Zen – schildert diese Zustände im Alten China sehr eindrücklich (vgl. Anm. 36).

Denkt man daran, daß viele Kapitel des *Dao-De-Ging* an den Regenten einer Provinz («ein Land») oder des Kaiserreichs («die Welt») gerichtet sind, so enthält N° 41 den verdeckten Anreiz an einen solchen Prinzen, sich als *«hoch gebildet»* zu profilieren, indem er ohne zu zögern *«in den Weg von Dao eintritt»*. Damit wird auch gesagt, daß das Eintreten in den Weg von Dao keine Nebensache sein kann, der man nach Belieben einmal folgt, einmal nicht («gewundenen Fußpfaden folgend», wie N° 53 sagt). – Nein, wer es mit dem Weg von Dao ernst meint, muß ‹hochgebildet›, d.h. für den Weg von Dao *zubereitet* sein: Er oder sie muß *«sein Leben umwenden»* – mit allen Konsequenzen, die das mit sich bringt!

Diese *Umorientierung* und konsequente *Neugestaltung* des Lebens war offenbar schon zur Zeit von Lao-Dse keine Selbstverständlichkeit, ja, wurde schon damals mit scheelem Blick angesehen – so sagt unser Text. Die verschiedenen rhythmisierten Sprichworte malen ein deutliches Bild. Sie erinnern an die melancholischen ‹Prophezeihungen› des altägyptischen *Ipw-Wr* – ein Name, der soviel bedeutet wie *«jener wirklich Große»*[12], der bereits um 1500 v.Chr. ausrief, was der gegenwärtige Text beklagt, und was für jede neue Zeit noch mehr zutrifft als für jede frühere:

Bildung und hohe Talente werden mit Mißtrauen und Ablehnung betrachtet. Tugend gilt als Schwachheit, Lernwilligkeit als Anpasserei oder Überheblichkeit; Herzensreinheit und Großzügigkeit gelten als Naivität, die der Jagd nach dem vergänglichem ‹Glück› abträglich und darum eine Schande seien. – Das ist auch ganz richtig; denn wer sich dem Weg von Dao – dem Weg der Gnosis – weiht, achtet gerade das gering, was den Erfolgsjägern in der Welt als die Hauptsache erscheint; – und er verehrt gerade jene Tugenden und Fähigkeiten, welche die heutigen Jäger nach ‹Glück› und ‹Erfolg› mit Verachtung strafen (vgl. N° 13):

Der *Große Weg* bringt kleine Ehre. Man muß schon dankbar sein, daß heutzutage seine Jünger nicht verfolgt werden, sondern ungestört der Alten Lehre folgen und sie öffentlich verbreiten dürfen.

Lao Dse verurteilt jedoch die moderne Sicht nicht nur: Er zeigt auch sein Verständnis dafür, daß sie so ist, wie sie eben sein muß, wenn die Sicht des Menschen weder innerlich noch äußerlich die Optik eines Kleintiers übersteigt: Eine Laus weiß nichts vom Baum, worauf sie sitzt; – ein Krill-Tierchen sieht nichts vom Wal, der es verschlingt; – die meisten Menschen nehmen Zeit ihres Lebens nichts von der geistigen Welt wahr … —

Neben der Kleinheit weltlicher Sorgen und Beschäftigungen erscheint Dao als etwas besonders Großes und so Besonderes, daß es nur in ungewöhnlichen Bildern umschrieben werden kann (vgl. N° 15). Man denkt unwillkürlich an die Disney-Version der Mär von Gulliver bei den Liliputanern: Lange steigen sie auf dem liegenden Riesenleib herum, ohne ihn doch zu bemerken.

Die Bilder selbst bedürfen keiner weiteren Erklärung: sie sprechen für sich. Dennoch mag es gut sein, aus den heutigen chinesischen Kommentaren zwei zu erwähnen: Das Bild des *Elefanten* ist dort so beliebt, daß gleich mehrere Kommentare geradezu die Überschrift tragen: «*Der Unsichtbare Elefant*»!

Der «*große Klang*» wird dort in Verbindung gebracht mit der Harmonie des Universums. – Die Zeichenfolge in der Gegenüberstellung von *Ton* und *Stimme* könnte aber auch umgekehrt und ein «*großer Ton*» zu einem *sehr tiefen* oder *sehr hohen Ton* werden, der «*kaum gehört*» würde: Beide sind ja fürs gewöhnliche Ohr unhörbar – und so auch der ‹Ton› von Dao: die ‹*Stimme der Stille*›.

Manche andere Übertragungen sind möglich – vorallem für die sehr zweifelhafte letzte Zeile des Texts; – sie finden sich in den bekannten, in der Einleitung erwähnten Versionen zuhauf und benutzen so manche abstrakte Begriffe. Die gegenwärtige Version hofft daoistischer Art und Auffassung näher zu kommen. Jedenfalls gibt sie dem Text Leben und Wärme. Das *Große Gefäß* könnte anstatt *vollendet* auch *gefüllt* werden. Daß es ans «*Maha-Yana*» des Buddhismus erinnert, ist wahrscheinlich ungewollt, doch passend.

Eine Variante zur letzten Zeile soll nicht unerwähnt bleiben: anstatt der Wendung «*es zu vollenden*» ist ebenso korrekt der Ausdruck: «*sich selbst zu verwandeln*»: Der Weg der Gnosis ist bekanntlich länger als ein Menschenleben, auch wenn er nur in einem Menschenleben vollendet werden kann:

Allein, der Mensch, der an die Gnosis glaubt, kann sie annehmen – und sich zudem sogar verwandeln!

第四十二章

道生一，一生二，二生三，三生萬物。
萬物負陰而抱陽，沖氣以爲和。
人之所惡，唯孤、寡、不谷，而王公以爲稱。
故物或損之而益，或益之而損。
人之所教，我亦教之。強梁者不得其死，吾將以爲教父。

42.

DAO bringt hervor das Eine
Das Eine bringt hervor die Zwei
Die Zwei bringen hervor die Drei,
Die Drei bringen hervor die 10'000 Dinge.
Die 10'000 Dinge verlassen den Schatten und umarmen die Sonne —
im Ozean des Geistes genießen sie ein Dasein in Ruhe.
Des Menschen Lage ist übel:
Einsam, verlassen, bedürftig ... —
Auch Könige und Fürsten behaupten das [von sich].
Vielleicht verliert man irgend etwas und gewinnt doch dabei —
Oder man gewinnt irgend etwas und verliert doch dabei.
Des Menschen Lage lehrt, und auch ich selbst lehre es:
Ein Mensch gewaltig wie ein Firstbalken darf nicht unbeugsam sein.
Mein Vorsatz aufgrund dessen ist, zu dienen als Priester und Lehrer.

Dieses Kapitel scheint sogar für heutige Chinesen eine Knacknuß zu sein: Selbst in deren kommunistisch materialistisch orientierten Kreisen wird es breit diskutiert. Über hundert Deutungen bietet das Internet allein zur letzten Zeile an; die übrigen Zeilen werden z.t. ganz im klassischen Sinne des Daoismus ausgelegt.

Der erste Abschnitt steht der pythagoräisch gnostischen Philosophie sehr nah; und man wird sich bewußt, daß Pythagoras (6. Jh. v.Chr.), Sokrates (5. Jh.) und Plato (4. Jh. v.Chr.) zum Teil gleichzeitig lebten wie Lao-Dse (6. Jh.; erster bekannter Text des *Dao-De-Ging* 4. Jh.). Darum sind hier einige Worte über die fundamentalen Zahlen 1 bis 4 im Umfeld des alten China angebracht.

Die *philosophische Eins* ist das *Enso* – der in der Kaligraphie des Zen in einem einzigen Schwung gezogene *Kreis*. Das ist der *Urgrund* – in der Sprache des Theosophen Jakob Bœhme der *Ungrund*, aus dem alles kommt, und in den Alles wieder eingeht. In zweiter Ableitung ist dieser Kreis das *absolute Sein*, in dritter das *individuelle Selbst* der Dinge; denn jedes (auch jedes formlose) Ding wird, sobald es auch nur gedacht wird, als eine *Einheit-Selbstheit* gedacht und empfunden. Es überrascht kaum und ist philosophisch ‹schön›, daß das *Enso* phonetisch anklingt ans *Ain-Soph* der ‹westlichen› Überlieferung, das *über* der Spitze des *Baums der Se-*

phiroth schwebt und auch in der freimaurerischen Symbolik eine oberste (doch weniger absolute) Rolle einnimmt.

Die *Zwei* ist in der chinesischen Tradition der *Geist* – als **I** vorgestellt. Er geht aus dem *Absoluten Einen* – YI – hervor und ist auch selbst, wie bereits in N 40 angedeutet, in Yin und Yang ‹geteilt› als *doppelte Einheit*. Die chinesische Zahlensymbolik schreibt die *Ziffern Eins* bis *Drei* als ein bis drei *waagrechte Striche*, während bekanntlich in der westlichen Symbolik **I** (der ‹Vater›) mit 2 als liegendem Strich — oder Bogen ⌣ (der ‹*Mutter*›), zu 3 als ✕ (dem ‹*Sohn*›) vereint wird, was als ✚ den *Vier Elementen* entspricht. Im Alten China entspricht die *Drei* der *Seele*; – die *Vier* (unterteiltes *Quadrat* 四) steht für die in den elementischen ‹10'000 Dingen› manifestierte Kraft – selbst wirkend durch sie. Die chinesischen Zahlen bilden also getreulich ab, was der Text von N°42 sagt. Was gewisse Übersetzer vom *Großen Quadrat* schreiben, ist daher vertretbar, obgleich es nicht im Text steht; – jene Version, die sagt: *«das Große Quadrat hat keine Ecken»* geht jedoch entschieden zu weit.

Die zweite Zeile dieses Texts interpretieren die meisten bekannten Übersetzer so, daß *«die Kreaturen Yin den Rücken kehren»* oder es *«auf dem Rücken tragen»*, Yang aber *in den Armen*. Tatsächlich ergibt *genaues* ‹Übersetzen› mehrere logische Paare: Die ‹Kreaturen› – die ‹10'000 Dinge› – treten aus dem *Mond* in die *Sonne*, aus der *Finsternis* ins *Licht*, aus der *Empfängnis* ins *Erzeugen*, aus der *Verborgenheit* und *Heimlichkeit* in *Öffentlichkeit* und *Offenkundigkeit*, aus der *negativen* Polarität in die *positive*, aus der *Negation* in die *Konstruktivität*, und, um es etwas poetischer auszudrücken: aus dem *Schatten der Nacht* ins *Sternenlicht*. – Die *Yin*-Seite *«ertragen, erleiden, verlassen, verlieren* sie, die *Yang*-Seite aber *verehren, bekommen, umarmen, umfangen, liebkosen, hüten* sie u.s.w. – Alle diese Paare sind textlich präzis, esoterisch relevant und sehr sprechend. — Ein heutiger Chinese kommentiert:

«Daß Yin und Yang einander begegnen und ergänzen, ist das unveränderliche Gesetz der materiellen Transformationsprozesse im Universum». – Er vergleicht Vers 42. mit 39. und 41, schlägt sogar vor, daß 42. *«direkt zwischen diese gestellt sein müßte»*, und führt dazu aus: *«Die 10'000 Dinge lassen die Finsternis hinter sich und streben nach dem Licht, aus dem sie kamen, um es zu umfassen und durch den Atem der Leere harmonisiert zu werden».* – Letztere Feststellung entspricht ebenfalls genau dem zweiten Zeichen-Paket der zweiten Zeile des Texts.

All dies kommt vollkommen überein mit der Lehre der modernen Gnosis: In ihrer mondhaft weiblichen Eigenschaft der Verborgenheit und der Finsternis (Dao) tragen die 10'000 Dinge einerseits *«das Yin in ihrem Bauche»* (das entspricht der *Materia Prima* der operativen Alchemie), andererseits *«umhüllen»* oder *«umarmen»* sie und *«drücken an sich»* das männlich sonnenhafte, *offenbarte Licht* des Yang, das *«mit den lebenden Dingen beschäftigt ist»*. Diese wortreiche Interpretation ist nur die *kombinierte* Übertragung der wenigen *polyvalenten Zeichen* des ursprünglichen Texts.

Ebenso wie die heutige Lehre sieht also schon das *Dao-De-Ging* die durch die aus der *Drei* entstandenen *Vier* erzeugten ‹10'000 Dinge› als die allgegenwärtig manifestierte Dynamik der Gegensätze, ohne die das Universum nicht existieren, geschweige denn evoluieren könnte. Und es sieht deren Bemühen, *«in der Hoffnung auf Harmonie zu einander hinzustreben»*, wie eine andere *genaue* Variante ergibt. – *«... in der Hoffnung auf ...»* sagt der Text und deutet damit an, daß diese Harmonie niemals *ganz* sein kann, solange die Schöpfung und ihre ‹10'000 Dinge› nicht vollkommen geheilt, geheiligt und umgewandelt worden sind. –

Diese Tatsachen führen dazu, daß, wie der nächste Abschnitt und auch die moderne gnostische Lehre sagen, der Mensch diese Welt als eine *Wüste* – als ein Jammertal – erfährt, worin er *«heimatlos, verwaist und armselig»* ist (ohne Kenntnis und abseits der Einheit mit Gott) – und *«verwitwet»*, da er seiner ‹anderen Hälfte› entbehrt, die allein ihn zu einem Ganzen machen und ihm *Frieden, Ruhe und Harmonie* verschaffen könnte. Auch diese Ausdrücke entsprechen genau den Zeichen des Texts (alle fettgedruckten Versionen am Kapitelbeginn sind jeweils nur eine kompakte Auswahl).

Wenn nun der Text wiederholt von Königen und Fürsten sagt, daß sie ihre Existenz derart beklagen, so mag das damit zusammenhängen, daß diese das Zielpublikum des *Dao-De-Ging* waren; doch darf man ihn auch so verstehen, wie N° 41 es sagt: Nur *Menschen mit innerem Seelenadel*, sind fähig, die Wirklichkeit eines bürgerlichen Weltmenschen-Lebens mit all seinen Wechselfällen von jener eines serenen Lebens in Dao *zu unterscheiden,* und *eine Wahl zu treffen. Einsicht und bewußte Wahl* sind aber der erste Trittstein beim Betreten des Wegs innerer Erneuerung und Verwandlung durch Selbsterkenntnis und Selbst-Einweihung!

Der nächste Abschnitt erläutert das Gesetz von Ursache und Wirkung, bzw. die Wirkung des *Gesetzes von Karma*. Der dort erwähnte *Er* kann ja nur der «in einer Wüste lebende Mensch» sein. Der zuvor zitierte chinesische Kommentator sagt dazu: *«Es ist auch so, daß einige Dinge, indem sie vermindert werden, erhöht werden; und andere werden erhöht dadurch, daß sie erniedrigt wurden».* – Ein dem Westen sehr bekannter Ausspruch.

Eine andere getreue Übersetzungs-Variante könnte heißen: *«Eine frühere Dummheit könnte ihm einen Vorteil verderben, während ihm andererseits ein Gewinn in der Folge verhängnisvoll werden könnte».* Damit wird deutlich ausgesprochen, wie wenig der Mensch aus seiner winzigen momentanen Optik beurteilen kann, was gut für ihn sei, und was nicht. Der Mensch auf dem Pfad *weiß* hingegen, daß jedes Geschehen seinen guten Grund hat, und daß jedes Übel und jeder Schmerz, im großen Rahmen betrachtet, früher oder später seinen Nutzen bringt: Je größer der Schmerz, desto größer früher oder später der Nutzen fürs Wachstum der Seele. Das ist die liebevoll ausgleichende Wirkung des vielgefürchteten *Karma.* – Indes gebar dieselbe Weisheit – schlecht verdaut – auch die ungesunde pietistisch-puritanische Moral, wonach Leiden besser sei als Freude. – Wer aber aufmerksam lebt, erkennt leicht die positiv lebensbejahende innere Wahrheit der Lehre von Dao.

Der letzte Teil von N° 42 hat – wie eingangs erwähnt – bis heute zu größten Diskussionen in West und Ost geführt. *«Der Wollende erreicht nicht seinen Tod»* (Ular) ist die phantastischste aller Interpretationen – neben *«wer mühsam lebt, stirbt mühsam»,* – oder auch: *«Ein starker Herrscher nimmt kein gutes Ende»,* mit der dramatischsten Version: *«Wer gewaltsam lebt, wird gewaltsam sterben!».* So nah ist negative Gewalt den heutigen Menschen! Das paßt gut zur jüdisch-christlichen Straf-Mentalität mit dem babylonisch-alttestamentarischen *«Auge um Auge ... »,* erinnert aber auch ans Jesuswort: *«Wer das Schwert ergreift, wird durchs Schwert umkommen».* Diese letzte Version bringen mehrere Übersetzer westlicher Sprache; doch keine Kombination der Zeichen rechtfertigt sie. Die hier gegebene Version enthält *nur dieser Frage wegen* das Wort *«gewaltig»*: Im Hinblick auf den Herrscher als *Rückgrat* des Reiches würde das ebenso präzise *mächtig* oder *stark* genügen.

Die kürzeste genaue Übertragung der zweitletzten Zeile von N° 42 gemäß chinesischen Kommentaren heißt: *«Ein starker Balken* (auch *Strahl* oder *Strahlenbündel* – engl. *beacon) wird nicht sterben».* – Und in der letzten Zeile: *«Mein Vorsatz ist es, zu dienen als Lehrer und Vater»* – bzw. *«als Lehrer für Geistliche»*, wobei Chinesen ‹*Vater*› wiederholt für ‹*Pater*› i.S.v. *Priester und Lehrer* setzen.

In der heiligen Sprache alter Texte sind Varianten keine *Alternativen*, sondern *parallele Schichten* beim Bau des geistigen Gebäudes, das die Leser aus ihrem Inneren – *aus ihrer lebenden Seele* – selber beleben und verwirklichen dürfen, können und sollen:
Anstatt *Balken* oder *Brücke* könnte also auch ein *starker Licht-Strahl* stehen, d.h. ein *starker Vertreter* oder *Zeuge* des Wegs von Dao – ein *«wirklich kraftvoll nach Tugend Strebender»*, wie N° 38 sagt. – Ein *wahrer Zeuge fürs Licht* ist selber ein *Lichtstrahl* in der Welt, eine *Brücke* vom Weltmenschentum zum Geistmenschentum – von der Menschheit zur Gottheit. Er ist ein Mensch, der in steter Verbindung mit dem Geist lebt und dies durch seine ganze Lebensart *tätig beweist*. Dieser Mensch ist vom Rad der Geburten und Wiedertode befreit: Stirbt er (oder sie), so erlangt er ein entsprechendes Existenz-Niveau in einer höheren *Daseins-Dimension*. Sein Sterben ist also *«kein Tod nach der Natur»*. Wirklich kann man anstatt *«darf nicht unbiegsam sein»* auch lesen: *«muß nicht sterben»* – oder: *«darf nicht aufgeben»*. Für einen Menschen, der *sein ganzes Dasein* der Gnosis geweiht hat, trifft all dies zu: Als Welt-Diener der Gnosis bleibt er fest trotz Trägheit und passivem oder gar aktivem Widerstand. Unentwegt – doch biegsam – wirkt er als Zeuge des Heiligen Geistes in der Welt; gottmenschlicher Helfer und Lehrer bis an sein Lebensende – und auch danach!

Tatsächlich: dieser *«starke Strahl»* stirbt nicht mehr *nach der Natur*. – Er, der «hoch Gebildete» oder «hohe Beamte» hat sein Leben *umgewendet*, hat den Weg betreten und nie mehr verlassen, mit allen Folgen, die das mit sich brachte. Nun, da er zu einem *«starken Strahl»* – zu einer *«Säule im Tempel»* – zu einem *«tragenden Balken»* der Gnosis in der Welt geworden ist, lebt er nur noch *einem* Ziel, nur noch *einer* sinnvollen Aufgabe für sein ewiges Da-sein: Die Liebe der Gnosis auszutragen als ein *«Lehrer* und *Priester»* der Einen Guten Botschaft vom Weg in Licht, Wahrheit und Leben. –

Verlassend die Finsternis und umarmend die Sonne —
überflutet durch den Geist Gottes, genießt er Den Frieden!

第四十三章

天下之至柔,馳騁天下之至堅。
無有入無間,吾是以知無爲之有益。
不言之教,無爲之益,天下希及之。

43.

Die Welt ist äußerst zart und beweglich —
Der Lauf der Welt ist äußerst stetig und unerbittlich —
Nichts kann herein oder hinaus schlüpfen —
da ist keine Lücke – keine Pause.
Darum habe ich erkannt: Unbewegtheit ist das Beste.
Nicht-sagen ist meine Lehre – Nicht-tun ist mein Gewinn –
In der Welt wird das nur wenig begriffen.

Die Adjektiv-*Paare* der drei ersten Zeilen stehen jeweils für nur ein Schriftzeichen, das beide und mehr enthält: Der *Lauf* der Welt ist auch ihr *Rennen, Rasen und Galoppieren*, – also ganz aktuell.

Für *beweglich* und *zart, feinsinnig, feinfühlend* und sogar *flüchtig* (also z.b. *ätherisch*) könnte man auch *subtil* sagen – sogar *unter den Schleiern des Mysteriums*. Denn etymologisch kommt das Wort *subtil* von *tela* – *Schleier*. Das ist das feine Gewebe eines Spinnen-Netzes (oder von *Dao* – vgl. N° 73); auch die am Webstuhl aufgezogene ‹Kette› sowie das sausende Weber-Schiffchen selbst – und darum: das emsige und genaue Arbeiten, Wirken und Weben von Dao als *Gesetz des Universums*, des Webstuhls für Dasein und Wirken aller Geschöpfe in den fünf Reichen. Das ist die *Subtilität* von *Dao als Weltgesetz* in seiner subtilen, unverletzbaren Stetigkeit:

Stetig – das heißt auch *stabil* – also feststehend, solide, unerschütterlich – vom «*auf Fels gebauten Haus*» und dem «*Fels in der Brandung*» über eine gute Staats-Ordnung bis zum Kreisen der Gestirne an der «Veste des Himmels», wie die Alten das unbewegte Gewölbe «über den Wassern» nannten.

Bekannte Übersetzungen stellen hier stil-schön das *Stabilste in der Welt* dem *Subtilsten in der Welt* gegenüber; – jedoch: Was ist das *Festeste*, das *Stetigste* in der Welt? Ist es Felsen? – Stahl? – Wasser? – Ist es der Fluß der Zeiten selbst – der Strom aus Werden, Blühen und Vergehen? – Ist es all dies zusammen? – ist es keines von Allem?

Da keine dieser ‹Antworten› befriedigt, scheint es besser, zum *Subtilsten* zurückzukehren und zu fragen: Ist es des Menschen innerstes Wollen, sein Sinnen, Hoffen und Sehnen? – Ist es das Leben? (doch was ist ‹*Leben*›?) – Sind es Gerüche? – Töne? – Gedanken?

– Oder wollte der Autor des *Dao-De-Ging* nur – wie in Vers 36 – größte *Zartheit* größter *Kraft* entgegen setzen?

Der subtilste Stoff in physischen Körpern ist ihr ‹Blut›; – der subtilste Körper des Menschen ist sein Denk-Leib; – oder ist es die ‹Seele›? – Ist es das ‹Gemüt›? – Das subtilste Element im Universum ist der Ur-Äther – der Welt-Äther, die universale Ursubstanz, auch die ‹feucht-feurige Wurzelsubstanz› genannt. Lao-Dse jedoch meint keinen Körper, kein ‹Element› im physikalischen – ja nicht einmal eines im psychischen Sinne.

– «Natürlich der Geist!» – Längst hängt dieses Wort in der Luft!
– Doch *welcher* Geist? – Und *was* wirklich *ist* Geist?

«*In Lebensfluten, im Tatensturm*
wall' ich auf und ab —
webe hin und her —
Geburt und Grab —
ein ewiges Meer —
ein wechselnd Weben —
ein glühend Leben.
So schaff ich am sausenden Webstuhl der Zeit
und wirke der Gottheit lebendiges Kleid ...!»

– so spricht der *Erdgeist* in Gœthe's *Faust*.

Der Geist, der in der zitierten Faust-Szene aufgerufen wird, ist der *Erdgeist* – also ein *Elementar-Geist* der sichtbar manifestierten Natur – Eins mit dem *Universalgeist*, der das «lebendige Kleid der Gottheit» – das *Universum* – durchwebt. Geist ist ja Alles; im Geist wird alles vorgeformt, bevor es zur Manifestation gedrängt wird und *erscheint* – als Phänomen – als Maya ... – Geist durchdringt jede kleinste Manifestation im Universum, vom Salzkorn bis zum Hosenknopf!

Im Text der *Tabula Smaragdina* nach Hortulanus (Garlandinus) heißt es: «*Trenne das Subtile vom Dichten*» – doch dieses *Subtile* ist noch nicht das *Subtilste* im Text von Lao-Dse. Näher kommt man diesem ‹Ding› mit den Worten der *Tabula Smaragdina* in der Version von Balduin/Kriegsmann:[13]

«*Und so, wie Alles hervorgebracht wurde aus Einem durchs Wort des Einen Gottes: so werden auch immer fort alle Dinge aus dieser einen Natur-Ordnung wiedergeboren ...* ». – Oder in anderer Übersetzung desselben lateinischen Texts: «*... werden auch immer fort alle Dinge aus diesem einen Ding hervorgebracht, nach*

Anordnung der Natur». – Der Titel jenes Büchleins enthält sogar – unübersetzbar – die Entschleierung dieses Mysteriums. Also ist das *Subtilste* kein Ding, sondern *eine Kraft*. – Es ist *Energie!* Lao-Dse nennt sie die *formlose Kraft*, denn nur ein selbst Formloses kann die 10'000 Formen hervorbringen: So wie die kleinste Ur-*Zelle* noch undifferenziert ist bezüglich der *Form*, die daraus entstehen soll, so ist die universale, Alles durchdringende Ur-*Energie* noch undifferenziert bezüglich jeglicher *Manifestation*, die daraus hervorgehen kann (oder könnte, oder *nicht* kann) – ob geistig, ätherisch oder stofflich im engeren Sinne.

Man stelle sich nun das Universum vor als zeiträumliches makrokosmisches Wesen – selbst ein Geschöpf, wenn auch für menschliches Begreifen «unbegrenzt» oder «unendlich ausgedehnt». Dann erinnere man sich des Ausspruchs in Vers 41: *«Eine sehr große Form wird nie klar erkannt»* – und denke an das alte Wort, das in der *Fama Fraternitatis* der klassischen Rosenkreuzer ausgesprochen wird: *«Es gibt keinen leeren Raum!».*

Der Raum des jungfräulichen Universums, dieses grenzenlosen Un-Grunds oder Ur-Geschöpfs, ist nämlich – vor dem Erscheinen jeglicher erschaffener Manifestation – ‹angefüllt› mit der genannten kosmischen Ursubstanz: mit dem *Subtilen Ur-Erschaffenen*. Dieses *Subtile* ist jedoch – verglichen mit dem göttlichen Geist – bereits etwas *Dichtes* (wie z.B. Wasser verglichen mit Wolken). Die biblische *Genesis* nennt es *Schlamm* – lat. *limus*. Dieser Ausdruck ist verwandt mit *limes (*oder *ebenfalls limus) – Grenzlinie* oder *Scheidelinie*, – im gegenwärtigen Fall also der *Übergang* von dem ohne äußere Zielsetzung in sich selber kreisenden reinen Geist – *Dao* – zum schöpfenden Geist – **I** – und zu dessen primärem Ausdruck in Dao, der allumfassenden universellen Gebärmutter des Universums, die in sich selber bereits als Paar von *Yin-Yang* vor-differenziert ist. Wäre sie dies nicht, nichts könnte entstehen: Ohne eine ‹männlich› vorprägende Dynamik des Gestaltens (Yang) könnte die ‹weiblich› geprägte (*imprägnierte*) Dynamik des Offenbarens (Yin) nichts ausformen – nichts hervorbringen: Keine Schöpfung, ja, *kein einziges Geschöpf* könnte erscheinen!

Unter den manifestierten Geschöpfen gibt es nun, wie man weiß, neben solchen sehr hoher Feinheit und Flüchtigkeit solche von sehr hoher Dichte und Fixität oder Stabilität. Weil aber alles Erschaffene, jede Manifestationsform, alles, was die *Gebär-Mutter* des Universums – Dao – hervorbringt, durchdrungen ist von jenem

Ur-Geist, der als Vater-Mutter des Universums erscheint, und der zugleich mit Dao überein kommt, mit jener *subtilsten*, formenden, doch selber *formlosen Kraft*, so sind auch die dichtesten und gröbsten Körper – sind selbst die gröbsten und rohesten Kräfte noch *durchdrungen* von dieser Einen Kraft, die selber formlos, grenzenlos, wirk-los, ja, in sich selber wesenlos ist. In solcher Weise dürfen wir verstehen was Lao-Dse meint, wenn er sagt: *«da ist keine Lücke – keine Pause»* – oder wie Andere übertragen: *«Die formlose Kraft dringt ein, [selbst] wo keine einzige Lücke ist».*

Diese selber formlose Kraft – Dao – ist es also, die – über die von ihr ausgehenden Ur-Kräfte – alles formt. Dadurch *determiniert* sie alles: d.h. sie *prägt* die *äußere Form* und *innere Ordnung* von allem, den *Weg* von Allem, formuliert die *Eine Bestimmung* von Allem (vgl. N° 39) und gestaltet so das *Geschick* von Allem.

Dao – selbst *wirk-los* – ist es, das alles *wirkt*. – Und so ist auch jegliches *Tun*, solange es mit der Universellen Ordnung überein stimmt, nicht das Tun des jeweiligen Geschöpfs oder der jeweiligen Kraft, sondern das Tun von Dao *in* diesem Geschöpf (als Schatten von Dao) – *durch* diese Kraft (als Hauch von Dao).

Da nun Dao zugleich das höchste Eine Gesetz ist – das Gesetz der Liebe, das (und die) zugleich die Eine absolut höchste Kraft im Universum ist, so lässt sich in Anlehnung ans bekannte Paulus-Wort sagen: «Was ich tue, tue nicht ich selber, sondern Dao tut es durch mich», bzw. *«Dao in mir tut es».*

Ist nun eine Person – ein Ich – mit Dao verbunden, so ruht ihr Tun in Dao und in dessen universeller Ordnung der Liebe. Wer mit Dao *nicht* verbunden ist, steht darum noch *außerhalb* dieser Liebes-Ordnung, tut darum *selber* und sät somit stets neue Ursachen, die ihrerseits stets neue Wirkungen gebären müssen. Das ist das Verhängnis des sogenannt «gefallenen» Menschen – des Menschen, der sich von Gott getrennt glaubt, weil er sich als ein menschliches Selbst begreift. Doch was ist ein von Gott – von Dao – getrenntes menschliches Selbst, wenn nicht eine doppelte Illusion? Darum hat der *reife Eingeweihte* (was dem Namen von *Lao Dse* entspricht) *«den Vorteil des Nicht-tuns erkannt»*; – darum sagt er sich los von allem Selber-tun eines Ichs: Was immer eine Persönlichkeit denkt oder tut, pflanzt Ursachen; – was immer eine Persönlichkeit sagt, sät Wirkungen! – Wie einfach ist es doch, dies zu begreifen!

Doch – *ist* es wirklich so einfach?

Wohl ist es einfach all dies mit dem *Verstand* zu *verstehen*. Für eine reife, zu tiefer Einsicht und zu einem von wachem Bewußtsein geprägten Leben gelangte Wesenheit ist es sogar einfach, einen klaren *Entschluß* in diesem Sinne zu fassen. Aber ach, wie schwierig ist es selbst für eine spirituell prädestinierte und orientierte Persönlichkeit, im täglichen Umfeld unserer *rasenden Welt* voller Ursachen und Wirkungen, im täglichen Sumpf karmischer Lasten und Versuchungen, den *neuen*, den *reinen* Weg zu *gehen*: ganz eingehüllt in Dao – ganz im Einklang mit Dao – ganz in Harmonie mit sich selber, mit der Gnosis und mit dem universellen Gesetz – der Ur-Mutter allen Denkens, Redens und Tuns!

Wenn Lao Dse also sagt: «*Nur Wenige unter dem Himmel erreichen dies*», dann spricht er so nicht als Einer, der ES erreicht hat und daher auf all die Anderen, geistig Zurückgebliebenen herabblicken würde. Nein, er sagt es als Einer, der *erfahren* hat: Es genügt nicht, ES *einmal erreicht* zu haben; – im Gegenteil: Sehr, sehr schwierig ist es, ES festzuhalten, solange eine Wesenheit in einer Ich-Persönlichkeit steht – und sei es die reinste, demütigste und zutiefst von der Gnosis durchdrungene (nicht nur mit Ihr verbundene!) *gottmenschliche* Persönlichkeit!

«*Unter dem Himmel ...* », d.h. «*in der Welt*». – Das Chinesische benutzt diese Wendung stets auch im Sinne von *in der Menschheit*; hier also für «*Nur wenige Menschen*». Doch ähnlich ist es selbst für sehr hohe *geistige* Wesen, welche die erhabenen Gebiete des *Devachan* bewohnen und die absolute Befreiung noch nicht erlangt – oder noch nicht erwählt – haben: Eine *geistige Persönlichkeit* ist in *jener* Welt wie ein *Körper* in der *unsrigen*. Daher gilt die mit einem schmerzlichen Ton gemischte Aussage sogar für die freiwillig in dieser Welt Verharrenden: Für Wesenheiten, die auf die endgültige Befreiung vom Rad (noch) verzichtet haben aus Mitgefühl und Helfer-Mut, zugunsten der noch immer auf der Erdkruste herum irrenden, suchenden, findenden – und dennoch leidenden Menschen.

«*Lehren ohne Worte – Wirken ohne Tun ...* »: Die Welt «*hat es nicht begriffen*». – Wer es jedoch *begreift, ergreift* und *erreicht*, wird ebenso textgetreu sagen können:

Die Eigenart der Welt brachte mich dazu!

第四十四章

名與身孰親？身與貨孰多？得與亡孰病？
甚愛必大費；多藏必厚亡。
故知足不辱，知止不殆，可以長久。

44.

Ruhm oder Leben – was liebst du mehr?
Leben oder Güter – was ist dir wichtiger?
Wenn es zu sterben gilt – was schmerzt dich mehr?
Je teurer dir etwas ist, desto teurer mußt du es bezahlen.
Wer sehr viel aufgehäuft hat, würde bestimmt lieber sterben.
Darum:
Genügsamkeit wird nicht geschmäht —
Mäßigkeit wird nicht beschämt
und kann auf unbestimmte Zeit aufrecht erhalten werden.

Dieser Text erscheint wieder vorallem als Belehrung an einen hohen Beamten, Prinzen oder König: Das gewöhnliche Volk war oft froh, überleben zu können – vorallem zur Zeit der Mongolenherrschaft, wo Beamte hauptsächlich danach strebten, in ihrer (vielleicht nur kurzen) Amtszeit soviel Macht und Besitz anzuhäufen als möglich. So gesehen ist der erste Teil dieses Texts leicht zu verstehen; auch stimmen hier viele Übersetzungen mit einander überein. Beim zweiten Teil gibt es – je nach gewählter Kombination der chinesischen Zeichen – so vielerlei Übersetzungs-Möglichkeiten, daß auch hier die wenigen genauen Übereinstimmungen notwendig durch Abschreiben entstanden sein *müssen*. –

Die erste Frage wäre eine rein rhätorische, wollte man sie nicht ins damalige Umfeld setzen: In der Kaste der *Samurai* mit ihrem überaus strengen Kodex war es eine Ehre, ja, mußte es der Ehrgeiz eines Jeden sein, den Heldentod nicht nur in Todesverachtung anzunehmen, sondern geradezu aufzusuchen. Kam Einer dank (un-)glücklichen Umständen mit dem Leben davon, so konnte diese Schande nur durch den rituellen Selbstmord getilgt werden.

Im Falle eines Beamten oder Prinzen aber hatte dieselbe erste Frage einen ganz anderen Stellenwert, umso mehr, als sich auch die beiden anschließenden Zeilen mit Fragen zur Wertschätzung des *Lebens* befassen: Sie sind darauf ausgerichtet, der so befragten Person einen entscheidenden Denkanstoß zu geben, damit sie ihre Maßstäbe und Prioritäten gut wählen sollten – nämlich im Sinne des *Wegs von Dao* – im Sinne der *Gnosis*.

Nun könnte der Befragte bei der *zweiten* Frage antworten: «Was soll's? – Das Leben habe ich solange ich es habe; und mein Besitz vermehrt sich täglich, ohne daß ich mich anzustrengen brauche!» – Dann wäre aber die *dritte* Zeile dazu angetan, Diesen zum Nachdenken anzuregen – nämlich bezüglich seiner Lage in den Stunden seines Todes und danach.

Auch im Sufitum und im anschließenden Islam spielt diese Frage eine hervorragende Rolle. In seinem *Brief an den Jünger* beschreibt *al-Ghazali*, einer der führendsten Gelehrten und Sufis des arabischen Mittelalters, den Moment seiner *Reue* – also den Augenblick seiner *Lebens-Umkehr* und Ausrichtung auf den geistigen Pfad – wie folgt:

«Ich sah auf mein Werk ... – Ach! Ich hatte soviel Energie auf eine Wissenschaft verwandt, die bezüglich des zukünftigen Lebens ohne Wert und Nutzen war. Ich sah auf den Zweck meiner Studien; – ach! sie waren nicht in Ehrlichkeit zum Lobe Gottes erfolgt, sondern um selber Lob zu ernten und meinen eigenen Ruhm zu vergrößern. Und ich kam zur Überzeugung, daß ich mich am Rand eines gähnenden Abgrunds befand und bald das Feuer der Hölle schmecken würde, sofern ich mich nicht anstrengte, mein Leben zu ändern ...»[14]

Die bisherigen Überlegungen zum vorliegenden Text betreffen das Leben eines gewöhnlichen, wenn auch gebildeten und kultivierten Weltmenschen. Doch fragt man einmal: *«Was ist Leben? – Was ist mit den Fragen in diesem Text gemeint bezüglich des geistigen Wegs von Dao, der doch den Inhalt des Dao-De-Ging ausmacht?»*. Dann bekommt der Ausdruck *Leben* sofort den Sinn *geistigen* Lebens – des sogenannten *Ewigen Lebens*.

Damit wird eingeleitet die hier nicht ausdrücklich formulierte Aussage: *«Das geistige Leben der Gnosis steht höher als alles Übrige – höher als Besitz und Ehre – ja, höher als das physische Leben selbst!»*. Das gibt der nachfolgenden Aussage noch mehr Gewicht: *«Je teurer dir etwas ist, desto teurer mußt du es bezahlen»*. Das entspricht zugleich einem Grundgesetz sowohl der physischen wie auch der geistigen Welt: daß alles im All seinen Preis hat.

Im Märchen von der *Kleinen Meerjungfrau*, das sowohl Hans Christian Andersen als auch Oscar Wilde dichterisch gestaltet haben, ist dies eine zentrale Aussage: *«Alles hat seinen Preis!»*. – Eine andere Aussage ebenda ist jene, daß die Liebe höher steht als alles Übrige in der weiten Welt; – und die dritte: Daß wer seine Liebe verrät, dies mit dem Leben bezahlen muß. –

Der gegenwärtige Text gibt keine Antworten: Er stellt nur die Fragen, insbesondere – und unausgesprochen – diese letztere: *«Was ist Leben?»*. – Damit bringt er den Kandidaten vorerst der Wirrnis näher als der Erkenntnis. Aber diese letzte Frage – ist sie nicht die ‹letzte Frage› schlechthin?

So meint denn die nächste Zeile ebensosehr die höhere Erkenntnis wie den materiellen Wohlstand. *«Wo dein Schatz ist, da ist dein Herz»*, so sagte der Meister. Wer auf seinem Weg viel erlösende Erkenntnis – und durch deren tägliche Umsetzung viel ‹Seelenqualität› angesammelt hat, möchte, falls er oder sie dieser höchsten Liebe treu ist, immer mehr davon *ansammeln und weitergeben* – und würde lieber sterben, als diesen Schatz preiszugeben: Das ist der Hintergrund für jedes geistig sinnvolle Martyrium in allen Epochen der Menschheitsgeschichte.

Doch bei den geistigen wie bei den materiellen Gütern gilt: Man soll nicht zuviel wollen; man soll nicht – wie es in den Veden heißt – *«überfragen»*, nicht über die erlaubten Grenzen hinaus forschen und sammeln. Eng ist zum Beispiel die Grenze zwischen erlaubter und unerlaubter Magie, zwischen erlaubtem und unerlaubtem Wissen, Denken, Sprechen und sogar *Hören*: *«Wer sich zu beschränken weiß, – wer die Grenzen respektiert – gerät nicht in Gefahr* (vgl. N° 32 und 59), bzw. *wird nicht bedroht»* – so heißen einige andere Übersetzungs-Varianten hierzu. Und die Zeile davor könnte auch übertragen werden als: *«Wer sich zu begnügen weiß* – oder: *wer die Zufriedenheit kennt – erfährt keine Schmach»*. – Wer aber zuviel anhäuft, läuft Gefahr, auch viel zu verlieren: *Es hat alles seinen Preis!*

Die letzte Zeile des Texts ist am unklarsten formuliert; doch ist ihre Bedeutung anhand der vielfachen Interpretationsmöglichkeiten leicht zu erraten: *«... kann auf unbestimmte Zeit aufrecht erhalten werden»* ist die präziseste davon: Sie bezieht sich außer auf den achtsam erworbenen ‹Schatz› auch auf dessen Erwerber.

Daneben bietet der breite Fächer vorhandener Übersetzungen in allen Sprachen alles Mögliche an: *«... und wird lange und glücklich leben»*; – *«Man kann alt werden und lange währen»*; – *«... Dies führt zu wahrer innerer und äußerer Beständigkeit»*; – *«... Das ist die Bedingung zur Unvergänglichkeit»*; – *«und wird lange und in Wohlstand leben»* ... – so heißt ein Strauß der Interpretationen, deren Einige bei genauem Hinsehen völlig mißachten, was sie, die strikte auf der materiellen Ebene bleiben, nicht übersehen dürften: Daß Jemandem ein langes Leben zu wünschen – *«Hundert Jahre Leben!»* – in China der best-mögliche Wunsch war und sogar noch heute ist.

Indessen: Ein langes Leben – wozu? Um länger üppig und in Freuden ein irdisches ‹Glück› genießen zu können?

Dem Menschen auf dem Pfad der Erkenntnis wird das Leben in dieser Welt – trotz ihrer unzählbaren unbegreiflichen Wunder – bald mehr und mehr zur Last: So mühselig die stete Hinderung des Geistes durch die Unkenntnis der Menschheit! – So drückend die Umklammerung der Seele durch den Stoff! – Ruhm, Besitz, Wissen, persönliche Bindungen: auch das Beste davon unterliegt der unvermeidlichen Gespaltenheit alles Kreatürlichen im Universum! – Oh, wäre doch all dies bald überwunden!

Der ‹Weise› kann daher einem langen Leben in dieser Welt nur dann ein wirklich Gutes abgewinnen, wenn er oder sie dadurch den ‹Schatz› ihrer ‹persönliche› Gnosis desto länger äufnen und festigen, das Zeugnis fürs Licht der Gnosis desto länger aufrecht erhalten und in der Welt beseelen können. – Denn: Was ist wirkliches Leben? – Was ist wachsendes Glück? Doch nur das stets zunehmende *«Wandeln im Licht, wie Er im Lichte wandelt»*!

Auch hier gilt jedoch das kosmische Gesetz:

Je teurer dir etwas ist, desto teurer mußt du es bezahlen!

Grüne Jade-Krone der Zhou-Dynastie (1200-221 v.Chr.)

第四十五章

大成若缺,其用不弊。
大盈若沖,其用不窮。
大直若屈,大巧若拙,大辯若訥。
靜勝躁,寒勝熱。清靜爲天下正。

45.

Großes zu vollenden erscheint als ein Mangel,
doch Erfolge zu nutzen ist keine Schande.
Große Fülle erscheint stoßend,
doch wer sie nutzt, ist nicht bedürftig.
Große Ehrlichkeit erscheint als Beleidigung —
große Geschicklichkeit erscheint als Faulheit —
große Beredtheit erscheint als Gestammel —
Unbewegtheit besiegt Hitzigkeit —
Kühlheit überwindet Erregtheit —
stille Klarheit bringt die Welt in Ordnung.

Man soll diesen Text nicht allzu ‹buchstäblich› verstehen, denn er verläuft auf mehreren Ebenen zugleich.

Die hier angebotene Übertragung folgt der chinesischen Vorliebe für gute schriftstellerische *Form* (Ungesagtes, Wiederholungen, ästhetische Symmetrie) und nicht dem Aspekt akademischer Eindeutigkeit des – nennen wir es so – frontalen Inhalts. Dem West-Menschen genügen seit je zwei Dutzend Zeichen, um selbst die abstraktesten Gedanken zu *formulieren*, indem er sie in eine *Form* unzähliger Sprach-*Formalismen* fasst. Dennoch gibt es viele Mißverständnisse: Sprachgebrauch, menschliche Denkweisen und Konventionen sind ständigen Veränderungen unterworfen; der Sinn eines Satzes kann sich also oft und sehr ändern.

Das Alte China bis ca. 200 v.Chr. benutzte ca. 4000 *Ideogramme* als Gefäß für eine suggestiv bilderreiche Sprache. Die Entwicklung des *intellektiven* Denkens in den letzten 2000 Jahren (ganz abgesehen von der Industrialisierung und Amerikanisierung in den letzten zwei Jahrhunderten) brachte viele moderne und abstrakte Begriffe mit sich, Diese mußten ins heutige Chinesische mit ‹nur noch› ca. 2000 Ideogrammen integriert werden. Der heutige Durchschnitts-Chinese kennt davon nur noch 200 bis 600 Zeichen. – Die Folge: sogar Chinesen haben heute Mühe, einen Text aus dem *Dao-De-Ging* mit Sicherheit zu interpretieren. Auch muß man zum Übersetzen dieses ehrwürdigen Texts dessen zeitliches, moralisches soziales und mentales Umfeld beachten. All dies erschwert Übertragung und Verständnis für *alle* heutigen Leser.

Im Blick auf sprachliche Usanzen und kulturellen Hintergrund hier und dort wird man darum auch die hier angebotenen Deutungs-Versuche nicht ganz ‹buchstäblich› nehmen, sondern eher als Basis für eigene Überlegungen und Meditation. Seiner westlichen Natur gemäß scheinen ja der Text und die hier angebotenen Kommentare Dinge *festzunageln*, die eher zwischen konkreter und geistige Welt *schwebend* wahrzunehmen und – trotz präziser Worte – im Raum-Zeit-Kontinuum *fließend* vorzustellen sind: Alles steht da im Rahmen spiritueller Allegorie: Das *Dao-De-Ging* ist eben eine Einweihungsschrift!

Sowohl großer sozialer, ökonomischer, wissenschaftlicher oder anderer *Erfolg* als auch sozialer, ökonomischer, wissenschaftlicher oder anderer *Reichtum* werden in der gewöhnlichen Gesellschaft als das Beneidenswerteste betrachtet, was ein Mensch in der Welt erreichen kann. Hinsichtlich seelischer Evolution jedoch erscheint Beides gewissermaßen als *Mangel*. Nicht umsonst sagt ein Satz in N° 63: *«Daher wird der Weise dahin gelangen, nichts Großes mehr zu tun; – und er wird das Große vollenden können»*.

Das hat – erneut sei es betont – nichts zu tun mit einer Kultur der Entsagung und Selbstkasteiung, und noch weniger mit der Kultur eines guten Images äußerlicher Armut und Untätigkeit. Im Gegenteil: Auch und gerade der spirituelle Mensch auf dem Pfad seelischer und geistiger Erneuerung ist aufgerufen, die Gaben, die er oder sie als Persönlichkeit mitbekam, auf ihrem Weg durch die Welt so sinnvoll und fruchtbringend als möglich auszubilden und anzuwenden. Wer eine *Gabe* (welcher Art auch immer) vom Geschick erhält, erhält damit zugleich die *Verantwortung* des rechten Gebrauchs. Und der rechte Gebrauch ist nicht die Förderung weltlichen Ruhms und Reichtums, sondern die Unterstützung der geistigen Evolution der Menschheit – gegebenenfalls auch mit weltlichen Mitteln (Fähigkeiten, materielle Mittel u.s.f.). Man denke nur an das Gleichnis von den Talenten (Mt 25, 14-30). – Wer nichts gibt, ist wie Einer, der nichts hat!

Wenn die genannten sozialen ‹Privilegien› dennoch für den Schüler der Gnosis als Nachteil angesehen werden, dann einerseits deshalb, weil sie Bindungen an die materielle Welt der Illusionen darstellen können: Der vorhergehende Text N° 44 hat dies deutlich gemacht. – Andererseits sind sie aber auch verbunden mit Herausforderungen, die man in spiritueller Hinsicht geradezu als *Versuchungen* bezeichnen könnte: Wer hat, könnte mehr begehren; – wer besser weiß oder kann, könnte den Weg vergessen, sein Ich aufblähen oder eine Stellung anstreben, von der aus er oder sie mehr Einfluß und Macht ausüben könnte – und sei es für die besten aller gutmenschlichen Zwecke: für Frieden und Wohlstand, für die geistige Evolution der Menschheit sogar. Der spirituelle Weg aber schließt jeden Ehrgeiz aus – ja, jedes subjektive Wollen überhaupt. Dabei handelt es sich jedoch um kein ausdrückliches, und noch weniger um ein zwingendes ‹Verbot›: Der Mensch auf dem Pfad zu Erkenntnis, Befreiung und Erlösung ist hineingestellt in die größtmögliche Freiheit und Autonomie; – und damit in die größtmögliche *Selbstverantwortung.* – Wie wird er oder sie sich dieser großen Herausforderung stellen? – Wird er oder sie ‹versagen› und ‹durchfallen›, oder daraus Segen gewinnen?

So ist die an sich gutgemeinte Lehre der Entsagung bezüglich weltlichen Begierden zugleich selber ein Ansatzpunkt für Persönlichkeits-Kultur einerseits («*seht, wie vorbildlich entsagungsvoll ich bin!*») – und für die Kristallisation der Lehre in einem *Dogma zum Erreichen der Seligkeit* andererseits. Darum besteht die dritte Versuchungs-Ebene, die der Kandidat betritt, darin, seine Talente und weltlichen Aufgaben zu *verleugnen* und die Verantwortung für seine Gaben aufzugeben, nur um konform zu sein mit der herrschenden Meinung innerhalb einer Gruppe oder ‹Schule›: Wer der gnostischen Lehre von der Transformation und Transfiguration so *dienen* will; *schadet* ihr dann wirklich, denn er trägt mit dieser ‹abelschen› Ängstlichkeit dazu bei, daß sie *kristallisiert.*

Die erste Ansicht des vorliegenden Textes ist somit leicht aufzuschlüsseln. – Wie aber sieht es mit der anderen aus? Was wollen die sieben *Gegensatz-Paare* sonst noch lehren? – Hier geht es nicht mehr um Verhaltens-Maßregeln, nicht mehr um Fragen der Orthodoxie oder der rechten Lebenshaltung, sondern darum, daß für den Geistesforscher – und noch mehr für den gewissenhaften ‹Nachfolger Christi› – jedes Ding, jeder Gedanke, jede ‹Wahrheit› auch ihr *Gegen-Stück* hat. das oft sogar als genaues *Gegen-Teil* erscheint: Je tiefer die Einsicht gelangt, je breiter der Horizont sich ausdehnt, desto gegenwärtiger sind die relativierenden Gegenargumente zu jeder Feststellung, die man machen kann.

Nach diesen Bemerkungen ist es leicht einzusehen: Versteht man *Redlichkeit* als *Gerechtigkeit*, so steht sofort das Moment der Ungerechtigkeit daneben. Versteht man *Redlichkeit* als *Ehrlichkeit*, so stehen daneben erstens die verletzende Schonungslosigkeit, womit Wahrheit ausgesprochen wird, zweitens der direkte *materielle* Nachteil, der oft dafür in Kauf genommen werden muß, und endlich – drittens – die ‹Rache› des Systems und der *gesellschaftliche* Nachteil, den dies bewirken kann.

Große *Geschicklichkeit* wird wohl kaum *selbst* als Plumpheit erscheinen – aber vielleicht als Faulheit, weil die Mühelosigkeit dessen, der sie besitzt, bei Anderen Anstoß erregt. –

Große *Wortgewandtheit* kann gerade demjenigen als *Gestammel* erscheinen, der ihrer mächtig ist: Stets bleibt es unmöglich, die höchsten Gedanken, Bilder und Empfindungen mit derselben subtilen Feinheit und Präzision verbal auszudrücken, womit sie wahrgenommen werden können: ‹Genaue› Worte sind oft ‹genau falsch›!

Zum Schluß dieses Kapitels spricht darum Lao-Dse von *Ruhe* und *Stille* – und zwar weder in einem Gleichnis noch durch ein Rätsel, noch durch eine Aufforderung oder Warnung, sondern wieder in zwei natürlichen Gegensatz-Paaren: in einer doppelten Aussage von einheitlicher Bedeutung und gleicher Kürze, die – ein schriftstellerischer Trick – mit einander *gekreuzt* werden und ins Ergebnis münden: «Bleibe in der neutralen Klarheit, und Deine Welt ist in Ordnung». – Täten dies *Alle*, so wäre es die *ganze* Welt!

Damit ist der Text von Vers 45 sichtlich aus den Höhen dialektisch ich-zentraler *Selbst-Behauptung* durch die Täler der *Selbst-Prüfung* hinab in die Niederungen stiller, unauffälliger *Selbst-Vergessenheit* gelangt: Hier gibt es kein Trachten und Begehren mehr, hier regieren weder Urteil noch Selbsturteil; weder Dogma noch Norm noch Weltverbesserungs-Theorien. Hier findet sich der Text – der Mensch – die Welt – in der ruhenden Mitte des Rades – in der Achse, die als einzige unbeweglich bleibt; – in *Dao*.

Alles Trachten und Begehren entstammt ja den ständigen astralen Bewegtheiten der gewöhnlichen Persönlichkeit. – Urteile und Selbsturteile sprühen aus dem ständigen mentalen Wirbel von in Gedanken umgewandelten Blut-Impulsen, Empfindungen und Bildern. Dadurch entsteht ein dauernd flackernder Hitze-Strom – ein heißer Wirbelsturm wirren *Da-seins*, schwankenden *So-seins* und irrenden *Anders-seins*; – ein ständiges Hin und Her, Auf und ab – jedoch nicht eingebettet in der webenden Harmonie des Universums wie der Erdgeist im früheren Kapitel, sondern gefangen in den schrillen Zwangshaftigkeiten einer typischen Ich-Persönlichkeit: irr schwirrend wie eine in der Flasche gefangene Wespe.

Wie anders mutet da die innere wie äußere Stille des ‹Weisen› an, der in Dao ruht: Keine zwangshafte Stille ist das, wie jene eines Menschen, der sich in klösterliche Selbstdisziplinierungs-Übungen zwängt, oder in eines der asiatischen Sitz- oder Yoga-Rituale, wie der tibetanische und der Zen-Buddhismus sie überliefern. Nein, dies ist die vollkommene Harmonie ausgeglichener Ruhe und Stille in der Gnosis – ohne Absicht noch Ziel!

Die mentale Unrast, die astrale Hitzigkeit, die hastigen Bewegungen von Händen, Lippen und Augen sind vollkommener Entspannung gewichen – einer Entspannung, die in der intensivsten Konzentration ruht; – und dies inmitten des täglichen Lebens: mitten in der Hetze der Welt, nicht in der Abgeschiedenheit einer Klosterzelle! Das ist eine *Konzentration*, die nur das Nächste, unmittelbar Gegenwärtige anvisiert und doch zugleich verbunden ist mit der Welt und mit der Harmonie und Kontinuität des Universums.

So ganz geborgen im stetigen *dreifachen Jetzt* von Vergangenheit, Gegenwart und Zukunft, – so ganz in die Einfachheit des *bewußten So-da-seins* zurückgekehrt, schweigt die Ich-Persönlichkeit und lauscht der Stille der Sphärenmusik – der ursprünglichen göttlichen Welt! – Das ist ein *Nicht-tun*, und zugleich («nichts bleibt ungetan») ein sehr mächtiges, transformierendes *stilles Wirken*!

Stille erfüllt den Menschen bis in sein Blut hinein: Dessen Gluten ist gekühlt, seine Wogen sind zur Ruhe gekommen, sein unruhiges Raunen und Rauschen ist verstummt. Jeden Winkel von Geist, Seele und Körper erfüllt diese tätige Stille: Solch ein Mensch ruht in seinem wahren Selbst – vorerst vielleicht nur für einen Augenblick, doch dann länger und länger, bis er – «am Ende der Tage» der Ich-Persönlichkeit – als der *Neue Mensch* die Welt der Ganzheit und Stille nicht nur *schauen*, sondern auch *bewohnen* wird in *Allgegenwart*. Das ist der Zustand, worin das Wort endlich ganz Wirklichkeit geworden sein wird:

«*In der Welt — doch nicht mehr von dieser Welt*»!

第四十六章

天下有道，卻走馬以糞。天下無道，戎馬生于郊。
禍莫大于不知足；咎莫大于欲得。故知足之足，常足矣。

46.

Ist DAO in der Welt,
verursachen vorbeigehende Pferde dennoch Mist.
Ist die Welt ohne DAO,
so mehren sich Waffen und Pferde in den Vororten.

Das allergrößte Unglück besteht darin,
nicht zu wissen, wieviel genug ist —
Die größte Verirrung ist die Habgier.
Daher: Wisse, daß genug genug ist —
und du wirst sicherlich immer genug haben.

Der erste Teil dieses Kapitels bietet mehrere Möglichkeiten und Rätsel an. Die angebotene Übertragung stellt die nüchternste Auslese von Möglichkeiten im Hinblick auf Zweck und Sinn des Texts dar. Sie vereinfacht einige der Mehrdeutigkeiten, andere läßt sie weg oder übernimmt sie in einen mehrdeutigen deutschen Ausdruck. Dem interessierten Leser bleibt es überlassen, die Vielfalt romantischer Interpretationen anderer Übertragungen zu studieren, die, im Wunsche, *schön* zu sein, das Naheliegende verwerfen – sprachlich z.t. abwegig, und oft ohne erkennbaren philosophischen Sinn. Das *Dao-De-Ging* ist wirklich ein außerordentlicher Text – malerisch und dabei ganz präzis.

Um den Reichtum der chinesischen Schrift und ihre ‹Unberechenbarkeit› aus westlicher Sicht etwas zu beleuchten, sei dieses Beispiel genauer analysiert. Das soll ermöglichen, die genannte Vielschichtigkeit sozusagen mitzufühlen und die Fülle des *Dao-De-Ging* gewissermaßen *mitzuerleben*. Das geht aber nicht intellektuell, sondern nur mit Hilfe tiefer *Einfühlung*. Daß die hier gegebenen Übertragungen im Hinblick auf den Zweck des Buchs klar vorzuziehen sind, bedeutet nicht, alle anderen seien *falsch*: Jene tönen oft schöner, sind gar gereimt und tragen viel Schmuck – diese dagegen sind nüchtern, sachlich, fast nackt.

Die beiden Hauptaussagen hier sind eindeutig: «Dao ist in der Welt ... » – und: «Dao ist nicht in der Welt ... ». – Darum erwartet der Westler ein klassisches Gegensatz-Paar – und man fand deren zahlreiche – oder malte sie sich doch aufs Farbigste aus.

Die Elemente des zweiten Pakets von *fünf Zeichen einzeln* ergeben erstens: *aber, im Gegenteil, umsomehr* – sowie: *ablehnen, verweigern, zurückweisen* udgl.; – zweitens: *rennen, traben, schreiten, fahren, ziehen; lassen, hinterlassen, absondern* ... und so fort; – drittens wörtlich *«Bock, Pferd»*; – viertens: *benutzen, verwenden* udgl.; – fünftens: *Ausscheidungen, Dung, Kot* udgl. – Das erste und zweite Zeichen zusammen: *war weg*; – das zweite und dritte zusammen: *galoppieren*; – eins bis fünf zusammen: *«aber an der Oberfläche [liegt] Mist»*.

Die bekannten Versionen lassen daher *Rennpferde, Kriegspferde, «zurückgenommene Pferde»* (!?) oder einfach *Pferde* galoppieren, Jauchewagen ziehen – oder gar *«zurückgeschickte Pferde den Pflug ziehen»*; – und der geneigte Leser weiß nun, warum.

Auf dieselbe Weise – um nur das Ergebnis zu zeigen – entstand jeweils die gesuchte Gegen-Aussage. So «stehen» – oder «züchtet man» – oder «wachen» gar – *«Schlachtrosse an der Grenze»*; sie werden *«an der Grenze geboren»*, *«ziehen Soldaten über Feld»*; sie *«verlassen die Vorstädte»*, *«grasen im Feld»*, *«zertrampeln das Hinterland»* (eine mögliche buchstäbliche Variante wäre noch: *«Pferde zertrampeln die Vorstädte»*); – die poetischste war: *« ... werden Fohlen geboren auf heimfernen Plätzen»* (Hundhausen).

Das Kuriose des Texts ist, daß, wer nur die einzelnen Zeichen nimmt und dabei einen vorweg genommenen Sinn verfolgt, mit etwas Phantasie wirklich auf diese Vielfalt von Bedeutungen kommen *kann*; – das Erstaunliche, daß – wie immer das Resultat lautet, die Haupt-Aussage stets dieselbe bleibt: Frieden als Bild der *Ordnung in Dao*, Krieg als der Inbegriff von *«Unordnung und Aufruhr aller Art»* (vgl. Vers 38). Tatsächlich war die mittelbare Ursache für das «Zeitalter der kämpfenden Staaten» (400-200 v.Chr.) das konfuzianische *Verbot, die alten Sitten zu pflegen*, welche bekanntlich besonders bei den *Bauern* verwurzelt sind.

Hält man sich indes strikte ans Geschriebene, so zeigt sich der Text so, wie oben wiedergegeben – ohne einen erkennbaren Sinn *an der Oberfläche*. Dem gnostisch orientierten Menschen aber ist die Bedeutung sofort klar:

Herrscht Dao – das universelle Gesetz – in der Welt, so ist da zwar Ordnung, Friede und Wohlstand; aber die Natur des Universums ist dennoch dieselbe: Keimen, Fruchttragen und Verfaulen sind unabwendbar; und selbst der friedlichste Wohlstand verbreitet Auswüchse und Mißstände in der Welt. –

Und das müssen sie auch! Denn: wären Alle und Alles in Frieden, Wohlstand, Ordnung und Harmonie geborgen, so stünde das All still: Kein einziger Entwicklungs-Drang, keine einzige Sinn-Frage (wie jene nach dem Sinn des Leidens in der Welt) würden entstehen; – da wäre nichts als ein *dann sinnloses* Drehen des Rads von einer Geburt zur nächsten, von einem Sterben zum nächsten – ohne die leiseste Hoffnung auf etwas Höheres, Besseres ...

Man sehe dagegen den in der Gegenwart lebenden Eingeweihten, der seinen Sinn ganz auf Dao – auf Geist und Ewigkeit, auf Transformation und Transfiguration ausgerichtet hält; – also einen Menschen, in dessen *Kleiner Welt – Mikrokosmos –* Dao wirklich bereits lebt, wenn auch vielleicht noch nicht allgemein *herrscht.* – Wie sieht es dann aus mit Dao, Mist, Krieg und Grenzen?

Ist Dao in der Welt, machen die Pferde dennoch Mist. – Lebt die Gnosis im Mikrokosmos der naturgeborenen Persönlichkeit, hat aber noch nicht die vollkommene Herrschaft übernommen (oder erhalten), ist also diese Persönlichkeit noch nicht vollkommen rein, noch nicht *ständig und vollkommen* in der Harmonie mit der göttlichen Übernatur , so sind Fehlgriffe und Fehltritte (der Volksmund sagt dem: *«Mist machen»*) nicht ausgeschlossen.

Selbst ein Mensch, der sich in vollkommener Einsicht ganz der Gnosis übergeben hat, wird doch immer aufs Neue von verschiedenen innewohnenden Gegenkräften – man nenne sie nun wie man wolle: Illusionen, alte Bilder (fixe Ideen), Urteile (Vorurteile), Gewohnheiten (unbewußte Handlungen) zu Abwegen eingeladen – und dies sehr oft mit Erfolg. Diese sogenannten *Versuchungen* spielen sich am Beginn des Pfades auf ganz konkreten, alltäglichen Gebieten ab; doch wenn der Schüler der Gnosis die gröbsten Versuchungen durchschauen und meiden lernt, kommen ihrer subtilere: Auch sie *«durchdringen das Feste»* und *«dringen ein, wo kein Zwischenraum zu sein scheint».* Immer schmaler wird der Pfad; immer ‹subtiler› werden die Methoden des ‹Widersachers›; – und so wird die Festigkeit des Kandidaten stets neu geprüft – vorallem dort, wo er sich bereits in Sicherheit wähnte.

Seine *Festigkeit* wird geprüft, indem Entschlüsse wankend gemacht, erworbene ‹Ordnung› umgestoßen und vermeintlich sichere Einsichten in Frage gestellt werden – oder, indem er durch ein für ihn dramatisches Ereignis aus allen Sicherheiten – aus all der mühsam erworbenen Harmonie – mit *einem* Schlag hinaus und sozusagen auf die Straße geworfen wird. Das ist die härteste Prüfung der Festigkeit seines Glaubens und seines erworbenen Neuen Willens. – Wird er bestehen?

Glücklicherweise steht kein einziger Kandidat ganz allein auf dem Weg – und lebe er sonst noch so einsam: Indem er sich für die Gemeinschaft mit der Gnosis entschloss und seinem Entschluß treu blieb, erhielt er zugleich Anteil an ihr, darf sich in ihr geborgen wissen und wird auch stets neue Beweise dafür erleben, daß die sogenannte *Universelle Bruderschaft* der ihm in früheren Zeiten Vorangegangenen wirklich existiert; daß er sie um Hilfe bitten darf und diese Hilfe auch erhält; ja, daß Fragen und Hindernisse oft aufgelöst werden, noch bevor ihr ‹Mist› auf ihn fiel. Immer deutlicher wird ihm bewußt, daß die Gnosis, daß Dao in seiner kleinen Welt wirklich Einzug gehalten hat, noch bevor er fähig war, die Herrschaft seines Ich ganz abzuschütteln.

Aber obschon die Gnosis bereits begonnen hat, «Wohnung bei ihm zu machen», wie das Evangelium sagt (Jo 14, 23): die *«Pferde»* – das sind die Kräfte seiner tier-menschlichen Natur – *machen dennoch Mist»*. Und diese Pferde spürt er wirklich in sich galoppieren, den Pflug ziehen, die Vorstädte verwüsten ... —

Daher gilt es, immer aufmerksamer zu werden, sonst herrscht in ihm bald wieder der alte Krieg, zerstampfen die ‹Pferde› seine Vorstädte, und werden – im allerschlimmsten Falle – immer neue ‹Krieger im Hinterland› – in seinem Astralleib – geboren›!

Zum Schluß dieses Verses nennt Lao-Dse noch zwei Haupt-Hindernisse auf dem *Einen Weg* zunehmender Reinheit, Einsicht und innerer Erkenntnis in *praktischer Erfahrung* mit der Gnosis:

In den druidischen Triaden wird die Unkenntnis von Gott die *fundamentale Unwissenheit* und die *«größte Sünde»* genannt.

Betrachtet man es genau, so ist Unwissenheit zugleich die *einzige* wirkliche ‹Sünde›; – alles übrige Irren und Straucheln ist deren natürliche Folge. – Doch *«Unwissenheit schützt nicht vor Strafe»*, sagte bereits der *Codex Juris* der Römer: Was ein Mensch *kennen kann*, das *muß* er *zur Kenntnis nehmen* – vorallem im Zeitalter der Informations-Schwemme; – stets zugleich darauf bedacht, sich nicht mit unnötigem, z.B. rein akademischem ‹Wissen› (*«sündig»* im Sinne der *Veden*) zu überladen und an die Welt zu heften. Lao-Dse seinerseits nennt Unwissenheit *«das größte Unglück»*, die *«größte Katastrophe»* – schlimmer als der Krieg!

Als anderes Haupt-Hindernis für die Annäherung an die Gnosis – an Dao – nennt Lao-Dse die *Gier*. Auch hier darf man den Begriff weiter setzen, als es im gewöhnlichen Weltmenschentum üblich ist: Gier strebt nicht nur nach materiellen Gütern, sondern auch nach geistigen, gesellschaftlichen und emotionalen Anhäufungen, die zumeist, wenn nicht aus Unwissenheit, so doch aus Ich-Sucht angestrebt und umklammert werden. – Um es kurz zu sagen: Je mehr das Ich will, erstrebt, verfolgt, verteidigt, desto schwerer – um nicht gleich *unmöglich* zu sagen – wird der Weg wahrer Einweihung. – Gier eine *Schande* zu nennen, ist nur in diesem Rahmen sinnvoll, denn: Ist es nicht eine Schande, wenn der Kandidat *aus eigener Kraft* – durch eigene ‹falsche›, d.h. dem Weg entgegen gerichtete Verlangen, Gedanken und Taten – sich den Weg zum Ziel erschwert, ja blockiert?

Doch Lao-Dse gibt auch gleich das Kardinal-Mittel an, womit alle Hindernisse aufgehoben, ja, aufgelöst werden können: Es ist das *«wissen, daß genug genug ist»*; – das Wissen, *wieviel* oder wie *wenig* – wovon auch immer – genug ist. Das *rechte Maß* kann den achtsamen Kandidaten stets auf dem Weg halten. Das ist nicht nur das *Genug* im Haben-wollen, Erreichen-wollen, Behalten-wollen. – Das geht bis zum Loslassen von allem, was der Buddha die *Anhaftungen* nannte: Kennen-wollen, Entsagen-wollen, Einhalten-wollen der geistigen Gesetze; – ja sogar bis zum *Loslassen des Willens, den Weg zu gehen!*

Mit anderen Worten: Spricht Lao-Dse von *Genügsamkeit*, dann meint er damit nicht nur Bescheidenheit und Demut, sondern auch das Bewußtsein, daß jede Anstrengung erst durchs *richtige Maß* den *Segen*, die *Gnade* und damit ihren «*Lohn*» verdient. – Und all dies durchs Wissen, daß allein *«die Gnosis in mir»* ES tun kann: «*Ohne mich könnt ihr nichts tun!*», sagte der Meister; und der Kandidat dementsprechend: «*Nicht aus mir tue ich all dies*», sondern «*je nachdem Jeder eine Gnadengabe empfangen hat, ... auf daß in Allem die Gnosis verherrlicht werde.*» (1 Pt 4:11).

Denn – so sagt Joh 3:28: «*Nicht ich bin der Christus, sondern*

ich bin nur vor Ihm her gesandt!».

第四十七章

不出戶，知天下；不窺牖，見天道。其出彌遠，其知彌少。是以聖人不行而知，不見而明，不爲而成。

47.

Ohne aus dem Haus zu treten, die Welt erkennen,
Ohne aus dem Fenster zu sehen, das Dao der Himmel erschauen:
Je weiter man herumreist, desto mehr Kenntnis fehlt einem.
Der rechte Heilige nimmt wahr; ohne herumzureisen —
er kennt, ohne gesehen zu haben —
er vollendendet ohne zu tun.

Vorweg dies: Ein *Heiliger* hat nichts zu tun mit *Religion*, noch weniger mit irgendeiner *Kirche*. Ein Heiliger – eine Heilige – ist ein Mensch, der seelisch, geistig und körperlich *heil* geworden ist und daher auch *das Heil austeilen* – es *verkünden*, auf magische Weise *vermitteln* – und somit andere Menschen gleichfalls *heilen kann und darf,* was wiederum nichts mit *Medizin* zu tun hat.

Was ist dann *das Heil*? – Sprachlich kann man das Wort von *ganz* und *hell* ableiten (man vergleiche das moderne *Heiland* mit dem altdeutschen *Heliand*, denke ans griechische *Helios* für die Sonne und ans arabische هل – *hèl* – erscheinen, strahlen, schimmern – sowie هللة – *hallah* – *Heiligenschein*). Das arabische حل – *halla* und *ḥall*) stehen für *auflösen, losbinden* und zugleich für *Vergebung, Befreiung, Erlösung,* und sogar für das eigentliche *Fleischwerden* eines Gottes in einem Menschen. Eine Kuriosität bildet das neudeutsche *Hölle*, das altdeutsch noch *Helle* hieß; doch das zu *erhellen*, würde hier zu weit führen ...

Somit ist *das Heil* etwas, was von der Sonne – «vom Himmel» – *von* Gott oder *selbst als Gott* herabsteigt, also ein himmlischer Einfluß (*Influx*), eine Kraft, dann ein Zustand, der den Menschen *gesund* macht und von seinen ‹Sünden›, irdischen Nachteilen und Schwächen *erlöst.* Das vermittelt die sakrale Ikonographie seit vielen Jahrhunderten mit einem *Halo* – einem *Heiligenschein.*

Daß der Heiligenschein bevorzugt den *Kopf* der Dargestellten umgibt, erklärt sich dadurch, daß die *geistigen* Glieder der insgesamt *sieben* menschlichen Körper derzeit erst in der Gegend des Hauptes zu lokalisieren sind. Ist nun insbesondere der *höhere Denkkörper* – ‹Buddhi› – *erhellt*, der Mensch also *erleuchtet*, so wird der Halo golden dargestellt; – und so wird ihn wohl auch der *Hellsehende* wahrnehmen können (vgl. Abb. Ss. 10 und 11).

Spricht Lao-Dse von einem *Heiligen*, so meint er also dasselbe wie mit dem Ausdruck *ein Weiser*, nämlich Einen, der Zugang hat zum Gebrauch seiner höheren ‹Denk›-Organe und zum Umgang mit den höheren geistigen Mächten. Darum ist wirklich «ein *rechter Heiliger*» kein (im gewöhnlichen Sinne) *Denkender*, sondern ein (im höheren Sinne) *Wahr-Nehmender*: Einer, der nicht nur subjektive, ‹reale› Dinge *weiß*, sondern das *Ganze – Die Wahrheit – schaut* (vgl. das Paulus-Wort betreffend den Spiegel, in 1 Cor. 13:12 – bzw. das Jesuswort in Joh 14:10: *«Die Worte, die ich zu euch rede, rede ich nicht von mir selber; sondern der Vater, der in mir lebt ... »*).

Was nun den vorliegenden Text betrifft, so haben diese Erwägungen über den ‹*Heiligen*› – über den bereits weit auf dem Weg fortgeschrittenen Schüler, den ‹*Meister*› oder ‹*Weisen*›, was alles dasselbe meint, den Kern der Botschaft bereits vorweg genommen: Aus der Optik des *Erreichens* oder *Vollendens* sind zugleich auch alle übrigen Feststellungen zu verstehen. – Für den angehenden ‹Pilger› oder ‹Schüler› hingegen kann es sich erst darum handeln, diese ‹neue› Form des Erkennens zu *erlernen*. Er oder sie (besser gesagt: ihr ‹*Seelen-Auge*›) muß sich erst öffnen für diese Art, *wahr-zu-nehmen* – zu *schauen*. Ein moderner chinesischer Kommentator drückt es – übersetzt man das ‹babylonische› Deutsch in ein verständliches – so aus:

«Dieses Kapitel handelt von der philosophischen Erkenntnistheorie. Der springende Punkt ist: Reiner Verstand und sinnliche Erfahrung sind unzuverlässig. Weil man damit nicht weiterkommt, gilt es, die Dinge in innerlichem Erkennen zu durchdringen, ohne sie verbal zu verstehen. Vorallem stört dabei der menschliche Geist. Es geht also darum, zu erkennen, daß die Dinge nur durch innere Wahrnehmung durchdrungen werden können. Man soll sich auf Selbst-Reflexion verlassen und sich bemühen, durch selbständiges Forschen im Inneren den ‹Himmel› zu verstehen, im Wissen, daß alle Dinge im Laufe der Entwicklung sich ändern. Die akademische Diskussionsweise mit ihren ehrgeizigen philosophischen Erkenntnistheorien vertritt oft die idealistische Meinung, sie übersteige menschliche Subjektivität, während sie jede andere Sicht als {oder auch: aus} Unwissenheit verachtet, die Praxis des Wahrnehmungs-Wissens verlacht und hingegen das rationale Verständnis überschätzt. Die rationale Analyse mit ihren aufwendigen [akade-

mischen] Debatten wird in diesem Kapitel daher der stillen Wahrnehmung in Autonomie gegenübergestellt.»

Der aufmerksame Leser wird selbst in dieser so prägnanten Formulierung die ‹chinesische› Tendenz zur Polyvalenz und zum nonverbalen Ausdruck erkennen. Die Moderne hat also die alte chinesische Denkweise wohl zum Teil verdrängt, doch auch um eine westliche Komponente erweitert.

Tatsächlich ist das *«verbale Verstehen»* wenig Anderes als das, was westliche Geisteswissenschaft auch das *«innerliche Geschwätz»* nennt, womit die gegen sich selbst argumentierenden Gedankenstürme gemeint sind, die jedes klare Erkennen übertäuben und den Kandidaten der fruchtbaren Ruhe berauben, um ihn in *unfruchtbarer Bewegtheit* gefangen zu halten.

«Wozu in die Ferne schweifen – sieh, das Gute liegt so nah!», sagte ein einst beliebtes Sprichwort. Dieses Wort ist allerdings in der Zeit der Wochenend-Flüge, der Pauschalferien und Weltreisen ganz verstummt: Es wäre schlecht für den Umsatz der Reisebüros.

Aber Reisen «bildet» doch!? – Ja, freilich – und dies galt auch in früheren Jahrhunderten. Der ‹Meister› indes, von dem unser Kapitel spricht, hat gelernt, daß man durch Reisen wohl Vieles von neuen Seiten *sehen*, aus anderen Blickwinkeln *beurteilen*, nach anderen Kriterien *unterscheiden* lernen kann; – aber er hat auch erkannt, daß die wesentlichen Schlußfolgerungen, die tiefsten Einsichten in der stillen Einsamkeit der eigenen Klause auftauchen, nicht im ‹easy jet› – im mühelosen Flitzen durch die heutige Welt.

Überdies geht es ja nicht darum, möglichst viele Phänomene im Universum zu *sehen*, zu *interpretieren*, zu ‹messen› (d.h. mit offiziellen Normen und Maßstäben zu *vergleichen*) oder zu ‹beweisen›, sondern darum, jene *Ursachen* und *Dynamiken* zu erkennen, wodurch Alles und Jedes geschieht, z.B. die Menschheit sich entwickelt, oder Welten auf- und untergehen. – Faust in seinem verzweifelten Drang spricht es so aus: *«... daß ich erkenne, was die Welt / im Innersten zusammenhält; / schau alle Wirkungskraft und Samen / und tu nicht mehr in Worten kramen!»* – Lao-Dse drückt es so aus: *«Der rechte Heilige ist kein Denker, sondern ein Wahrnehmer; – kein Wisser, sondern ein Erkenner!»* —

Tatsächlich, *Der Weg* öffnet sich der inneren Schau, verschließt sich jedoch dem bohrenden Wissensgeist, der stets in seinen eigenen Maßstäben, Labyrinthen und Grenzen gefangen bleiben muß, weil aus ‹eigener› – d.h. aus *zentripetaler* Denk-Kraft – kein

Mensch sich wie am eigenen Schopfe aus dem Sumpf menschlicher Unwissenheit empor ziehen kann.

Überdies: Wie langsam und beschwerlich ist das physische Reisen doch, verglichen mit der Gedankenschnelle, womit innere Schau sich in die entferntesten Länder und Zeiten, ja in jeden beliebigen *Zeitgeist* versetzt! Das neue Zeitalter, in das die Menschheit – teils in abergläubischer Furcht, teils mit pionierhafter Begeisterung, teils in tauber Unwissenheit – einzutreten im Begriffe steht; – dieses Zeitalter, wo der Bann der Materie gelöst, die Schwerkraft überwunden werden wird, wird außer der berühmten ‹Teleportation› auch die allgegenwärtige *vollkommene Schau* auf Alles eröffnen, was durchs menschliche Gemüt erfaßt werden kann.

An dieses neue kosmische Phänomen wird Lao-Dse wohl nicht gedacht haben (doch können wir es nicht wissen); – eher an mikrokosmische Vorgänge und an das ihm zweifellos bekannte ‹hermetische Gesetz›: «*So im Großen wie im Kleinen – so außen wie innen – so oben wie unten ... »*. Auch der moderne chinesische Kommentator scheint – mit seinem Ausdruck der ‹*Selbstreflexion*› – an die alte Weisheit gedacht zu haben: «*Wer sich selber kennt, erkennt die Welt; – wer die Welt kennt, erkennt Gott!*». – Und der Ausgangspunkt dazu ist die *Selbsterkenntnis*!

Fulcanelli in seinen *Wohnstätten der Adepten* beschwört diese Weisheit indem er den Spruch über einem alten Kamin zitiert:
•SE•COGNESTRE• ESTRE•NON•PARESTRE• – *Sich erkennen, sein, nicht scheinen* – und schreibt dazu:

«*Recht hat unser Adept: Selbsterkenntnis ist der Schlüssel zur Weisheit, Ziel und Sinn des Lebens, Grundlage jeden wahren Werts. Diese Kraft, die den Fleißigen erhebt, der sie erwerben kann, veranlaßt ihn, in der bescheidenen, doch edlen Einfachheit zu verweilen, die die hervorragende Tugend höchster Geister ist. Dies war ein Axiom, das die Meister ihren Jüngern wiederholten, und womit sie ihnen das einzige Mittel anzeigten, wie man zu höherem Wissen gelangt: „Wollt ihr die Weisheit kennenlernen – so sagten sie – so erkennt euch selbst gründlich; – und ihr werdet sie erkennen "*». [15]

Wer sich selbst vertieft kennenlernt (und diese Tiefe ist wahrlich ein Abgrund!), der lernt die Allgegenwart seiner Ich-Kräfte bis zum Überdruß kennen: Von der reinen Selbsterhaltung bis zu Machttrieb und Grausamkeit, vom Selbstmitleid bis zum Zorn der Rache kann die Skala gehen – auch beim ansonsten liebenswürdigsten, sanftesten Menschen! In jener Tiefe schleicht eine Menagerie von Trieben herum, «tierischer als jedes Tier», wie Mephisto sagt. Wer sich so erkennt, wird auch sehen, daß sein Ich mit auf *Dem Weg* ist – aber nicht der Erkenntnis wegen, sondern um daraus einen sublimen neuen Selbstwert zu gewinnen: «*Oh Glorie, ein Eingeweihter – ein Wissender – zu sein!*»

Der wache, nüchterne Pilger durchschaut diese Versuchung: Als wahrer Sucher hat er auch erkannt, daß «*all unser Wissen nur Halbwissen*» ist (Jung); – «*daß wir nichts [endgültig] wissen können*» (Faust); und er *erlebt* die Wahrheit des ‹sokratischen› «*ich weiß, daß ich nicht-weiß!*». – Nicht *nichts* weiß er (sonst hätte er auch dies nicht erkannt); – aber indem sein ‹Gemüt› wächst, immer tiefer blickt und immer breiter schauen lernt, erkennt er zugleich, wieviel er *nicht weiß*. Das überhebliche «*Zwar weiß ich viel, doch möcht' ich Alles wissen!*» des Akademikers Wagner in Goethe's *Faust* weicht der so überraschenden wie schmerzlichen Einsicht: «*Je mehr man erkennt, desto mehr Kenntnis vermißt man!*» –

Mancher Übersetzer überspitzt diese Erfahrung mit dem Spruch: «*Je mehr man sieht, desto weniger weiß man*». – Das kann tatsächlich geschehen, aber nur, wenn man im *äußeren*, positivistischen Wissen steckenbleibt ... –

Anstatt nun in Verzweiflung zu verfallen wie Faust, Nietzsche und manch Andere, weiß der ‹Weise› sich jederzeit *doch auf Dem Weg*; darf er «wissen und fühlen und schmecken» (Weigel), daß dieser Weg *Wirklichkeit* ist, und daß, wie beschränkt er *als Mensch* auch bleiben möge, sein Lohn die *vollkommene Freiheit* sein wird: Er erkennt, ohne zu wissen; er vollendet, ohne zu tun (vgl. N° 62).

«*Nicht daß er selber das Licht wäre, doch daß er ein Zeuge sei des Lichts in der Welt*» (Jo 1: 9) —

Kein selbst ES Seiender – aber ein ES Erringender!

第四十八章

爲學日益,爲道日損。損之又損,以至于無爲。
無爲而無不爲。取天下常以無事,及其有事,不足以取天下。

48.

Wer lernt, nimmt täglich zu;
wer den Weg geht, nimmt täglich ab.
Abnehmend mehr und mehr, erreicht man das Nicht-tun:
Nichts wird getan – aber nichts bleibt ungetan.
Oft erobert die ganze Welt, wer sich nicht darum bemüht; –
und ebenso:
Wer sich darum bemüht, ist nicht würdig, die Welt zu empfangen.

Dieses Kapitel kann in Verbindung mit anderen Kapiteln, z.B. 20, 29 und 47 gesehen werden: Alle diese (und noch mehr) befassen sich mit Aspekten des *Nicht-tuns*. Alle sagen aus, daß Dao nicht in Weltwissen, Weltmacht, Weltgeschäftigkeit und Weltgewandtheit zu finden, ja mit diesen überhaupt *nicht vereinbar* sei. Zugleich wird auch ausgesagt, daß dies jedoch weder zum Vorwand dienen dürfe, *nichts* von all dem zu tun, noch ein Grund sei, den Weg deshalb zu *meiden*. Vielmehr besteht die *Kunst von Dao* darin, beiden ihren gebührenden Platz einzuräumen – und vorallem: die Dinge *geschehen* zu lassen durchs *Wirken* von Dao. Dao als *Weg* bedeutet: *durch Nicht-tun bewußt tätig wirken*.

Das moderne Weltmenschentum mit seiner Geschäftigkeit, mit seiner Wissens- und Machtgier ruht auf keiner sinnvollen Basis mehr und folgt keinem sinnvollen Ziel mehr, weil es sich selber als Basis, Maß und Ziel der Welt betrachtet. Geistige Aktivität – ein geistiger Weg – erscheinen in diesem trüben Licht als etwas Beiläufiges, das knapp tolerierbar aber nicht erstrebenswert sei. Anfangs des 14. Jahrhunderts begann dagegen die Gründung von Universitäten. Als Plattformen mit dem Ziel, das *universelle Wissen* – also das ganze Wissen der Menschheit – *in Eintracht* zu *fördern* und an Alle zu vermitteln, sollten diese sogenannte Universalgelehrte hervorbringen, die u.a. die staatlichen Institutionen in Weisheit und Schönheit leiten sollten. Darum gab es damals auch noch die «Fakultät der Künste», angelehnt an die Mythologie von den sieben Musen des klassischen Altertums, die *Apollo*, dem *Gott des Lichtes,* dienten. Das war die dritte Fakultät neben der *Theologie* und der *Philosophie*, d.h. den *Naturwissenschaften*. Oswald Croll schreibt dazu in seinem Hauptwerk *Basilica Chymica*, das ab 1608 in Hamburg auf Deutsch und Lateinisch, in Paris auf Französisch erschien und deutliche theosophische Züge trägt:

«Die Werke Gottes sind zweigeteilt: Die Werke und den Weg der Natur umfaßt die Philosophie *(*d.h. die *Alchemie* als Zusammenfassung aller Naturwissenschaften); *die Werke und den Weg Christi aber die* Theologie: *Auf diesen zwei Wegen sollen wir unsere vergängliche Zeit aufwenden, damit wir friedlich und froh sterben mögen.* Daraus folgt, daß jeder wahre Theologe *ein* Philosoph sei (also ein Naturwissenschafter), *jeder wahre* Philosoph *ein* Theologe.

Nach Paracelsus haben ... *sehr gelehrte Männer ... sich bemüht, diesem geraden und abgekürzten Pfad zu folgen, belehrt und erleuchtet nicht in der sinnlichen Schule der Anhebenden, noch in jener der Vernunft, wie die Zunehmenden, sondern in der dritten, der seelischen und geistigen Pfingst-Schule der Vollkommenen, worin* Propheten, Apostel *und fast alle jene Gelehrten, die dem Leben und den Spuren* Christi *nachfolgten, ohne Beschwerde noch Überdruß gelernt haben».*

Den Höhepunkt der Vereinigung von Theologie und Naturwissenschaft (‹Philosophie›) im klassischen Sinne erreichten nicht die Universitäten, sondern die Klöster – besonders die der *Benediktiner* (z.B. Basilius Valentinus[16]) und der *Jesuiten* (z.B. Athanasius Kircher[17]). Anschließend – d.h. mit Beginn der ‹Aufklärung› – verschwand das klassische Gelehrtentum: Mehr und mehr entwickelte sich die Spezialisierung. Aus ursprünglich drei Fakultäten wurden mehr und mehr; jede Disziplin verschloß ihre eigene Welt gegenüber den anderen. Im 20. Jh. splitterten sich diese Teilfakultäten weiter auf: Und noch immer nehmen die Institute für zugespitzte Spezialgebiete zu an Personal, an finanziellem Aufwand und an bald überholten Spezial-Daten, aber leider nicht an Kenntnis und Weisheit: Ihre *wirkliche* Kenntnis ist sogar kleiner, als das Wissen eines Durchschnittsmenschen im Mittelalter!

Diese Tatsache scheint bereits vor der letzten Zeitenwende in gewissem Sinne zugetroffen zu haben; denn sie wird ausgedrückt sowohl im AT als auch im NT mit den klassischen Worten: *«Die Weisheit dieser Welt ist Narrheit vor Gott»* (1. Cor 1:21), was zum oft verwendeten Spruch führte: *«Vanitas vanitatum et omnia vanitas: Alles ist eitel!»* – sowie zu vielen literarischen Werken seit dem 15. Jh., wie z.B. das *Narrenschiff* von Sebastian Brant (1494), das *Lob der Torheit* von Erasmus von Rotterdam (1515), die *Vanitas Mundi* des Jacoponus (1650) und so fort.

Lao-Dse äußert sich sehr differenziert über die Begriffe *lernen, wissen, kennen*: Er weiß, daß es auch hier das *rechte Maß* einzuhalten und das *rechte Ziel* zu verfolgen gilt: Wollte jemand den Inhalt einer zwölfbändigen Enzyklopädie auswendig lernen (was grundsätzlich die menschliche Gehirnkapazität nicht übersteigen würde), so wäre er sicher ein großer Narr. – Würde jemand aber denselben Inhalt *verstehen* – und auch *erkennen*, was ihn «im Innersten zusammenhält», so wäre er ein Weiser. – Für moderne Materialisten sind es allerdings nur noch die Buchdeckel, die jenes Wissen ‹zusammenhalten› ...

Lernen im positiven, im philosophischen oder gar transfiguristischen Sinne bedeutet das *zielbewußte* Zusammentragen von Kenntnissen, die erstens der eigenen Erkenntnis des Selbsts, des Universums und Gottes *dienen*, zweitens aber auch das geistige Wachstum der Menschheit auf ihrem Weg dem Schöpfer entgegen fördern.

– *Lernen* ist eben kein blindes Einsammeln von Wissen, fleißig wie die Bienen, die ihren Honig überdies noch abdecken, sondern das bewußte *Einbauen* – Körnchen um Körnchen – kleiner nützlicher Wissens- und Erkenntnis-Elemente im Hinblick auf deren Anwendbarkeit zur *Förderung der Gnosis in der Welt*.

Wie nun die vorangegangene N° 47 gezeigt hat, ist die Zunahme an wahrer *Kenntnis* unvermeidlich verbunden mit der Zunahme an wahrer *Demut*. Man dürfte es aphoristisch sogar so ausdrücken: *«Je mehr man lernt, desto demütige wird man; – je demütiger man werden will, desto mehr sollte man lernen!»* – Auf dieser Basis erklären sich die beiden ersten ‹Textpakete› von N° 48 von selbst.

Eine sekundäre Konsequenz der Selbsterkenntnis ist die Erkenntnis, wie wenig ein Mensch aus persönlichem Wissen, aus persönlicher Anstrengung, aus persönlicher Kraft tun kann, auch wenn er das Gegenteil glaubt: Die überwiegende Menge seines Tuns entstammt fremdem Wissen, unbewußten Impulsen und unerkannten Prägungen (Bilder, Urteile, Normen, Gewohnheiten), also der ‹Kraft› ihm *nicht* innewohnender Dynamik. Darum folgt menschliches Tun zumeist auch nicht der eigentlichen Absicht des Menschen, selbst wenn er ein geistiges Ziel (Einweihung, Erleuchtung, Befreiung) vor Augen hat: Sehr Vieles folgt der Manipulation seines Ich, seines Über-Ich – seines sogenannten ‹Aurischen Wesens›: *«Was ich will, das tue ich nicht; aber was ich nicht will, das tue ich».* – Daher ist das Verständnis des Wortes des Christus so wichtig: *«Ohne mich könnt ihr nichts tun».*

Erreicht der Mensch diese Einsicht, so wird es ihm leichter, sein Tun zurückzuhalten – sich selber zurückzunehmen und manche Dinge *sich selber tun zu lassen*, ohne einzugreifen. Daher die Lehre, wonach die Gottheit grundsätzlich in kein Einzelschicksal eingreift – ja sogar kaum ins Schicksal dieser Welt, seitdem die Menschheit sozusagen in ihre ‹Pubertät› eingetreten ist, – also eigentlich erst seit wenigen Jahrhunderten. Dem entsprechend wird auch der Schüler der Weisheit lernen, *nicht einzugreifen* ins Schicksal Einzelner, ins Geschehen im Einzelnen: Er wird sich im *Nicht-tun* üben, wie tätig er ansonsten auch sein möge – in geistigen wie in den weltlichen Dingen, wozu er berufen ist. Und er wird zuerst mit Staunen, dann mit Freude und Dankbarkeit feststellen, daß *nichts ungetan* bleibt, wie schon Vers 38 sagt; daß Manches einfach *geschieht in Vollkommenheit* – ganz ohne sein Zutun.

Dankbarkeit nicht, weil er ‹nichts zu tun hätte›, sondern weil er Zeuge wird der hohen Gesetzmäßigkeiten im Universum, wonach nichts unterbleibt, was nötig ist, und nichts geschehen kann, was nicht sein darf. – Mit dieser Freude und Dankbarkeit wächst stets sein Glaube aus konkreter Erfahrung. – Große Dinge können so *geschehen*, ohne große Anstrengung (die Manches ohnehin nur verderben könnte). – Großes kann *erreicht* und *vollendet* werden, weil der ‹Weise› zum ‹Werkzeug› geworden ist: zum bewußten Diener am Einen Großen Werk, welches ganz geweiht ist der Entwicklung des Universums jenem Zustand entgegen, wo, wer heute Mensch ist, selber zum Schöpfer werden wird neuer Welten, eines neuen Universums; – so lehrt es die universelle gnostische Überlieferung.

Für den Text von N° 48 bedeutet dies: Wer aus dem alten ehrgeizigen, geschäftigen, gierigen Weltmenschentum heraus nach dem Allerhöchsten greift, der ist nicht reif dazu, hier Vieles und Großes zu erlangen: Wie reich er oder sie äußerlich auch erscheinen mögen: sie bleiben doch innerlich arm.

Wer viel Wissen ansammelt, es aber nicht im Dienst am Einen Großen Ganzen weitergibt, ist wie einer, der *nichts weiß*; – wer materielle Reichtümer anhäuft, sie aber nicht zum Nutzen des Einen Großen Ganzen anwendet, ist wie einer der *nichts besitzt*; – wer «ein Talent anvertraut bekommt», es aber vergräbt, um es als seinen Besitz zu hüten, oder um ‹bescheiden zu sein›, wird als schlechter und ungetreuer Diener befunden und fortgejagt. Wer aber durch *rechtes Lernen* täglich zunimmt an Einsicht und Verständnis, nimmt auch zu an großer, überpersönlicher *Liebe* (und wird doch fühlen, daß es noch immer viel zuwenig ist). Wer aufgrund vielen Wissens zunimmt an Bescheidenheit und Demut (denn täglich sehen er und sie, wie gar viel sie *nicht-wissen*), der nimmt auch zu an innerlicher Distanz und wacher Achtsamkeit den ‹10'000 Dingen› gegenüber. Wer so aus wachsender Kenntnis in *liebevolles Nicht-tun* eintritt, dem werden die für ihn bestimmten Dinge zu-fallen wie reife Früchte – und wäre es «die ganze Welt»!

Ein moderner chinesischer Kommentator schreibt dazu: *«Wer sich mit Politik belastet, ist nicht würdig, das Land zu regieren».*

Dieser Spruch führt sehr weit. – Im Rahmen einer Interpretation bezüglich des ‹erfolgreichen› Begehens des transfiguristischen Pfads der Menschheit bedeutet er: Wer an den äußerlichen Institutionen und Hilfsmitteln *haftet*, die mit dem Gehen des Menschheits-Pfads verbunden sind, oder wer für sich selber irgendwelche Vorteile und Macht daraus erstrebt oder auch nur erhofft, ist nicht würdig, in die Transfiguration einzugehen: Wer noch an sich selber denkt im Bemühen um fundamentale Erneuerung, ist nicht würdig, das Reich Gottes zu betreten. Das ‹Goldene Hochzeitskleid› der Befreiten ist kein *Ziel*, das erstrebt werden dürfte; es ist allein das gesetzmäßige *Ergebnis* und sichere Zeugnis dafür, daß ein Mensch seinen Dienst an dem ihm anvertrauten Mikrokosmos zu *dessen Gutem Ende* geführt hat. – Oder wie Off. 22:14 sagt, wenn man zwei griechische Versionen vereint und genau übersetzt:

Glückselig, Die Seine Aufträge erfüllen und ihre Gewänder rein machen, damit sie Macht erhalten über den Baum des Lebens, und zu betreten die Tore, die hineinführen in die Stadt!

Oft erobert die ganze Welt, wer sich nicht darum bemüht!

第四十九章

聖人常無心，以百姓心爲心。
善者，吾善之；不善者，吾亦善之；德善。
信者，吾信之；不信者，吾亦信之；德信。
聖人在天下，歙歙焉，爲天下渾其心，
百姓皆注其耳目，聖人皆孩之。

49.

*Ein Weiser ist gewöhnlich ohne Absicht —
er macht die Motive der gewöhnlichen Leute zu seiner Absicht:*
**Wer gut ist, dem bin ich gut —
wer nicht gut ist, dem bin ich ebenfalls gut.
DE ist Güte.**

**Wer redlich ist, zu dem bin ich redlich —
Wer unredlich ist, zu dem bin ich ebenfalls redlich —
DE ist Redlichkeit.**

**Wenn der Weise in der Öffentlichkeit weilt,
ist seine Zurückhaltung so groß,
daß fürs Volk sein Herz undurchsichtig ist.
Die einfachen Leute beachten seine geringsten Gesten und Worte,
darum sind sie dem Weisen alle wie Kinder.**

Voraus: Die Glyphe *Herz* – 心 – kann *Mut, Wille, Absicht, Motive, Meinung, Gedanken, Herz* meinen – wie im Deutschen auch. Entsprechend ist die Übersetzung zu lesen. Im Chinesischen sind immer *alle Bedeutungen zugleich* präsent. Das Zeichen 德 – *De* – könnte piktographisch gelesen werden: «*wachsend Herz unter edlem Weg* (oder *kaiserlicher Krone*)». Das *gewöhnliche Volk* steht im Gegensatz zum *ganzen Volk* oder *Reich* einschließlich der Beamten und Würdenträger, denen offenbar ein eigenes Urteilsvermögen zugetraut wird. Und mit dem *Weisen* ist stets auch der *weise Herrscher* gemeint, von dem angenommen wird, daß er bei seiner Ernennung «*in Dao eingetreten*» sei (vgl. N° 62). – Interessante Nebensache: Die chinesische Glyphe Herz – 心, «*sin*» findet sich wieder im hebräischen ש – *sin* – für Feuer und Licht.

Über Absicht, Willen und Eigenwillen wurde in den vorherigen Kapiteln Einiges gesagt. Sie wurden dort dem *Nicht-tun* gegenüber gestellt. Hier nun geht es um einen tiefer greifenden Aspekt des Wollens, der aber ebenfalls mit dem *Nicht-eingreifen* zusammenhängt. Es ist also gut, hier noch Einiges zu ergänzen:

Es kann nicht sein, – ja, es wäre sogar widersinnig – zu behaupten (wie die meisten gängigen Übersetzungen es tun), der ‹Weise› habe *überhaupt* «*keinen eigenen Willen*», «*keine eigene Meinung*», «*kein standhaftes Gemüt*», «*kein Einzelbewußtsein*» und so fort – ja sogar «*kein eigenes Herz*». Eigene Meinung (Unterscheidungs- und Urteilsvermögen), Mut, Wille und Festigkeit sind sogar unbedingt nötig, um den Weg in Unabhängigkeit und Autonomie – in reifer Selbständigkeit und achtsamer Selbstverantwortung zu gehen!

Alle diese «*überhaupt kein ...*» riechen auch etwas nach jenem *esoterischen Pietismus* – jenem zwanghaften, undifferenzierten Wohlverhalten, das sich vom gewöhnlichen Gutmenschentum kaum unterscheidet: Das ist ein kultiviertes Bewußtsein, das zwar den Tiermenschen recht gut verbirgt, ihn jedoch alsbald frei läßt, wann immer die Gelegenheit dazu günstig ist.

Nein, das «*keine Absicht zeigen*» ist hier differenzierter gemeint, greift tiefer als ein pietistischer Verzicht oder eine gut eingeübte Demut. Die zweite Zeile sagt auch gleich, wie es gemeint *ist*: nämlich als eine vernünftige *Klarsicht*: Der ‹Heilige› oder ‹Weise› hat – für sich selber gesehen – sehr wohl eigene Meinungen: er hat ja die *Gesamt-Schau* über alles Geschehen in der Welt. Er hat die Erfahrung Eines, der Selbsterkenntnis, Welt-Erkenntnis und Gottes-Erkenntnis erlangt hat, der also jede Situation sogleich klar einschätzen und das richtige Verhalten abschätzen kann. Weilt er jedoch unter Menschen, deren Erkenntnis oberflächlicher, deren Bewußtsein getrübter ist als das seine, und die innerhalb ihrer gemeinsamen Bestrebungen eine ihnen gemäße Absicht verfolgen wollen, so wird der ‹Weise› sich zurückhalten, wird ihnen seine Meinung nicht aufdrängen (er würde denn ausdrücklich darum gebeten). Er wird – im Sinne des *Nicht-eingreifens* – die Dinge so geschehen lassen, wie das Gesetz von Ursache und Wirkung sie lenken will. – Ein chinesischer Kommentator spricht diesbezüglich von *Toleranz und Meinungsfreiheit*.

Der ‹Weise› gesteht also von seiner hohen Warte aus allen *Untertanen* die *Freiheit des Irrtums* zu – ohne Grimm noch Schadenfreude, sondern in liebevollem Mitgefühl. Er weiß: Wäre sein Urteilsvermögen wie das ihre, so würde er handeln wie sie. Man könnte also auch übersetzen: «*Ein Heiliger behält seinen Willen oft für sich*». – Und das trifft sicher besonders für den *Herrscher* zu..

Aus dem gleichen liebevollen Mitgefühl heraus sind auch die nachfolgenden Zeilen zu verstehen: Auch hier sind Güte und Vertrauen nicht Ausdruck einer braven Persönlichkeitskultur, sondern jener vorbehaltlosen Liebe, die «*alles hofft, alles glaubt, alles duldet ...*» (1 Cor 13:7). – Der ‹Heilige› weiß auch, wer «ihn verraten wird». Nur darf er nicht leichtfertig zulassen, daß ein Mitmensch neue Schuld auf sich lädt – und neues Karma auf Beide. Darum wird er stets der Aufforderung folgen, wonach ein ‹Weiser› *«klug wie die Schlangen und sanft wie die Tauben»* sein soll.

Auch ist es nur logisch, daß er vorallem dort, wo jeder Ausdruck seiner Augen, jedes seiner beiläufigen (*«seitwärts»*) Worte *be(ob)achtet, interpretiert* und *kommentiert* wird, größte Zurückhaltung wahrt. Der chinesische Kommentar erklärt den als solcher unübersetzbaren Ausdruck, der hier als *«Zurückhaltung so groß»* übersetzt ist, als *«Nasenatmung schrumpfen»*. So versteht man, daß sein ‹Herz› wirklich für Alle undurchsichtig (genau übersetzt: s*chlammig, trüb* – vgl. den *Grundwels* in N° 36) erscheint. Das kommt wiederum mit der Lehre von Sun-Dsu überein, wonach der weise Feldherr und sein Heer *«nicht wahrnehmbar»* (nicht durchschaubar) sind und *«nicht gekannt werden»*.

Ebenso kommen der ‹Meister der Gnosis› und seine Lehre *«der Welt»* fremd – ja unbegreiflich vor: All das ist für sie «Torheit», woran sie Anstoß nimmt; denn im Gegensatz zum Jünger oder Apostel sind ihr positive Einfühlung und Toleranz fremd. Auch darum ist der Welt *«Sein Herz undurchsichtig»*.

Doch – ob ihn die umgebenden Menschen nun tadeln oder loben – ob sie Anstoß an ihm nehmen, oder ihn bewundern: sie *beobachten* genau *was* er tut, und *wie* er es tut. Jeder Mensch in einer Vorbild-Funktion ist sich dessen bewußt und nimmt sich dementsprechend zurück. Während er dem *«einfältigen Volk»* einfach und herzlich entgegentritt, beobachtet er stets sein Verhalten, seine Rede, ja, all sein Denken, samt dem es begleitenden Mienenspiel. Jene beobachten ihn – wie Kinder ihre Eltern. Darum sind sie ihm wie Kinder, denen er Vorbild ist, und die seiner Achtsamkeit und seinem Weitblick anvertraut sind.

Der chinesische Kommentar sagt: *«Die Welt ist wie eine große Familie unter dem Vorsitz einer liebenden Mutter»*. – Diese Mutter ist DAO; – ihr Stellvertreter auf Erden: der *weise Herrscher*.

DE ist Güte – DE ist Redlichkeit – DE ist Mitgefühl und Achtsamkeit!

第五十章

出生入死。生之徒，十有三；死之徒，十有三；
人之生，動之于死地，亦十有三。
夫何故？以其生之厚。蓋聞善攝生者，路行不遇兕虎，
入軍不被甲兵；兕無所投其角，虎無所用其爪，兵無所容其刃。
夫何故？以其無死地。

50.

Heraustreten ins Leben ist eingehen in den Tod.
Dem Leben verbunden sind unter Zehnen Drei —
Dem Tod verbunden sind unter Zehnen Drei —
Menschen, geboren, um den Fängen des Todes entgegenzugehen
sind auch unter Zehnen Drei. —
Oh Mensch, warum?
Weil ihre Unwissenheit so groß ist.
[Hier] eine Lehre, die ein Lernender hören und gut befolgen soll:
Eine Reisen zu tun – ohne Überfall durch Nashorn und Tiger –
Als Krieger unter Krieger zu gehen – ohne einen Helm zu tragen:
Das Nashorn findet keine Stelle, sein Horn hinein zu stoßen;
der Tiger findet keine Stelle, seine Krallen einzukrallen;
kein Soldat findet eine Stelle, die sein Schwert aufnähme.
Oh Mensch, warum?
Weil ihm die Grundlage fehlt, um zu sterben.

Die Übertragung ist hier wieder so knapp wie nur möglich. Der Kommentar gibt dafür nebenbei einige Alternativen.

Der Text beginnt auf der rein kreatürlichen Ebene; – aber die «Lehre» ist ein Gleichnis, dessen Schluß- und Höhepunkt rein transfiguristisch zu verstehen ist; – ja, eine ganz ungewöhnliche Aussage macht. Denn er *Eine von Zehn*, der weder ‹Nashorn› noch ‹Tiger› noch ‹Krieg› zu fürchten braucht, ist wirklich der ‹Vollkommene›, der das ‹Neue Seelengewand› und das ‹Neue Schlangenfeuer› erlangt hat.

Drei Fragen fassen diesen Text zusammen:
1° Was ist Leben bzw. Tod?
2° Was ist Unwissenheit bzw. Kenntnis?
3° Was tut *Einer von Zehn* anders, sodaß er *unsterblich* wird?[18]

In der kreatürlichen Welt – so lautet die kurze, harte Aussage der ersten vier Zeichen – muß alles was «ins Leben hinaus tritt», auch wieder «in den Tod eingehen»; und das ist ja wirklich die Grundtatsache im ganzen erschaffenen Universum. Geborenwerden, Wachsen, Blühen und Fruchttragen, Welken, Auflösung und Reinigung – das ist die Lebenskurve jeder Kreatur – jedes Steins, jeder Pflanze, jedes Tiers oder Menschen und selbst der Götter (vgl. die *Götterdämmerung* bei den Germanen); – auch jede Idee, jede Erfindung, alle stofflichen oder unstofflichen Tatsachen und Vorgänge in dieser Welt unterliegen demselben Gesetz. Die universelle Lehre weist auf diese Tatsache immer wieder hin.

Sogar der vollendetste Materialist erkennt diese Wirklichkeit und stellt sich insgeheim die bange Frage, die im gegenwärtigen Text auftaucht: *«Mensch – wozu das alles? – Was ist die Achse, um die dieses Rad von Geburten und Toden sich ständig dreht – seit Jahrmillionen, und wohl noch für weitere Jahrmillionen?»* – Auch dem sogenannt ‹praktischen Verstand› ist klar, daß, wer zu dieser Achse gelangen könnte, jener sinnlos erscheinenden Rad-Umdrehungen enthoben wäre: *«Leben, um zu sterben; – oh Mensch – warum? – Gibt es denn keinen Ausweg aus dieser Misere?».*

Der gegenwärtige Text gibt die Antwort – und noch mehr.

Vorweg sei bemerkt, daß auf der kreatürlichen Ebene ‹*Leben*› eine Form von *Yang*, ‹*Tod*› aber eine Form von *Yin* darstellt. Tatsächlich ist ein Erdenleben für den *Mikrokosmos Mensch* eine Phase seines *aktiven Erfahrens und Wirkens* – sein *Ausatmen.* Sein Dasein in den Übergangsgebieten zwischen Tod und Geburt aber ist eine Phase *passiven Lernens* – sein *Einatmen.* Da nun der Mensch die *Möglichkeit* und somit auch die *Verantwortung* hat, sein Dasein innerhalb der ihm gegebenen Möglichkeiten und Gelegenheiten *frei* zu gestalten, ergeben sich notwendigerweise unterschiedliche Lebensmotive für jeden Menschen:

Ein Hauptmotiv stellt *das Leben* in den Mittelpunkt – sei es allein der Genuß; seien es Absichten und Aktivitäten für einen konstruktiven Zweck; seien es auch nur rein humanistische Ideale. Der Text macht aber deutlich, daß auch die positivsten Tätigkeiten den Kreislauf von Geburten und Wieder-Toden nicht aufheben können. Die Frage bleibt: *«Oh Mensch – warum und wozu ... ?»*

Ein *zweites* Hauptmotiv sei *der Tod*, sagt der Text. Das kann ständige *Todesfurcht* sein oder *aktives Töten* als Soldat oder Scharfrichter, und überdies das sozusagen *instrumentelle* Töten von Tieren und Pflanzen in der Ernährungs-Industrie. Wie weit dieser Begriff noch gefaßt werden kann, zeigt das berühmte Zitat von Rudolf Steiner: *«Wenn wir atmen, dann stirbt die Luft!»*

Im alten China ist auch an die *Krieger-Kaste* und an den ritterlichen Orden der *Samurai* zu denken: Menschen, die eine sehr strenge

Erziehung durchlaufen hatten und strengsten rituellen Vorschriften nebst einem noch strengeren Ehren-Kodex gehorchten. In sehr alten Zeiten waren Krieger *Eingeweihte*: *heilige* Krieger, deren vornehmste ‹Pflicht› es war, ihren Gegner, den sie doch ‹töten› mußten, zu *lieben*. Die Sturmhaube der Soldaten der berühmten Terracotta-Armee von Xian erinnert sehr an die (kaum spätere) mithräische *Libetra*. – Aber auch dieses so eindrückliche Eingeweihtentum beantwortet die bange Frage nicht: «*Oh Mensch – wozu?*»

Das *dritte* Lebensmotiv ist eigentlich *gar keines* – wenigstens kein bewußt gewähltes: Es ist das *sinnlose* Leben «*von der Geburt zum Grab*»; – das Leben, das besinnungslos und gedankenlos gelebt wird: «*Die Dinge sind, wie sie eben sind*»; Sippe wie Umgebung leben ebenso. Es ist das Leben, das im Westen Einzug hielt zur Zeit der Industrialisierung mit ihren Fließband-Fabriken und dem damaligen Schnaps-Übel der Arbeitslosen. Es ist die auch in der heutigen Wegwerf-Gesellschaft wieder empfundene Mentalität von «*no-future*», weil selbst Menschen – junge wie alte – zur Wegwerf-Ware werden, wenn sie ‹unrentabel› sind. Selbst unter den materiell und sozial Mächtigsten nehmen heute Einige die Sinnlosigkeit des ständigen Jagens nach Gütern und Macht mehr oder weniger bewußt wahr, ohne doch davon ablassen zu können. Sie gehen, wie der Text sagt, «*ihrem Grab entgegen*» ohne ein menschenwürdiges Lebensziel. – «*Oh Mensch – warum??*»

Die Antwort gemäß modernen östlichen wie westlichen Interpreten heißt: «Weil sie zu grob, zu ausschweifend, zu gierig leben – verhaftet in *Maya*, der *Illusionswelt*![19]

Aus Unwissenheit opfern sich die ‹Guten› auf, – oft für echte Ideale, oft für falsche. Doch «*dienen*» selbst die besten Ideale dieser Welt letztlich *dem Tod* anstatt dem Leben, obschon mit so viel Mühe und Verzicht am ‹Guten› gebaut wird! – *Aus Unwissenheit* opfern so Viele ihr Leben – als Helden oder als Dulder; in freiwilligem Opfer oder als Märtyrer! – *Aus Unwissenheit* glauben so Viele an einen Herrn, ein Unternehmen, eine Institution oder Anstalt, die in der Welt wirklich nicht größeres Wohlbefinden bewirkt, sondern größeres Leiden! – *Unwissenheit* ist tatsächlich die Kern-Ursache *allen* Leidens in der Welt; – *Unwissenheit* ist die eigentliche ‹Erbsünde› der Menschheit, denn sie wird vererbt von Eltern und Großeltern auf Kinder und Kindeskinder; – und dies – «*oh Mensch, warum?*» – Weil der *Eine Weg zum wahren Leben* nicht gekannt wird! – *Darum* sind wirklich neun von zehn Menschen

– so oder so – seit Geburt dem Wiedertod geweiht; und ein Ende ist nicht abzusehen, falls nicht etwas ganz Dramatisches – etwas so Besonderes in und mit ihnen geschieht, daß sie unangreifbar werden für alles Übel.

Existenz-Angst und Anpasserei halten die Unkenntnis aufrecht; Mächtige nutzen diese Bewußtlosigkeit und Mutlosigkeit und schüren sie noch: das stärkt ihre Macht. – Auch Machtgier ist ja das Ergebnis von *Unwissenheit!* – Was also unterscheidet den *Einen* von den anderen Neun?

Es ist die Kenntnis des Wegs der Gnosis – des Wegs von Dao. Es ist die Einsicht, daß nichts, was aus dieser Welt *kommt*, den Schmerz dieser Welt *heilen* – ja, auch nur mildern kann. Erst aus *dieser* Einsicht heraus kann der Entschluß reifen, «*Vater und Mutter*» – die *alten Wege* – «*zu verlassen*» und sich einem *fundamental anderen* Weg zu weihen und anzuvertrauen. – Der *Eine von Zehn* hat diesen Entschluß gefaßt und in die Tat umgesetzt: Er hat sich *auf den Weg gemacht*, sagt der Text; – er ist zu einem ‹Reisenden› geworden – zu einem ‹Pilger› oder ‹Schüler› auf dem Weg zur wahren Kenntnis. Nur *dieser* Weg rettet – ernsthaft gegangen – vor dem Todesurteil, das jeder Mensch bei seiner Geburt empfängt. Mit anderen Worten: Der *seit Geburt zum Tod Verurteilte* kann nur *begnadigt werden* unter der Voraussetzung, daß er seine ‹Zone der Bequemlichkeit› – das ist das Erdenleben, das er zugleich so beklagt – verläßt, sich *auf den Weg macht* und *aus eigener Anstrengung* die nötigen Bedingungen erfüllt. Nur so wird die Gnade der Erlösung möglich. – Alle Kulturen kennen diesen Weg. – Alle sprechen von Bedingungen, die erfüllt, von Prüfungen, die bestanden werden müssen, um vom Rad der Geburten und Wiedertode befreit zu werden.

Das *Dao-De-Ging* sagt, *wie* diese Gnade erlangt werden kann. Kapitel 50 zeigt das Resultat, das notwendig aus der Anstrengung auf dem Weg der Selbsteinweihung folgt: Wenn der Schüler der Gnosis die *Nabe des Rads* erreicht; – wenn er als ein ‹Reiner› oder ‹Gerechter› in die Sphäre der Erneuerung und Verwandlung eingetreten ist, dann wird er unverletzlich für die Angriffe aus der niederen Welt – aus dem ‹Schlangenfeuer› seines eigenen niederen Selbst: Er braucht nur auf die aufgerichtete goldene Schlange des *neuen Seelenzentrums* zu blicken – und alle Gefahr ist augenblicklich gebannt. Weder blinde Gewalt noch deren Unberechenbarkeit; weder schlaue Nachstellung noch räuberische Gier trüben mehr seine gereinigte Persönlichkeit; – und so zieht er sie auch von

außen her nicht mehr an. *Darum* braucht er keinen ‹schützenden Helm› mehr anzuziehen, wenn er in die Welt hinaus geht. – Der Schluß des Markus-Evangeliums sagt es so:
«Wer als ein [an Den Weg] Glaubender getauft (βαπτισθεις – vom Heiligen Geist überschüttet, trunken) ist, ... – in meinem Namen werden sie Dämonen austreiben, in neuen Zungen reden, Schlangen beschwören; und wenn sie einen Gifttrank getrunken haben, haben sie nichts zu befürchten. Kranken und Mutlosen werden sie die Hände auflegen, und Jene werden aufrecht und stark sein». [20]

Eine Ausnahme muß jedoch genannt werden: Die Tatsache, daß ‹die Welt› sich fürchtet, wenn sie unvermittelt der positiven Strahlung der Gnosis gegenüber steht – dem reinen Licht, das vom Einen Licht kommt. Die starke Ausstrahlung an Kraft, Licht und Liebe eines ‹Heiligen› – eines Vollendeten – kann von Menschen der gewöhnlichen Welt wohl wahrgenommen, nicht aber vernünftig eingeordnet werden. Verunsicherung und Angst ist die Folge. Unsicherheit führt aber fast stets zu aggressivem Handeln: zu Reaktionen, wie man sie von Hunden und Schlangen ebenso kennt (vgl. N° 55) wie aus der christlichen Passionsgeschichte und aus manchen entsprechenden Märchen und Mythen (Baldur). So reagieren Menschen oft mit Angst und Aggressivität, wenn sie ihre Lebensanschauung, ihre Lebensgewohnheiten, ihre innersten Werte und höchsten Ideale – und ganz besonders ihre religiösen Überzeugung – in Frage gestellt sehen.

Der ‹Weise› wird deshalb die unwiderstehliche Ausstrahlung des Geist-Seelenmenschen in ihm zurück halten und nur mit großer Achtsamkeit nach außen dringen lassen.[21] – Das *Hagakure* sagt daher: *«Auf der höchsten Stufe siehst du aus, als hättest du von nichts eine Ahnung!»*[22] – Sollte dieser ‹Eine› dennoch angegriffen werden, so weiß er einerseits, daß dieser Angriff nicht ihm persönlich gilt, und andererseits, daß die Menschen *nicht anders können*, als die Kraft der Reinheit und Liebe anzugreifen, um sie zu zerstören; – so, wie die *Leber* am Beginn des Pfads die gnostische Einfärbung des Bluts als *Krankheit* entfernt. – *Darum* betete Jesus noch am Kreuz für Jene, die ihn töteten: *«Vater, vergib ihnen, denn sie wissen nicht, was sie tun»* —

Ihre Unwissenheit ist zu groß!

第五十一章

道生之,德畜之,物形之,勢成之。
是以萬物莫不尊道而貴德。
道之尊,德之貴,夫莫之命而常自然。
故道生之,德畜之;長之育之;成之熟之;養之覆之。
生而不有,爲而不恃,長而不宰。是謂玄德。

51.

DAO bringt sie hervor —
DE läßt sie gedeihen —
Substanz gibt ihnen Form —
Kraft vollendet sie:
Von den 10'000 Dingen ist keines, das nicht
DAO anbetet und DE ehrt.
Dao beten sie an, DE ehren sie —
nichts und niemand befiehlt es, als ewige Natur-Ordnung;
denn
DAO bringt sie hervor —
DE läßt sie gedeihen —
ihr Gedeihen bringen diese hervor —
sie beschützen sie vor ihren Feinden —
sie behüten sie vor ihrer Vernichtung.
Leben hervorbringen, ohne etwas zu nehmen —
bauen, ohne sich darauf zu stützen —
leiten, ohne zu beherrschen:
Das nennt man das Geheimnis von DE.

So wie im Brahmanentum ‹*Prakriti*›, so ist im Daoismus *Dao* — im makrokosmischen Sinne — die *Ursache aller Phänomene*, das Unnennbare, Unkennbare (Bœhme's ‹Ungrund›). — *Kosmisch* ist Dao — wie ‹*Prakriti*› auch — die *Ur-Mutter* oder *Feuchte Wurzelsubstanz*, woraus alles *hervorgeht* als Manifestation des göttlichen *Geistes* — *Brahma*, daoistisch: **I** —, der dieses Hervorgehen *hervorruft*. Die ‹10'000 Dinge› kommen aus Dao, das sie alle enthält, *hervorbringt*, birgt und weiter drängt. — Der Geist — der *Logos* — «*die Kraft*» — vollendet sie. Über die Menschwerdung des Geistes spricht der Daoismus kaum: «*Die Geburt des Kindes ist ein göttliches Geheimnis*».[23] — Dem entspricht der *göttliche Purusha* der Veden — der *Logos* oder die *Christuskraft*, die in des Menschen Herz als *mikrokosmischer* ‹*Purusha*› geboren wird.[24]

DAO als *Ordnung* im Sinne universeller *Harmonie* zeigt sich auf *kosmischer* Ebene vorallem in der idealen Gesellschaft und in deren menschlichen Daseins- und Tätigkeits-Formen. Was aber die Menschen dazu veranlaßt, nach dieser Ordnung zu streben und sie im eigenen Mikrokosmos aufrecht zu erhalten – bzw. sie aus dem mikrokosmischen Wesen hinauszutragen in die Gesellschaft und in die Welt – das ist *DE* – ‹*die Tugend*› als Gesamtheit menschlicher Tugenden – in ihrer *übermenschlichen* Form *Gnosis* genannt (vgl. auch N° 38).

Wie nun *Dao* auf den genannten Ebenen Alles *hervorbringt*, so gibt *Tugend* – *De* – allem seine positive *Dynamik* – innerlich wie äußerlich – und darum sein Gedeihen und seine Gestalt. Aber damit diese *Gestalt* sich als spürbare und eventuell sichtbare *Form* manifestieren kann, braucht es *Substanz* – sei es stoffliche Substanz, sei es feinstoffliche (ätherische oder geistige) Substanz, sei es ein als solches eigenständiges *Wesen* – ein *Selbst*. Das ist eine Form von *Leben* – von *selbst-ständigem Leben* sogar, und sei es auch auf einer sehr niedrigen und überhaupt nicht *selbst-bewußten* Ebene, wie das bei Mineralien oder Pflanzen der Fall ist. – Die *Vollendung* eines Geschöpfs als manifestiertes ‹Ding› jedoch besteht im *Bewußtsein* dieses Geschöpfs: in seiner Selbst-Wahrnehmung («*ich bin*») und in seiner Selbst-Reflektion («*ich bin ich*»), in seinem bewußten *Tun* («*ich will*») und in seinem *Nicht-tun* («*Nein!*»). Mit anderen Worten: Der Höhepunkt der Entwicklung einer Manifestationsform als solcher ist ihr *selbst-bewußtes Ich!*[25]

Diese Stufen der Vervollkommnung der Manifestation werden sozusagen in die einmal geschaffenen *Form* hineingepreßt, wie ein Spritzguß-Objekt in der Kunststoff-Industrie: Dessen Form oder *Prägung* ist gegeben und (innerhalb einer Art) stets dieselbe. – Seine *Qualität* sowie ihre Anwendbarkeit aber sind abhängig vom *Charakter* der *Substanz*, welche die vorerst unsichtbare (ätherische) Gestalt ausfüllt, wenn durch die *Kraft* des Prozesses aus ‹*Prakriti*› die Manifestation vollendet wird.[26] Aus diesem Grund kann in Völkern oder Volks-Rassen mit niedriger Individualisierung die Ähnlichkeit so groß sein, daß Fremde die Individuen kaum unterscheiden können: Sie nehmen die Gleichheit der *Prägung* (‹Rasse›) wahr, nicht aber die individuelle *Substanz* (‹Selbst›).

Sobald nun das Geschöpf sein Bewußtsein bis zu einem bestimmten Grad entwickelt hat, wird es sich bewußt sowohl seines Daseins, als auch seiner Abhängigkeit von äußeren wie inneren Faktoren und Mechanismen. Dies ist der Moment, wo es seine *Religiosität* entwickelt: sein *bewußtes Angebunden-sein* an äußere und innere *Kräfte* – ‹*Götter*›; und aus diesen formuliert es bald jene Hierarchie, die im Pantheon jeder Nation der Welt Gestalt erhielt.

So erlangt der Mensch ein Bewußtsein der eigenen Kräfte und Tugenden sowie – schlußendlich – der Kraft der höchsten Macht, die der Ursprung von Allem ist. Es ist eine dem menschlichen Geist vorbehaltene Leistung, sich dieser Macht *bewußt zuzuwenden* – selbst in jenem Falle wo es sie *ablehnt* wie im ‹Atheismus›; denn ohne *Zuwendung* ist keine *Ablehnung* möglich.

Indes beginnt eine *unbewußte*, eine *unwillkürliche* Zuwendung zu *Dao* und zu *De* bereits viel früher: Schon der Embryo orientiert sich in einem gewissen Sinne nach Dao hin – und noch deutlicher auf das *De* – die Tugenden seiner Umgebung: Tugenden und Untugenden seiner Mutter und anderer Menschen, ‹Tugenden› häuslicher und klimatischer Bedingungen, und so fort.

Mineralien, Pflanzen und Tiere folgen dem inneren Gesetz von Dao; nehmen entsprechend den Tugenden ihrer Umgebung ihren Platz, ihre Gestalt und innere Ordnung im Kosmos ein. Ein Mensch, der empfänglich ist für die Schwingungen kosmischer und mikrokosmischer Harmonie – für die Strahlungen und feinsten Schwingungen von Wohlbefinden und ‹Ordnung›, wird auch empfinden den Ausdruck von Freude, Glück und Dankbarkeit jedes einzelnen Geschöpfs sowie von kreatürlichen Gemeinschaften: ein Wald, ein Flug Staare, die Gebilde in einer Tropfstein-Höhle, eine Gruppe gleich orientierter Menschen.

Das ist die «*anbetende Verehrung der 10'000 Dinge*», wovon Lao-Dse spricht; diese Andacht voll Glück und Dankbarkeit, die ein bewußt *lebender* Mensch auch bewußt *erfahren* kann, ohne daß sie doch in Worte zu fassen wäre: «*Das Dao, das man begreifen kann, ist nicht das Eine, universelle Dao!*»

Das ist die universelle spirituelle Dimension von Dao: Dao als ‹Mutter› – als leitende, drängende und vollendende universelle Kraft; als Träger-Schwingung geistiger Erneuerung, Transformation und Verwandlung. – Das ist die *universelle* Gnosis. – Die *individuelle* Gnosis ist die innere ‹Tugend› – das *De* des Einzelnen, der sich «dem Heiland unterlegt», und der in dieser Hingabe wächst, gedeiht und sich selber vollendet: Das ist das harmonische Zusammenwirken des zum Bewußtsein erwachenden Menschen mit dem universellen göttlichen Plan und Prozeß – von Kraft zu Kraft und von Herrlichkeit zu Herrlichkeit:

*D*AO *bringt sie hervor –* D*E läßt sie gedeihen –* K*RAFT vollendet sie!*

第五十二章

天下有始，以爲天下母。既得其母，以知其子，復守其母，沒身不殆。
塞其兌，閉其門，終身不勤。開其兌，濟其事，終身不救。
見小曰明，守柔曰強。用其光，復歸其明，無遺身殃；
是爲襲常。

52.

Die Welt hat einen Anfang,
dieser erdachte der Welt Mutter.
Sobald Einer seine Mutter annimmt,
weiß er sich dadurch ihr Kind.
Wer wiedergewinnt die Geborgenheit in seiner Mutter,
für den ist das Absterben des Körpers ohne Gefahr.
Sein Hin-und-Her wegdrängen – das Tor verriegeln
heißt, am Lebensende unbekümmert sein.
Sein Hin-und-Her in Gang halten – die Verwicklungen unterhalten
heißt, am Lebensende ohne Rettung sein.
Achtung für Geringe ist Ehre;
Schutz für Schwache ist Stärke.[27]
Anwenden seine Klarheit – wiedergewinnen seinen Glanz,
dann ist das zurücklassen des Körpers kein Unglück. —
Richtiges Tun ererbt die Unendlichkeit.

Dieser Text weist wieder mehrere Polyvalenzen auf; und wenn auch niemand für sich beanspruchen kann, die *eine richtige* Übertragung für die Worte von Lao-Dse gefunden zu haben, so steht die hier angebotene Version doch im Einklang mit der Gesamtheit des *Dao-De-Ging* und ist kohärent in sich selber. Der Sinn wird erkennbar, wenn man mit der Universellen gnostischen Lehre vertraut ist. Einige mögliche Varianten werden nur beiläufig angetönt.

Vorallem wäre es gut, mehrere Mythen zur Entstehung des Universums zu kennen; – insbesondere solche, die früher einsetzen als die biblische Genesis, welche erst bei der zweiten Phase beginnt. Die erste Phase ist der «*Zustand der Leere*», wo der Schöpfer sich selbst erschafft, wie z.B. Brahma, der in einem Ei (dem *Welten-Ei* späterer Mythen) sich selber entstehen läßt, indem er *sich erdenkt* – gerade wie dieses Kapitel 52 es sagt.

Dieser Erste und Eine universelle All-Gott ist der *Geist*. Dieser *universelle Geist* – **YI** – bringt seinerseits die *Mutter* hervor, – *Dao*, das bereits ‹zweipolig› ist, wie er selbst, und wie das *Yin-Yang* es anzeigt. Der Mutter *inneres Gesetz* enthält auch schon *Dao als Weg*. Und der Mensch, der dem spirituellen Pfad folgt, belebt in sich selber *Dao* als inner-eigene Gegenwart Gottes: Das ist sein *mikrokosmisches* Dao – seine *Gotteskindschaft.*

Das *Erste Dao* aber – die ‹Mutter› – wird *der Anfang* genannt, wie es im Corpus Hermeticum (IV/49) heißt: *«Alle Dinge hängen ab von Einem Beginn, und dieser Anfang hängt ab von Ihm, der Einer und einzig ist».* – Oder – ebenfalls im Corpus Hermeticum (VI/4): *«Ein Ding ist der Beginn von allen Dingen; denn es gibt alle Dinge, und wenn ich es Das Gute nenne, dann meine ich jenes, das ganz und gar und immerdar gut ist».* – Und nochmals, in Kapitel XII/36: *«Denn das Gute kann nicht übertroffen werden; – es ist unbegrenzt und unendlich, ohne Beginn für Es selber; – aber für uns scheint es einen Beginn zu haben ... ».*[28]

Der nun folgende Text des *Dao-De-Ging* ist ein Compendium des spirituellen Evolutionspfads des Menschen: Er beginnt, wie oben erwähnt, damit, daß der Mensch bewußt wird seiner *Abhängigkeit* von Dao als Mutter aller Dinge und daher als *seiner eigenen Mutter.* Indem dies *erkannt* – nicht einfach ‹geglaubt› – wird, *erkennt* der Mensch sich selbst als *Kind der Mutter* – auch *Sohn der Witwe* genannt. Er ist wie ein neugeborener Säugling, der *«seine Mutter annimmt».* So wird er wieder ein Kind Gottes, wie es das Johannes-Evangelium in kürzester Form antönt, und wie es auch die klassischen Rosenkreuzer des 17. Jh. ausdrückten: *«Ex Deo nascimur – aus Gott werden wir geboren».*

Da nun Vater und Mutter ihr Kind *niemals fallenlassen*, ist es selbstverständlich, daß für einen Menschen, der sich selber *ohne Zweifel* als Kind Gottes erkennt, der leibliche Tod – *«das Ablegen des [Stoff-]Körpers»* – seinen Schrecken verliert.

Soll nun auf dem Weg der Erneuerung und Wandlung der Seele ein Fortschritt erzielt werden, so muß der Kandidat sich darum *bemühen*. Frühere Kapitel haben deshalb aufs *«Wu-Wei»* hingewiesen – das Nicht-tun auf einer bereits erhöhten Stufe. Das gegenwärtige beginnt auf der unteren Stufe: auf jener der *Reinigung des Herzens*. – Damit ist gemeint das Ausräumen der weltmenschlichen Unruhe – des *Hin-und-Her* – aus dem ganzen Wesen: Aus dem Denken die Wirrnis, aus dem sogenannten Begierdekörper (dem Astralleib) die wirbelnden Impulse, aus dem physischen Leib das Gezappel. Die Übertragung sagt absichtlich *wegdrängen*, nicht *verdrängen* (was genauer wäre): Letzteres wäre aber ein forciertes Verhalten; und dies ist *gerade nicht* erwünscht. Der Kandidat soll die ihn bedrängenden Impulse durch sein *Bewußtsein* und seine *Orientierung* abweisen – nicht durch Willens-Anstrengung: Das ist gemeint mit dem Ausdruck *«das Tor verschließen»*.

Andere Übertragungen interpretieren: *«Die Sinne verschließen, den Mund verschließen»*; – doch das ist einseitig materiell gedacht und ungenau: Aufmerksamkeit, Unterscheidungsfähigkeit, objektive Klarheit des Ausdrucks sollen zunehmend *geschärft* werden, selbst wenn sparsames Reden sehr wichtig ist. Die richtige Übertragung darf auch nicht sagen: *unbehelligt sein Leben lang*, denn das ist – selbst bei größter Gelassenheit – in dieser Welt unmöglich: Der Text denkt hier ans Sterben als ‹Endpunkt› der leiblichen Existenz und daran, diesem Ende gelassen entgegen blicken zu können: Wer diese innere Ruhe und Reinheit erlangt hat und sich von der Gnosis als Kind angenommen weiß, der kann wahrlich dem Tod getrost entgegen sehen! – Wer jedoch die weltmenschliche Wirrnis weiterhin unterhält, ist rettungslos verloren, sagt der Text. Für *Rettung* steht ein Ideogramm, das ein ‹Chrisma› und ein ‹Chiasma› enthält (siehe unten) und damit die Verwandtschaft der christlichen Symbolik mit der östlichen Tradition antönt.[29]

Zum Schluß betont der Text die Wichtigkeit von Achtsamkeit, Brüderlichkeit und Liebe, die der Kandidat jedem Mitgeschöpf angedeihen lassen soll; denn wenn die Reinheit des Herzens, des Denkens und des Tuns auch unabdingbar ist, so ist doch *«die Größte von Allen die Liebe»* (1 Cor 13:13).
Die Liebe – das ist zugleich der *Neue Seelenglanz* des Kandidaten[30], der von ihm ausgeht zu Allen, die leiden, die noch suchend und irrend die Wirrnis der Welt aufrecht erhalten – *aus Unkenntnis*.
Der Pilger, der in Einfühlung, Verständnis und Liebe Jene alle umfängt – und zugleich seiner eigene Entwicklung folgt, nimmt damit auch Teil am aktiven Fördern des universellen Gottesplans, in priesterlicher Dienstbarkeit für die Evolution des Universums in Richtung der Vereinigung Aller mit dem Einen Licht: Das ist das *richtige Tun* – das *Tun ohne zu tun* – in Klarheit und Liebe:

Anwendend seine Klarheit; wiedergewinnend seinen Glanz ... —
Rechtes Tun ererbt die Unendlichkeit!

第五十三章

使我介然有知，行于大道，唯施是畏。
大道甚夷，而人好徑。朝甚除，田甚蕪，倉甚虛；
服文采，帶利劍，厭飲食，財貨有餘；是爲盜夸。非道也哉！

Der Grundtext hat 采 = reißen, zupfen (hier i.S.v. *stehlen*);
Wang-Bi hat 綵 = bunt bestickt

53.

Wenn ich recht anwende meine Kenntnis,
wandere ich auf dem Breiten Weg, besorgt, allein das Rechte zu tun.
Der Breite Weg ist äußerst glatt und sicher —
aber die Menschen lieben die schmalen Pfade.
Der Palast sehr weit entfernt —
Die Felder überwachsen von Unkraut –
die Scheunen ganz geleert.
Die nützlichen Schriftstücke zerrissen —
am Gurt einen spitzen Dolch —
Übervoll von Saufen und Fressen —
von Geld und Gut das Restliche geraubt.
Recht spricht, wer des Plünderns sich rühmt —
Oh der allzugroßen Herzlosigkeit!

Dieser Text gab Vielen Anlaß zu einem grundsätzlichen Mißverständnis: Die meisten westlichen Übertragungen vermuten hier Gesellschaftskritik wegen Ausbeutung durch den Adel. In Wirklichkeit wird hier der *Hohe Weg* der Tugend (*Dao*) den *Abwegen* des Verbrechertums entgegengestellt. Der Ausdruck *Dao*, 道, erscheint am Anfang *explizit* als solcher: statt *Breiter Weg* kann man auch *Großes Dao* lesen. Am Ende erscheint Dao *implizit* im Zusammenhang mit seiner *völligen Abwesenheit*. Das 失 von 失道 aus N° 38 (*versäumen von Dao*), bzw. 无道 aus 46 (*kein Dao*) wird hier zu 非 (*Fehlen*, mit der Nebenbedeutung *Irrtum*, *Sünde*) in 非道, was in *Einzelausdrücken* gelesen *Abwesenheit von Dao* bedeutet, als *Doppelausdruck* jedoch *Ruchlosigkeit, Grausamkeit, Herzlosigkeit*.

Es ist allein dann möglich, diesen Text ins *Dao-De-Ging* richtig einzureihen, wenn man ihn einerseits als ein abschreckendes Lehrbeispiel für einen Prinzen ansieht und andererseits sich an die historisch belegten, über Jahrhunderte durch ganz Asien marodierenden hunnischen und mongolischen Nomadenstämme und Räuberbanden zwischen Donau und Indus erinnert:

Im weiten Land liegen Gutshöfe und kleine Bauernhöfe; die Hauptstadt (der *Palast*, glyphisch synonym sowohl mit der *guten*

Gerichtsbarkeit als auch mit der *aufgehenden Sonne*) ist *«weit entfernt»*. Vagabundierende Räuber – wohl auch entlaufene Soldaten wie es sie zu allen Zeiten gab – suchen die abgelegenen Gebiete heim, raubend und brennend. – Der berühmte Kino-Film *Die Sieben Samurai* gibt ein deutliches Bild davon.

Außer *«Palast (Regierung, Gericht) weit weg»* wäre, weniger buchstäblich, auch *«Hof zerstört»* möglich. Der Text spricht indes nirgends von einem *Adel*, der *das Volk unterdrücken* würde, sondern klar von einer Landbevölkerung, die hilflos den Räubern ausgeliefert ist, weil sie von den Regierenden *nicht beschützt* wird. Die sozialkritische Version ist nicht einmal in den Kommentaren des heutigen *kommunistischen* China zu finden.

Wie sieht es dagegen mit der Annahme eines Lehrbeispiels aus?

Der Text ist in *Spiegelungen von Gegensätzen* aufgebaut: Dem fernen Palast und Gericht stehen zerrissene Akten und das Räuber-Recht gegenüber; – den leeren Scheunen vollgefressene Räuber; – dem Sprecher, der *besorgt ist, allein das Rechte zu tun,* – die Räuber, die sich ihrer Untaten rühmen. – Die *sichere Hauptstraße* des *Großen Dao* steht im Gegensatz zur Misere, *wo man sich vor* dem *spitzen Dolch* oder *scharfen Schwert* der ruchlosen Räuber fürchtet; – und die *Kenntnis*, derer sich der Autor bedienen will, um sicher den *Rechten Weg* zu gehen: den zerrissenen *Handschriften* oder *Poesien.* – Chinesische Kommentare sprechen noch von *Schriften auf Seide*. Für die westliche Lesart *«zarte, buntbestickte Kleider»* fehlt ein Verb. Jedenfalls geht es darum, daß feine *Kultiviertheit* durch *Herzlosigkeit und rohe Gewalt* verdrängt wurde, weil der Herrscher sein Reich vernachlässigt.

Trotz der vielen möglichen Varianten darf man sicher annehmen, gerade diese Symmetrie der Gegensätze sei der Zweck des Kapitels. Auch besteht die Möglichkeit, daß es sich wie in N° 41 um eine *Prophezeihung* handelt, falls das *Dao-De-Ging* im 6. Jh. verfaßt wurde – oder aber um einen Erlebnisbericht des 4. Jh.

Die Frage, welche der historischen und textlichen Varianten zutreffender sei, muß unentschieden bleiben. Das ist aber auch nicht weiter tragisch, denn darin liegen gerade der Reichtum der chinesischen Schrift und die Kunst des kultivierten Schreibers sowie die Anforderung an den eingeweihten Leser.

Um nun auf den *mikrokosmischen Weg* – den *Weg von Dao* zu kommen, so ist der Text diesbezüglich ebenso eindeutig wie N° 46 («*herrscht Dao im Reich, machen Pferde dennoch Mist*»): Im Gegensatz zur westlichen Tradition ist hier der *Breite Weg* der Weg von Dao. Er wird also als *die Norm* angesehen. Das entspricht dem bereits hervorgehobenen Begriff von Dao als *universelles Gesetz*, dem Alle gehorchen. – Die ganze Räubergeschichte kann man *mikrokosmisch* als das *Unterstützen des Hin-und-Her* verstehen, wovor im vorigen Kapitel gewarnt wurde: Wer den ‹Räubern› – seinen Sinnen und Verlangen – einmal freie Hand gibt, muß ihnen leicht auch Kopf, Hals und Kragen überlassen.

Käme es so weit, so wäre der *Palast des Königs* – das *Haus des Vaters*, in das der Pilger auf seinem Weg vollkommener Erneuerung und Wandlung einziehen wollte, wirklich in *weite Ferne* gerückt. Dann wäre es aus mit dem *zarten Lichtkleid*, das zu weben seine Aufgabe ist; und alle *guten Schriften* – und wären sie wirklich auf Seide geschrieben – wären dann für ihn wie *zerrissen*, oder ihm *entrissen*, wie der Text ebenfalls gelesen werden kann. Der enterbte Kandidat stünde dann da – nackt und bettel-arm, während seine Gegenkräfte «*sich des Raubes rühmen*» könnten.

Es will aber scheinen, daß eine solche Interpretation doch zu weit ginge. Denn: Woher käme z.b. der triste Ausruf: «*Oh der allzu großen Herzlosigkeit!*»?

Näher liegt vielleicht doch das Lehrbeispiel für Jemanden, der lernen soll, Führung, Aufsicht und Schutz der ihm anvertrauten Gebiete, Gehöfte und Menschen gut wahrzunehmen; – und vorallem solle er nicht selber zu einem ‹Räuberhauptmann›, sondern zu einem gerechten Beamten oder Herrscher werden, der Vertrauen, alte Sitten und kulturelle Werte ehrt, pflegt und unterstützt – so wie der Kandidat der Mysterien die ihm anvertraute *Gnosis*. Beides wäre *zu jeder anvisierten Zeit* eine sehr angebrachte Ermahnung und Warnung.

So schließt sich im Ganzen gesehen dieses Kapitel 53 nahtlos ans vorhergehende an. Der gegenwärtige Kommentar kann darum sehr passend beschlossen werden mit den zu *diesem* im Gegensatz stehenden Worten aus *Jenem*:

Achtung für Geringe ist Ehre – Schutz für Schwache ist Stärke.
Rechtes Tun ererbt die Unendlichkeit.

第五十四章

善建者不拔,善抱者不脫,子孫以祭祀不輟。
修之于身,其德乃眞;修之于家,其德乃餘;
修之于鄉,其德乃長;修之于邦,其德乃丰;
修之于天下,其德乃普。
故以身觀身,以家觀家,以鄉觀鄉,以邦觀邦,以天下觀天下。
吾何以知天下然哉?以此。

54.

Ein gut belehrter Mensch wird nicht verführt —
Wer sich gut fest hält, wird nicht abgeworfen —
Kinder und Kindeskinder werden ihm opfern, immerdar.
Wer sich selbst veredelt, dessen Tugend wird echt sein.
Wer sein Haus veredelt, dessen Tugend wird die der Nachbarn sein.
Wer sein Dorf veredelt, dessen Tugend wird sich ausbreiten.
Wer seinen Bezirk veredelt, dessen Tugend wird überreich sein.
Wer das Kaiserreich veredelt, dessen Tugend wird umfassend sein.

Darum
Bezüglich eines Menschen schau nach dessen Leben,
bezüglich der Familie schau nach deren Heim,
Bezüglich des Dorfs schau nach dessen Dorfgemeinschaft,
bezüglich des Bezirks schau nach dessen Gemeinden,
bezüglich des Landes schau auf dessen Zustand,
bezüglich des Reichs schau nach dessen Untertanen.
Und woher weiß ich, wie die Welt leider ist?
Eben darum.

Dieses Kapitel richtet sich wieder an regierende Beamte oder z.B. an einen Prinzen. Unwillkürlich denkt man an den vielzitierten Ausspruch des Schweizer Schriftstellers und Politikers Jeremias Gotthelf, noch Mitte des 19. Jahrhunderts: «*Im Hause muß beginnen, was blühen soll im Vaterland!*». – Die Zeitangabe zum Zitat zeigt, wie schnell eine gesellschaftliche Selbstverständlichkeit zu einer fast utopischen Spruchweisheit werden kann; und dies nicht durch Mißbrauch, sondern weil die Bräuche sich weltweit radikal geändert haben:

Die zur Entstehungszeit des *Dao-De-Ging* noch überall übliche Großfamilie zerfiel, bzw. schrumpfte zusehends dank menschlicher Individualisierung und politischer Inflation – zuerst zu Einzelfamilien, dann zur Kleinstfamilie; zum absichtlich kinderlosen Ehepaar, bis hin zum alleinerziehende Elternteil und zu zahllosen Einzelhaushalten in allen ‹zivilisierten› Nationen. So wurde die Erziehung fürs Gemeinschaftsleben zum Sozialisierungsproblem – bzw. zum Resozialisierungs-Programm für Psychologen. Gute Erziehung in der Familie ist zur Rarität geworden; Hochhäuser, ja ganze Siedlungen sind nur noch Schlaf-Stätten; Keiner kennt mehr den Anderen; regionale und nationale Feiern spielen sich mehr und mehr als ‹Party› im engen Kreis ab; und während der *Nationalismus* zunahm, verschwand das *Heimat*-Gefühl fast ganz.

Nun kann es nicht darum gehen, *«Dinge stärken zu wollen, um deren Überaltern zu verhindern»*, wie das nächste Kapitel es ausdrücken wird: Individualisierung wäre an sich der erwünschte Prozeß zur Entwicklung eines neuen individuellen Selbstempfindens und Selbstverständnisses, wenn nur die Grundlage nicht fehlte: Die *«Selbstveredelung»*, womit der Text beginnt, benötigt erstens ein oder mehrere Vorbilder, zweitens entsprechende Selbsterkenntnis und Selbstdisziplin und drittens die öffentliche Wertschätzung für Anstand, Rücksichtnahme und Bildung.

Daß auch diese zunehmend zerfallen, ist wirklich zum Grundproblem aller sogenannt zivilisierten Gesellschaften geworden. Warum? – Weil auf die große Mehrheit der Menschheit – und dies gilt in ‹Entwicklungsländern› ebenso wie in ‹entwickelten› – die ersten zwei Zeilen dieses Texts nicht mehr anwendbar sind:

Mangelnde Erziehung, Bildung und Kultiviertheit führen ‹dank› *Irreligiosität* zu *Orientierungslosigkeit* und *Haltlosigkeit* – und diese zur Verführbarkeit auf allen Existenz-Ebenen. Wie in früheren Jahrhunderten sagt der Philosoph auch heute:

«Es war noch nie so prekär! – Die Verwurzelung in irgendwelchen Grundwerten und Bildung («Formung», wie andere Sprachen sagen), war noch nie so dürftig, die Festigkeit des Charakters noch nie so sehr durch Schwachheit und Manipulierbarkeit verdrängt – und daher Verführbarkeit und Gewaltbereitschaft Einzelner samt der Verletzlichkeit der Gemeinschaft noch nie so ausgeprägt!»

Dasselbe scheint auch Lao-Dse zu seiner Zeit empfunden zu haben; endet doch der Text von N° 54 mit demselben tristen: *«Oh weh!»*, wie jener von N° 53. – Gerade das gibt ihm seine unmittelbare Dringlichkeit.

Als letzte Bemerkung zum sozialen Aspekt dieses Texts sei auf seine dritte Zeile hingewiesen: Die Aussicht auf Totenopfer nicht nur beim Ableben, sondern über Jahre, Jahrzehnte – und vielleicht auf Jahrhunderte hinaus, wenn es sich um den Kaiser handelte, waren *per se* Ansporn genug, ein möglichst ‹gutes› Leben zu führen. In den heutigen ‹entwickelten› Kulturen ist der Totenkult offiziell abgeschafft und lebt nur noch ‹incognito› weiter, d.h. unter einem politischen oder kirchlichen Deckmäntelchen. Beispiele sind das noch jahrelang mit Blumen und Kerzen versorgte Grab eines Angehörigen, das Denkmal für einen vergessenen Helden, die jährliche Ehrung der Gefallenen eines verlorenen Kriegs, oder ‹kirchliche› Feiern wie ‹Allerseelen›, ‹Totensonntag› und dergleichen. Über seinen eigenen Ruf nach dem Tod macht sich heutzutage niemand mehr Gedanken.

Anders sah und sieht es allerdings aus, sobald man diesen Text auf den Pilger auf dem gnostischen Erkenntnispfad anwendet: Weder erwartet noch wünscht dieser zwar einen Totenkult nach seinem Ableben; – im Gegenteil! – Aber er weiß, daß in seinem nachtodlichen Zustand er selbst konfrontiert werden wird mit dem soeben abgeschlossenen Leben, und daß er desto länger in den unerquicklichen Astralgebieten verweilen muß, je weniger Selbstzucht er im physischen Leben walten ließ. Ist es ihm jedoch Ernst mit der Bemühung um Erneuerung und Transformation – also mit der Bildung einer Neuen Seele und deren anschließenden Anbindung an den göttlichen Geist – so wird er sich sehr bemühen, daß *«sein De – seine ‹Tugend› – echt sei»*. Er wird also danach trachten, sich entsprechend zu *«veredeln»*; – jedoch nicht in humanistischem, weltmenschlichem Sinne, sondern im Sinne der Gnosis: im Sinne des *Weniger-werdens* und des *Nicht-tuns*, wovon im *Dao-De-Ging* so oft die Rede ist.

Erreicht der Kandidat des Pfads diese höhere geistige Ebene, so wird er sich bewußt, daß er nicht nur einem *Ideal-Bild nachfolgen* darf, sondern auch selber *ein Vor-Bild werden* muß – sei es für einzelne Menschen, sei es für die Gemeinschaft, die um ihn ist: sein ‹Haus›. Nochmals eine Ebene höher beginnt das Bestreben, als leuchtendes Beispiel – als leuchtender Zeuge fürs Licht – *in der Welt* zu stehen; denn er weiß, daß jede Bemühung in diesem Sinne dazu beiträgt, dem Universum auf seiner Evolutions-Spirale etwas – und sei es noch so minim – weiterzuhelfen. Das Ergebnis wird sich unmittelbar zeigen: bei ihm selbst, in seiner Gruppe und in der Welt.

Und woher weiß er, daß all das so ist?
Eben daher!

第五十五章

含「德」之厚,比于赤子。毒虫不螫,猛獸不據,攫鳥不搏。
骨弱筋柔而握固。未知牝牡之合而朘作,精之至也。
終日號而不嗄,和之至也。
知和曰「常」,知常曰「明」。益生曰祥。心使氣曰強。
物壯則老,謂之不道,不道早已。

55.

Wer die Gnosis beherzt annimmt,
gleicht einem neugeborenen Kind:
Giftige Insekten quälen es nicht,
Wilde Tiere überfallen es nicht,
Raubvögel greifen es nicht.
Seine Knochen sind schwach, die Muskeln zart,
und doch packt es fest zu.
Unbewußt der Vereinigung von Mann und Weib,
steht dennoch sein Glied auf:
Lebenskraft fühlt es im Übermaß.
Den ganzen Tag schreit es ohne Schmerz:
Harmonie fühlt es im Übermaß.

Die Harmonie zu kennen, nennt man [Ewigkeit] —
Die Ewigkeit zu kennen, nennt man [Weisheit] —
Unerwartete Wohltaten nennt man Glück —
Beherzt an der Seele bauen, nennt man Stärke —

Dinge stärken zum Ausgleich des Alterns,
bedeutet: man ist nicht auf dem Rechten Weg —
weg vom Rechten Weg schon lange.

Wenige Texte haben zu so weit auseinander liegenden Übertragungen und Deutungen geführt wie dieser – sogar im heutigen China und beim Erstellen der eigenen Übersetzung. In der ersten und vierten Textzeile wurden fehlende Ausdrücke in eckigen Klammern ergänzt. Diese sind Interpolationen und daher unsicher. –

Während alle bisherigen Übertragungen in der ersten Zeile den ergänzten Ausdruck 德 – DE (*«Tugend»*) als *Der Weg* übersetzen, wurde dafür hier gleich *Gnosis* eingesetzt. – Der zweite Textteil scheint einen bereits fortgeschrittenen Kandidaten zu meinen; im ersten geht man davon aus, daß der Neophyt, der *Den Weg* betritt, einem Neugeborenen verglichen wird, das, wie Vers 52 sagt, *seine Mutter annimmt und sich dadurch ihr Kind weiß.* Dieses Kind wird einerseits beschrieben als unschulds-rein, andererseits als energisch dieses neue Leben ergreifend und es manifestierend in jeder Form von Lebenskraft, die das neue Wesen durchströmt:

Mit festen Fäustchen faßt es nach der Gnosis: Zart sind noch seine Knochen (Kenntnis der Lehre) und seine Muskeln (Bewußtsein); – der Verstand (Intellekt) ist noch klein, doch die Freude ist groß; und die geschlechtliche Vitalkraft – die *magische Spiritualität* – erfaßt es spontan; – noch weiß es nicht, worum es sich handelt, noch *daß* es so ist. Die «*Unbewußtheit der Vereinigung von Mann und Weib*» hat aus dieser Sicht den Sinn der Unbewußtheit bezüglich *Yin und Yang* – also bezüglich der *Dichotomie des Universums* ebenso wie bezüglich der Aufgabe des ‹Schülers›, sich mit der Gnosis zu *vereinen* und zugleich zur Wiedervereinigung der Gegensätze *bewußt beizutragen* – in sich selber wie im Kosmos.

Von genauer Kenntnis des kleinkindlichen *Da-seins* und *So-seins* zeugt es, wenn der Autor das unmäßige Schreien nicht als den Ausdruck von Schmerz und Unzufriedenheit deutet, sondern als den überbordenden Selbstbefindens ohne Bewußtsein von ‹Gut› und ‹Böse› – als Überfülle gesunder Lebenskraft; – d.h. als Ausdruck des Dranges seines *‹Ch'I›*, Harmonie zu *schaffen* und zu *manifestieren*. Denn wenn das Kleinkind beim Schreien auch alle Anzeichen größter Anstrengung zeigt, so doch (normalerweise) keine von Schmerz. – Diese Tatsache hat schon viele Eltern zutiefst verunsichert. —

Die *Unschulds-Reinheit* jedes Kleinkinds hat seinen Grund: Noch kennt es nicht den *astralen Sturm*, denn ihm fehlt noch das ‹Organ› dazu: der *Astralleib*. – Noch kennt es weder Angst noch Aggression; darum löst es auch bei als aggressiv bekannten ‹Tieren› noch keine Aggression aus: Ähnliches gilt für den Neophyten: Die *Gegenkräfte* – die *Gegner der Gnosis* – berühren ihn noch kaum. Doch diese Unschulds-Reinheit geht dem Kandidaten der Gnosis leicht verloren, wenn er die kindliche Spontaneität verliert und sich allzu ängstlich an die Verhaltens-Normen der *Lehre* hält:

«*Denn auch von der Lust hätte ich nichts gewußt, wenn nicht das Gesetz gesagt hätte: „Laß dich nicht gelüsten!"*» (Rö. 7:7).

Nun macht der Text einen Sprung von mehreren Jahren und fährt fort, wo der Kandidat bereits ein neues *So-sein* entwickelt hat, nämlich die Ruhe und Gelassenheit, welche die Voraussetzung ist für das angestrebte *Wu-Wei* – das *selbst-wirkende Nicht-tun*.

Aus seiner neuen Sicht heraus hat der Kandidat zu unterscheiden begonnen, was seinem Weg hilft und was ihn hindert, bzw. ihn von diesem im ganz wörtlichen Sinne *ab-lenkt*. Nicht daß er bereits in

Allem die neue Lebenshaltung erreicht hätte, die nötig ist, um sich *gut festzuhalten* und *nicht abgeworfen* zu werden, wie Kapitel 54 es ausdrückt: Mit Paulus (Phil 3:12) sagt er: *«Nicht daß ich es schon ergriffen habe oder schon vollendet sei; ich jage ihm aber nach, ob ich es doch ergreifen möge, indem auch ich ergriffen bin»*. – Dieses *«Jagen»* nennt die heutige Gnosis das *Endurá* – das Auf-sich-nehmen und *Erdauern* all dessen, was im Laufe des Pilgerpfads auftaucht an Mühe und Last; das *Überwinden* aller Hindernisse in *Geduld* und *Gelassenheit*.[31]

Sehr unterscheiden sich ab hier die Versionen in West wie Ost: Wichtig scheint, einige der *wiederkehrenden* vielsinnigen Zeichen nicht *gleich*, sondern als Ausdruck *textlicher Ästhetik* aufzufassen.

Die verbindende Essenz der vier Textteile nennen wir: *«Natürliche Harmonie als Fundament der Erfahrung des Ewigen»*. Diese *natürliche Harmonie* äußert sich erstens im spontanen Verhalten des Säuglings; – zweitens als Ruhe und Gelassenheit im Ertragen des Endurá; – drittens im Verzicht auf akademisch analytische Dispute – zugunsten der *gesunden natürlichen Vernunft* in Kenntnis der Universellen Lehre; – und viertens im *Mitbewegen* mit den äußeren Umständen, wozu auch das Altern und Sterben aller *Formen und Rahmenbedingungen* Des Wegs gehört. Durch *Mitbewegen* wird zwar *der Tod* möglich – aber auch *Wachstum und Erlösung*. Das Gegenteil wäre, am Gegebenen zu *haften*, sich dem Altern und Absterben zu widersetzen und zu meinen, durch das *«Stärken von Dingen, um ihre Überalterung auszugleichen»* etwas Gutes zu tun.

Auch, geht es nicht an, sich auf ‹Glücksfälle› zu verlassen. *Der Weg* kann nur in Entschlossenheit und Kraft gegangen werden, unbeirrt durch was immer sich dem Pilger entgegenstellen möge – und in wachsender Freude und Dankbarkeit, weil die Teilhaberschaft an der Gnosis – die Verbindung mit dem göttlichen Geist – zunehmend *erfahren* wird: Das ist die reinste Erfahrung des Ewigen, und sie entsteht im ‹leeren› *Da-sein*, durch Loslassen allen *Seins*, beherzt in Gelassenheit. – Also, in Umkehr des Texts:

Dinge zu stärken, welche die Erneuerung fördern, bedeutet, man ist auf dem Rechen Weg — Jetzt!

VERSION INTERNET (QUELLE UNBEKANNT):

[知者不言。
言者不知。]

塞其兌，閉其門；
挫其銳,解其紛；和其光,同其塵；是謂玄同。
故
不可得而親,不可得而疏；不可得而利,不可得而害；
不可得而貴,不可得而賤。故為天下貴。
者實際去　智者實際去…

WANG-BI:

知者不言。
言者不知。
挫其銳,解其紛,和其光,同其塵,是謂玄同。
故
不可得而親。不可得而疏。不可得而利。
不可得而害。不可得而貴。不可得而賤。
故為天下貴。

GRUND-VERSION:

第五十六章

知者不言，言者不知。
挫其銳，解其紛，和其光，同其塵，是謂「玄同」。
故不可得而親，不可得而疏；不可得而利，不可得而害；
不可得而貴，不可得而賤。故為天下貴。

56.

Wer ES kennt, redet nicht darüber —
Wer darüber redet, kennt es nicht.

Sein Hin-und-Her wegdrängen —
seine Tore verschließen —
seine Heftigkeit besiegen —
sein Durcheinander klären —
Harmonie in seine Lichter bringen —
ähnlich werden seinem Staub:
Das nennt man zu Recht das Geheimnis des Pfads —
und dies,
ob man Familie hat und geliebt wird —
ob man einsam und unbeachtet lebt —
ob man Gewogenheit und Gewinn erntet —
ob man Haß und Verlust erfährt —
ob man in adligem Stand und prächtig lebe —
ob man von niedrigem Stand und arm sei:
Daher wird ES in der Welt hochgeschätzt.

Wenn ein Mensch ES wirklich erreicht hat, geht er weiter —
Ein Weiser ist Einer, der ES wirklich erreicht hat, und weitergeht ...

Für diesen ‹bekannten› Text gibt es, außer den westlichen, Tausende chinesischer Internet-Seiten. Die Unterschiedlichkeit der Interpretationen ist beeindruckend. Dort tauchten auch (hier blau eingefärbt) weitere Textteile auf, die in den anderen uns bekannten chinesischen Textversionen fehlen. Diese erlauben, dieses Kapitel in sinniger Deutung mit mehreren anderen zu verbinden. –

Dazu sind einige weitere Bemerkungen angebracht: Die dritte Zeile: 塞其兌 閉其門 entspricht genau dem Beginn des zweiten Teils von N° 52. Zu betonen ist noch, daß im zweiten Teil des Texts jeweils *für einen Text-Ausdruck zwei Bedeutungen* übertragen wurden: eine materielle und eine immaterielle, eher ‹moralische›. Diese sind aus *wirklich vielen* ebenfalls ‹richtigen› ausgewählt, um einen adäquaten Gesamteindruck des Texts zu vermitteln - denn:

Je tiefer man in diese Polyvalenz eindringt, desto besser zeigt sich der *innere Sinn* des Textgewebes. Der Autor betont vorallem, daß Dao weder genannt noch so beschrieben werden kann, wie es wirklich ist (vgl. N° 01. – Zweitens erklärt er, *wie* man Zugang zu Dao erhält; – und drittens, *wer* für Dao prädestiniert ist, nämlich *alle Menschen guten Willens*, unabhängig von ihren Lebensumständen! – Viertens aber – welch große Rarität in der gesamten sakralen Literatur! – wird leise darauf hingewiesen, daß *Der Weg* mit der *Transfiguration* nicht abgeschlossen ist, sondern vielmehr – auf einem höheren Spiralengang – *erneut beginnt*!

Die *Botschaft* dieses ‹bekannten› Texts mit seiner Unterscheidung von *Wissen und Kenntnis* heißt:
Wer *innerliche Kenntnis besitzt*, hat nicht nötig, viel zu reden: Zu wem soll er sprechen? – Zu jenen, die *wissen* wie er? Gemeinsame Kenntnis macht nicht viele Worte, und über ES kann man nicht viel sagen. – Zu jenen, die *keine Kenntnis haben*? Auch viele Worte könnten ES ihnen nicht erklären. Doch braucht es weder geheime Zeichen noch Griffe, um das Unerklärliche zu teilen in gemeinsamer Zugehörigkeit zum Unaussprechlichen. – Teilen heißt hier: einander verstehen, Kenntnis vereinen, zusammen verstärken – und dadurch *gemeinsam wachsen lassen*.

Die Eitelkeit des Ich bewirkt aber oft, daß der Mensch spricht, wenn er nichts zu sagen hat (oder weil er die Stille des Schweigens fürchtet); – daß er sich ereifert, wo er den Ausgang nicht sieht; – und am wenigsten schweigt er in seinen Gedanken.

Fulcanelli erklärt die bekannte Devise des Zarathustra: «*Wissen · können · wollen · wagen · tun · schweigen*» und endet mit den Worten:
«*Endlich, wenn der Erfolg vielen, vielen Jahren der Bemühung die Krone aufgesetzt haben wird, wenn alle seine Wünsche erfüllt sein werden, wird der Weise, voller Verachtung für die Eitelkeiten dieser Welt, sich den Demütigen und Enterbten nähern – Allem, was hienieden leidet, kämpft, jammert und verzweifelt. Als anonymer und stummer Jünger der ewigwährenden Natur, als Apostel der unendlichen Barmherzigkeit wird er treu bleiben seinem Gelöbnis zur Verschwiegenheit. Im Wissen und in der Wohltat schuldet der Adept immerwährendes SCHWEIGEN.*»[32]

«*Wissen – Können – Wagen – Tun – Schweigen*» könnte auch für den ‹Adepten› der *Gnosis* als Maxime gelten. Wie aber soll man «*die Stufen ersteigen, die zum WISSEN – zur wahren Kenntnis – führen*»? Lao-Dse gibt eine knappe, doch verbindliche Anleitung:
Das Wichtigste – für den Neophyten allgemein, für den fortgeschrittenen Kandidaten täglich, für den ‹vollendeten Weisen› aber

in jedem Augenblick – ist das *Schweigen* der physischen, astralen und mentalen Bewegtheiten: Das *Lassen* der Betriebsamkeit dieser Welt bis hin zur vollkommenen *Gelassenheit*, die zur *Kenntnis des Ewigen* führt, wie N° 55 des *Dao-De-Ging* erklärt.

Das Leben manifestiert sich in der menschlichen Natur durch *Spannung* und *Bewegung*: Erregung und Bewegung bis zur Überhitzung; Unstetigkeit bis zum Irrsinn; Zersplitterung bis zum Chaos. Typisch für den Menschen ist seine astrale und mentale Bewegtheit: Unaufhörlicher Wirbel der Gedanken und Sorgen, der Ängste und Wünsche, des kaum unterbrechbaren ‹Dialogs› des dialektischen Ich mit sich selber: Narziß spricht zu sich selber im Spiegel seiner Bewegtheiten: Emotionen, Gedanken, Aktivitäten. Dieses dauernde Treiben gilt es zu unterbrechen, die ‹Tore› der Sinne und Sinnes-Äußerungen zu verschließen – und dennoch *in der Welt* zu bleiben – in *neutralem* Mitbewegen und Mitfühlen!

Das «*Ein-und-Aus*», das «*Hin-und-Her*», die ständige Bewegtheit der menschlichen Seele aus Hoffnungen und Ängsten, Sympathien und Antipathien; dieses Glühen und Fliehen, dieses Sicherhitzen und verbrennen, dieses Sich-abkühlen und erstarren … – Dieser Sturm von Erregungen hält die Seele in hastigem Atem. Zerstreuungen, Störungen und Ablenkungen der Welt strömen ständig auf sie ein, tausend Keime für Täuschungen, Enttäuschungen und Schmerzen säend! Dazu kommen Beeinflussungen sei es durch Menschen, sei es durch ‹Dämonen› oder ‹Geister›, sei es durch scheinbar unbelebte Dinge, die doch Hitze und Bewegung ausstrahlen … – Wie gut tut es da, alle Tore zu schließen!

Den astralen und mentalen Sturm, den Alle so gut kennen, dem Alle so eng verbunden und unterworfen sind, gilt es also zu demaskieren, neutral zu beobachten, beim Namen zu nennen: Was man bei seinem Namen nennen kann, kann man auch beherrschen lernen. – *Beherrschen des Sturms des Ich* heißt, diesen vollkommen loszulassen, also auch nicht zu bekämpfen: «*Widersteht dem Bösen nicht!*», sagt die Schrift. – Doch *wählen* soll der Kandidat – zwischen Bewegtheit und Kühle, – zwischen Hitze und Stille, wie N° 45 es beschreibt. Das heißt: Ruhe und Stille wählen, und *tatwirklich schweigen*!

Drei Eckpunkte des Stillwerdens nennt der Text: Erstens das Verlieren aller *Heftigkeit* – von der Streitlosigkeit bis zum Loslassen des *Eigenwillens* – jener Ich-Kraft *par excellence*, die noch im *physischen Schatten* sichtbar ist, den jemand auf den Boden wirft:

Heftigkeit ist viel subtiler als Zorn! Wer sich hier beherrschen lernt, ist wirklich *«stärker, als wer eine Stadt einnimmt»*. – Zweitens das *«gleichwerden dem Staub»* – oder *«den Weg im Schmutz gehen»*, wie man auch lesen kann: Die Zeichen 其尘 schließen die Bedeutung *seinem Schatten* ebenso ein wie die *«seinem Leichnam»* und *«seiner Asche»*. – Der dritte, ganz außerordentliche Eckpunkt dieser *Anleitung zur Neutralität*, wie man den Text auch nennen könnte, ist die Empfehlung: *«Harmonie in seine Lichter bringen»*.

Die Universelle Lehre von den ‹Körpern› und Chakren des Menschen würde das so erklären:

Die *feinstofflichen Körper* des Menschen und die einzelnen *Chakren* strahlen in unterschiedlichen Farben, die dem Eingeweihten bekannt, dem Hellsichtigen sogar sichtbar sind. Aus Reinheit, Leuchtkraft und Harmonie dieser Farben *strahlt* der aktuelle seelische und geistige Zustand des Menschen quasi offen sichtbar *in die Welt hinaus*. Dieser Ausdruck will besonders hinweisen auf die *persönliche Verantwortung jedes Menschen* – ob bewußt oder unbewußt – für die Energien, die er oder sie ausstrahlt, womit er oder sie das Universum beglückt oder belastet. Das macht deutlich, wie wichtig es ist, daß der Pilger auf dem Pfad von Dao einen sehr klaren Begriff dieser energetischen Verhältnisse hat, die in Bälde *für Jederman in der Welt* tatsächlich sichtbar werden sollen!

Das *I-Ging* nennt überdies die *Lichter der Augen* und die *«seitlichen Lichter»* der Ohren. Diese könnte man vereinfacht vergleichen mit den *«Ohren die hören, Augen die sehen»* der Evangelien. – *Darum* wurden die in N° 49 als *«beiläufige Bemerkungen»* gedeuteten Zeichen nicht silbengenau mit *Augen und Ohren* übersetzt.

«Prüfet die Geister, ob sie aus Gott sind», sagt die Schrift (1. Joh. 4:1). Doch die *Unterscheidung der Geister* ist eine der Gaben des Geists an die *wahren Jünger*. Davon kann aber für den Neophyten noch keine Rede sein. Umso weniger von der *Beherrschung* der Geister, die im Dienste des Widersachers stehen: Deren Zweck ist es, den Kandidaten, Jünger oder Apostel in jedem geeigneten Augenblick doch vom *direkten*, vom *Rechten Weg* abzulenken. – Nun wäre es aber eitel und sinnlos, gegen all diese sowohl innerlich wie äußerlich wirkenden Gegenkräfte kämpfen zu wollen. Weit besser ist es, *«die Tore zu schließen»*, *«Wächter vor seine Gedanken, Gefühle und Handlungen zu setzen»* und all seine Kraft der positiven Orientierung nach dem *Einen Ziel* zu widmen – dem Erbauen seines mikrokosmischen ‹Neuen Jerusalem›:

«*Freuet euch jedoch nicht, daß die Geister euch untertan sind; sondern freuet euch, daß eure Namen in das Buch des Lebens geschrieben sind!*», ruft der Meister aus (Luk 10:20).

Wer spricht da noch von ‹gefallenen Menschen›? Das *Geheimnis des Pfads erfahren*; – sich dem Licht, der Gnosis *vereinen* – das hebt jede Trennung auf! Tief innerlich *verstehen*, daß Trennung die *fundamentale Illusion* des zentripetalen, unwissenden Menschen mit seinen Bewegtheiten und feurigen Willensflammen ist! – Tief innerlich *fühlen*, daß *das Reich in ihm selber ist* – daß Gott und seine Jünger *ewig untrennbar Eins* sind! – *Trennung* von Gott kann nur demjenigen ‹wirklich› scheinen, der Dao – die Gnosis – *nicht kennt*: Das ist die fundamentale Unwissenheit!

Der Jünger *weiß*, daß er *sehr, sehr Vieles nicht weiß*. Nur Eines *weiß er ganz sicher*: Er ist Eins mit Gott, Eins mit dem Universum und mit jedem Geschöpf; und darum auch Eins mit der Welt, zu der er dennoch nicht mehr ganz gehört. – Und doch: Welcher als Persönlichkeit lebende Mensch darf von solch *wahrem Wissen* sprechen, ohne zugleich zu befürchten, der ärgsten Täuschung zum Opfer zu fallen? – «*Geht Euren Pfad ... mit Furcht und Zittern!*»

Weiß sich der Kandidat Eins mit allen Geschöpfen, so wendet er sich ihnen zu in wahrem *Mitfühlen*. – Derart ‹wissend› kann er jede Ansicht zu seiner eigenen machen (vgl. N° 49): Er sieht und fühlt mit dem Bewußtsein eines Jeden. Jenen, die Dao – die Gnosis – noch nicht kennen, teilt er mit, soviel sie anzunehmen bereit sind. – Nicht über ihnen steht er. Eins mit ihnen ist er – Staub im Staub – dank seiner neuen Denk-Art, dank seiner Einfühlung und ungeteilten Liebe. Seine *Kenntnis – Gnosis* – teilt er so freudig mit ihnen, wie mit Jenen, die wissen wie er. So wird das Ganze immer größer, strahlender und gänzer. – *Vereint* gehen die lebendigen Zeugen fürs *Licht in der Welt* der vollkommenen Wandlung entgegen!

Und wenn dann ihr *Neuer Göttlicher Mensch* aufsteht? – Als Diener der universellen Gnosis, Helfer für die Gemeinschaft aller suchenden und leidenden Geschöpfe, gehen sie weiter und weiter:

Wer ES wirklich erreicht hat, geht immer weiter!

第五十七章

以正治國,以奇用兵,以無事取天下。吾何以知其然哉?以此:
天下多忌諱,而民彌貧;人多利器,國家滋昏;人多伎巧,
奇物滋起;法令滋彰,盜賊多有。
故聖人云:「我無為,而民自化;我好靜,而民自正;我無事,
而民自富;我無欲,而民自樸。」

57.

*Mit Aufrichtigkeit regiert man den Staat —
dann benötigt man selten Soldaten:
Mit Nicht-tun erobert man die Welt. —
Woher ich denn weiß, daß das richtig ist?
Aus diesen Gründen:
Im Reich viele Verbote — das Volk ganz verarmt.
Im Volk viele Waffen — in den Dörfern herrscht Verwirrung.
Im Volk viele schlaue Ränke — blutige Anschläge erregen Aufruhr.
Dekrete und Gerichtsurteile schaffen Klarheit —
viele Banditen laufen herum.
Daher sagt der Weise [Herrscher]:
«Ich tue nichts — dann schafft das Volk von sich aus Ordnung.
Ich lasse mir's gelassen gut gehen —
dann wird das Volk von sich aus ehrlich.
Ich mache keine Schwierigkeiten —
dann wird das Volk von sich aus reich.
Ich giere nach nichts —
dann wird das Volk von sich aus genügsam.*

Die beiden Kapitel 57 und 58 bilden ein Paar: N° 57 lehrt, was ein weiser Herrscher *tun soll*, um möglichst bequem und vorteilhaft regieren zu können, N° 58, wie er *sein soll*. Fast alle früheren Übersetzungen *setzen voraus*, daß wirklich Krieg geführt *wird*. Der Daoismus lehrt aber gerade die *Vermeidung* aller Waffengewalt: «*Stark ist wirklich, wer nie zu kämpfen braucht*», lehrt Sun-Tsu.[33]

Darum wurde auch «*viele Waffen*» als Variante bevorzugt. Die «*listigen Ränke*» könnten auch als *Spione* oder *Geheimpolizei* übersetzt werden. – Das genauere «*Seltsame Dinge*» meint nicht *List*, sondern (meist blutige) ‹Zwischenfälle› und *Verbrechen*. –

Hauptaufgabe des Herrschers ist es gemäß N° 57, dem Volk ein gutes Vorbild zu sein. Geht es dem Volk gut, dann auch ihm. – Wohlwollendes Herrschen im Nicht-tun, so lehrt dieser Text, zahlt sich aus, denn:

Mit Nicht-tun erobert man die Welt!

第五十八章

其政悶悶,其民淳淳;其政察察,其民缺缺。
是以聖人方而不割,廉而不劌,直而不肆,光而不耀。
禍兮福之所倚,福兮禍之所伏。孰知其極?其無正也。
正復為奇,善復為妖。人之迷,其日固久。

58.

Ist die Regierung sehr lasch, ist das Volk sehr gutmütig. —
Ist die Regierung sehr streng, ist das Volk sehr fehlerhaft. —
Darum: Der rechte Weise
herrscht mächtig – aber nicht grausam —
distanziert – aber nicht abweisend —
streng – aber nicht tyrannisch —
glänzend – aber nicht blendend.
Unglück kommt – Glück überläßt ihm seinen Platz —
Glück kommt – Unglück wird von seinem Platz gestoßen. —
Wer kennt sein Geschick?
Gerades wirkt zugleich als Ungerades —
Gutes wirkt zugleich als Böses.
+
Der Mensch ist voller Angst und Verwirrung:
Seine Sterne stehen seit langem fest.

Dies ist einer der schönsten Texte im Dao-De-Ging – einer jener seltenen, worin die menschliche Seele direkt zu Wort kommt, so wie sie wirklich ist – ohne daß doch *ausgesprochen* würde, was sie zuinnerst bewegt.

Der erste Teil ist das bereits angekündigte Pendant zu N° 57, worin beschrieben wird, *wie* der weise Herrscher beschaffen sein soll. Er wird geschildert als ein Vater seines Volkes, ähnlich wie der deutsche Kaiser Wilhelm und sein ‹Eiserner Kanzler› Bismarck in ihren besten Tagen, Ende des 19. Jahrhunderts. Es wäre lohnend, die Parallelen zwischen dem deutschen und dem chinesischen Gemütsmenschen aufzusuchen; und es ist interessant, daß kein anderer europäischer Herrscher diesem daoistischen Ideal je nahe kam ...

Der zweite Teil des Texts ist eine melancholische Betrachtung, wie ein sehr erfahrener Mensch sie anstellen kann, wenn er übers Leben nachdenkt. Man darf also annehmen, Lao-Dse (oder wer immer der betagte Lehrer im *Dao-De-Ging* war) habe seinen Schülern seine eigenen Erfahrungen und Gefühle mitgeteilt, wie wenn sie von einem *weisen Herrscher* ausgesprochen würden, der schon manches Jahr des Herrschens hinter sich hätte – und vielleicht nur noch wenige vor sich sähe. Dies ist zugleich die so bekannte Situation jedes Menschen, der an irgendeinem Punkt seines Lebens *zur Besinnung kommt.* – Buddha war zum Beispiel (gemäß seinem Mythos) 29 Jahre alt, als er den Palast verließ und in die Askese zog; Hiob hatte an diesem Punkt deren bereits über 70.

Dieser Moment des Zur-Besinnung-kommens wurde auch schon «der psychologische Moment [par excellence]» genannt; d.h. eine in einem Menschenleben zwei bis dreimal auftretende Situation, wo die Seele aus ihrem Tiefschlaf aufschreckt und sich vor die Möglichkeit *neuer Bewußtwerdung* gestellt sieht. Dieser *Moment der Wahl* tritt nur selten aus innerem Antrieb auf; – noch seltener in jungen Jahren – es sei denn, ein junger Mensch, der im Begriffe steht, seine Persönlichkeits-Werkzeuge (feinstoffliche Körper und Chakren) aufzubauen, entdecke zugleich eine Art von Erinnerung , die ihn – erst vage, dann immer deutlicher – dem *Einen Weg* wieder zuführt. – *Aufs Neue*, darf man sagen; denn ohne daß *schon vor der Geburt* ein Erinnerungskern an solches Streben vorhanden gewesen wäre, kann diese Dynamik nicht *spontan* auftreten. Im seltensten Falle kann es sich auch um eine Wesenheit handeln, die den Weg der Erlösung durch Selbst-Einweihung bereits einmal vollendet hat, aber freiwillig in die Welt zurückgekehrt ist, um hier *erneut* einen Mikrokosmos zur Vollendung zu führen.

Eindrücklich ist, daß solch eine Person durch die Welt nicht etwa privilegiert, sondern vielmehr eher gehindert wird, in die so gewählte hohe Bestimmung einzutreten – oft sogar durch den Tod ...

Meist aber handelt es sich bei diesem Moment des Wiedererwachens eines Bewußtseins um die Erkenntnis: «Es gibt nichts beständig Gutes; – beständig ist nur der Wechsel!» – Eine Ratlosigkeit, wie das Leben mit seinen *Wechselfälle und Widersprüchlichkeiten* sie eben hervorbringen kann: Eine Situation, die z.B. erfahren wird als besonders schwere Enttäuschung, als besonders tiefer Schmerz, oder gar als Zusammenbruch der gesamten bisherigen relativ angenehmen Existenz. Dann kann es geschehen, daß dieser Mensch – auf der Basis großen Selbstmitleids – ausruft: «Wie kann das geschehen? – Warum gerade mir – und warum gerade jetzt?» Und so beginnt dieser Mensch, über die Wechselhaftigkeit irdischen Daseins nachzudenken: über die Widersprüchlichkeiten der Kräfte und Gegenkräfte in der Welt; über Schmerz und Ungerechtigkeit – über ‹Gut› und ‹Böse›. – Er oder sie mag dann in den seelischen

Klageruf ausbrechen (wie in Bachkantate BWV 48): *«Ich elender Mensch – wer wird mich erlösen?»*
All dies wird angetönt in diesem 58. Kapitel des *Dao-De-Ging*, wo der kommende oder bereits inthronisierte Herrscher ermahnt wird, sich frühzeitig Gedanken zu machen über das Wesen des Lebens und der Welt – besonders aber über das *Schicksal* eines Herrschers: Gedanken, die ihn führen sollen zu Mäßigkeit, Milde, Gerechtigkeit und innerer Demut – und wohl auch zu eigener Religiosität – einer Religiosität in *Dao*, die weit über die Frömmigkeit gewohnter kaiserlicher Opferrituale hinaus geht.

Besonders subtil wird die *eine Lebensfrage* in den Text eingeführt, die *jeden* Menschen innerlich bewegt, der nicht vollkommen abgestumpft ist. Es ist die bange Frage nach dem Tod und nach dem, was allenfalls danach sein wird; – und sie wird hier eingeführt anhand einer *nicht geäußerten* Aussage dort, wo in der gegenwärtigen Übertragung das Kreuz steht. Es ist die Aussage: *«Das einzig Sichere im Leben ist der Tod!»*. – Eine Aussage, die in einem chinesischen Text jener Zeit sicher nicht gemacht werden durfte.

Darum mündet die Anweisung an den Herrscher anhand der *«Gedanken, die ein weiser Herrscher sich machen soll»* in die bange abschließende Fortsetzung der *gerade nicht* gemachten Aussage; und diese Fortsetzung heißt, etwas ausführlicher formuliert, indem der Ausdruck 迷 für *Angst* sehr viele Bedeutungen hat:

«Da nun alles in dieser Welt veränderlich ist in unberechenbarer Weise und ohne daß selbst der größte Herrscher sich dagegen wappnen – ja nur nützliche Vorkehrungen treffen könnte, selbst wenn er aufs Gewissenhafteste regiert; – da, zweitens, an jedem Tag das Glück sich wenden und ein ungewisses, ganz unbekanntes Schicksal eintreffen kann; – und da, drittens, meine Stunde des Todes schon seit Langem durch die Sterne bestimmt ist; – so bleiben mir nur noch Unsicherheit, Angst, Zittern und Verwirrung! – Oh weh!»

Kapitel 76 wird eine Antwort auf diesen tiefen Seufzer geben.

Der Samurai-Meister Itei sagte:
Worum man bittet, das wird man erhalten!

第五十九章

治人事天,莫若嗇。
夫爲嗇,是謂早服;早服謂之重積德;重積德則無不克;無不克則莫知其極;莫知其極,可以有國;有國之母,可以長久;是謂深根固柢,長生久視之道。

59.

Ein erfolgreicher Diener des Erhabenen erscheine nicht kleinlich.
Ein Bürger diene peinlich genau, wenn er wirklich beabsichtigt,
früh ein Gewand zu erhalten.
Früh ein Amtskleid zu erhalten, bewirkt: er sammelt viel Gunst.
Viel Gunst anzuhäufen, bewirkt: ihm ist nichts unerreichbar.
Alles erreichen zu können, bewirkt, keine Grenzen zu kennen;
Keine Grenzen zu kennen, befähigt ihn, ein Land (zur Verwaltung)
zu erhalten;
Ein Land zu erhalten [und ihm] Mutter [zu sein], befähigt ihn,
lang an Erfolg zuzunehmen.
Wirklich bedeutet eine starke Persönlichkeit eine feste Basis.
Stetig wachsend und lange lebend, widmet er sich DAO.

Dieses Kapitel erscheint weniger aus philosophischer als aus sozialgeschichtlicher Sicht interessant: Es ist nur dann mit einer gewissen – aber nicht mit letzter – Sicherheit zu verstehen und zu übersetzen, wenn man eintaucht in die damaligen und dortigen Verhältnisse. Eine genaue Übertragung darf nicht vor dem Hintergrund westlichen Denkens und des gutgemeinten Vorurteils stehen, der Text müsse möglichst viel daoistische Lehr-Essenz enthalten: Dadurch werden leise Andeutungen übersehen und nur noch die lauten Worte verstanden, die sich (europäisch) auf *Tun und Haben* ausrichten – nicht aber (chinesisch) auf *Fühlen und Sein*. Selbst die heutigen chinesischen Interpretationen tragen mehr oder weniger deutlich den Stempel der zweiten, ‹modernen› Art.

Der schlimmste Haken des Texts findet sich gleich zu Beginn im Ideogramm 嗇, das zugleich *geizig, ärmlich, kleinlich* und sogar *eng* bedeuten kann, und das zuerst im Zuge einer ‹Warnung›, dann im Zuge einer Empfehlung vorkommt, ein *Paradoxon*, das den Leser verunsichern und zu allerlei Vermutungen verführen kann.

Zeichen für Zeichen übersetzt, kann dieser Beginn übersetzt werden als: *Menschen regiere – dem Himmel (den Göttern) diene*; – *erscheine nicht kleinlich* (und sogar: *tu nicht so geizig!*). – Viele Übersetzer wollen – entgegen dem Text: *Beim Menschen-regieren und dem Himmel dienen ist nichts so wichtig wie Sparsamkeit.* – Andere gerade umgekehrt: *Ein erfolgreicher Diener des Himmels* (d.h.: des

Kaisers) *erscheine nicht geizig.* – Ein chinesischer Kommentar endlich bringt den Ausdruck *pedantisch.* All dies führte zur gegenwärtigen Version: Der *Himmel,* das *Reich,* der *Erhabene* ist sehr oft der Kaiser selber, und so ist als Grund-Interpretation vertretbar, daß es sich hier um einen *«Laufbahn-Plan»* handle. Der Unterschied zu moderner Laufbahnberatung – und der Kern des Texts – ist nun der, daß diese ganze Erfolgslaufbahn allein darauf hin zielt, sich – einmal auf den höchsten Ästen des Erfolgsbaums angelangt – *nur noch der Vertiefung in Dao zu widmen.* Das ergibt denn auch, daß die Übersetzung für die zweitletzte Zeile, worin der Ausdruck 柢 (*Wurzel, Fundament, Fuß, Basis, Charakter, Persönlichkeit ...*) in glyphischer Tautologie doppelt vorkommt, leicht differenziert auch heißen könnte: *«Starke Wurzeln sind ein festes Fundament»*; – und dies wiederum ließe sich interpretieren als: *«Wer aus guter Familie kommt* (das französische *souche* entspricht dem ganz genau)*, der hat gute Voraussetzungen».*

Der Ausdruck 服 am Anfang hat übrigens sowohl die Bedeutung von *dienen, nützen, erreichen,* als auch von *Kleid, Gewand.* Das erinnert an den orientalischen Brauch, jemandem ein *Ehrenkleid* zu überreichen – sei es als Gastgeschenk, sei es als offizielle Erhebung in einen höheren Stand. Diese Sitte wird in Tibet noch heute aufrecht erhalten in Form der überreichten *Schärpen.* Diese ihrerseits stehen in Analogie zu den diversen *Stolen,* welche allerlei Priester sich umhängen – samt deren spezifischen Bedeutungen.

Die ‹Moral der Geschichte› ist also die Wichtigkeit, möglichst bald ein *neues Kleid* von höchster Stelle verliehen zu bekommen, was in Aussicht stellt, desto sicherer zu höchsten Ehren mit entsprechend prächtigeren Gewändern – aufzusteigen. Auch die gnostische Lehre spricht von *«früh Berufenen»* und von Kleidern der Ehre: vom Kleid der *Neuen Seele* bis zum *Goldenen Hochzeitskleid* des Neuen göttlichen Menschen. Doch schon Anfangs mahnt der Text: Wer erfolgreich ist, sei großzügig im Weiterschenken des Erworbenen! – Dasselbe will auch der früher zitierte Text von Fulcanelli. – *Das Ziel* heißt: *Lange wachsend (in) der Gnosis dienen:*

Stetig wachsend und lange lebend, widmet er sich DAO.

Einrichten eines ‹Geisterhäuschens› im heutigen Taiwan.
(Bildquelle: Internet)

第六十章

治大國,若烹小鮮。
以道蒞天下,其鬼不神;非其鬼不神,其神不傷人;
非其神不傷人,聖人亦不傷人。夫兩不相傷,故德交歸焉。

60.

Ein großes Land regieren
ist wie das Braten eines kleinen Fisches:

Waltet Dao im Reich,
so sind seine Gespenster keine Götter.
Wenn seine Nicht-Götter keine Götter sind,
Behelligt auch Gott die Menschen nicht.
Wenn keine Nicht-Götter die Menschen behelligen,
behelligt auch der Weise [Herrscher] die Menschen nicht.
Wenn alle einander gegenseitig nicht behelligen,
dann kehren zugleich Tugend und Eintracht wieder ein.

Dieses Kapitel gibt dem Westmenschen mehrere Rätsel auf: Was bedeutet das Braten von Fischen? – Und was die Geister, Götter und Nicht-Götter im China um die Zeit des 5. Jahrhunderts?[34]

Was die gebratenen Fische betrifft, so handelt es sich offenbar um ein altes chinesisches Sprichwort, welches sagen will, daß ein guter Regent sich möglichst wenig bemerkbar macht. Kapitel 60 sagt also im Wesentlichen dasselbe aus wie N°57; nur daß der religiöse Aspekt hier mehr als sonst im Vordergrund steht.

Ein moderner chinesischer Kommentator schreibt:
«Von Mao wird der Satz überliefert: *„Des Bratens müde zerfällt der Fisch; – der Regierung müde zerfällt die Nation* (人)*“.*»
Den *Sinn des Kapitels* faßt derselbe Kommentator wie folgt auf:
«*Solange Dao die Welt regiert, sind alle Arten von Zufällen (Gespenster) nicht länger unberechenbar (Götter). Nicht nur können jene nichts ausrichten: In einem gut regierten Volk können Zufälle auf psychologischer Ebene heilende Krisen hervorrufen. Sind die Herrschenden jedoch korrupt und pressen das Volk aus, so herrscht nicht Dao, und sie werden die Unterstützung des Volks verlieren».* – Die Klammern gehören zum Text. — Und weiter:
«Befragt, ob Gespenster uns schaden können, antwortete Confuzius: *„Wie soll, wer dir im Leben nichts tun konnte, als Geist etwas tun?"* Und befragt, ob das Ich sterben könne: *„Wenn wir nicht einmal das Leben kennen – wie können wir da den Tod kennen?"*» —
Das zeigt die materialistische Tendenz des Confuzius, der ja auch ein Verfolger und teilweiser Vernichter des Daoismus war.

Geister- und Gespensterglaube waren, wie in jeder Agrarkultur, auch im alten China allgegenwärtig und blieben dies auch während der ‹Kulturrevolution›, – umso mehr heute, wo selbst ein Zweig westlicher Esoterik sich intensiv mit Geisterbeschwörung und Schamanismus befaßt[35]. – Eine Journalistin schreibt dazu:
«*Chinesen glauben, jedes Stück Land werde von mindestens einem Geist bewohnt. Baut der Besitzer dort ein Haus, so nimmt er dem Geist sein Zuhause weg. Um nun den von seinem Boden vertriebenen Geist nicht zu verärgern, siedelt man ihn um: Damit er nicht mit den Menschen zusammenwohnen muss, bauen sie ihm ein eigenes Häuschen und richten es gemütlich ein. Als Gegenleistung hat der Hausgeist die Pflicht, die im Haus lebende Familie zu achten und für ihr Wohlergehen zu sorgen. Je zufriedener der Geist, desto grösser seine Unterstützung. Damit es ihm gut geht, bekommt er regelmässig Opfergaben: Oft eine kleine Portion frischer Früchte, Reis oder auch Kuchen. Zum Schmuck werden duftende Blumenguirlanden gehängt und Räucherstäbchen entzündet. Manchmal gibt es auch ein Schnäpschen oder eine Dose Coca-Cola – weniger wegen des Geschmacks, als wegen der roten Dose! Es heißt nämlich, dass Rot die Lieblingsfarbe der Geister sei.*»

Der bereits erwähnte chinesische Kommentator zu diesem Kapitel schreibt:

«In der traditionell chinesischen Sicht ist die Welt geteilt in den doppelten Kreislauf von Yin und Yang. Unsichtbare Unterwelts-Wesen {*Kuei*} sind das Gegengewicht zur Herrschaft der himmlischen Geister {*Shen*} ... Die Sonne sieht die heilige Herrschaft des Kaiserreichs. Eingriffe ins Zusammenspiel von Yin und Yang vernebeln die Tatsache, daß wir alle auf der Suche nach Gottes Willen sind. Man arrangiert sich zwischen Fragen von Leben und Tod und solchen des täglichen Wohlbefindens. Daher ist die Essenz dieses Spruchs {60}: „*Für einen weisen Weltherrscher in Harmonie mit dem Weg von Dao haben Gespenster mit gottgesandtem Unglück nichts zu tun*" ... – Im Weiteren beziehen sich in der Realität des menschlichen Geistes ‹Gespenster› ... hauptsächlich auf die Seelen von Vorfahren, von deren Vorfahren und deren Vor-Vorfahren ...»

Es versteht sich, daß der ‹weise Herrscher› nicht nur die Spruchweisheit von den gebratenen Fischen beherzigen, sondern auch vermeiden wird, die Geister zu beleidigen, indem er – wie in N° 39 geschildert – seine rituellen Totenopfer weiterhin pflegt, und sei es nur, um das Volk nicht zu verunsichern oder zu vergrämen.

Indes macht *Lao-Dse* auch klar, daß ein Weiser im Sinne des Daoismus die Geister nicht als Götter verehrt, sondern Dao als *oberste göttliche Mutter* betrachtet, so wie obiger Kommentator das schildert. Auch der westliche Geistesforscher weiß, daß Geister ernährt werden müssen, sollen sie nicht buchstäblich *verhungern.* Dies jedoch ist gerade das *Ziel* eines gnostischen ‹Schülers› auf dem Pfad von Reinigung, Erneuerung und Wandlung: Soll der *Gott in ihm* erwachen und die Leitung übernehmen, so müssen alle anderen ‹Geister› ausziehen. Darum gilt es, Dao – die Gnosis – in jedem Augenblick bewußt – oder doch im Hintergrund des Bewußtseins – an die allerhöchste Stelle zu setzen, die ‹hungrigen Geister› aber so lange abzuweisen, bis sie entweder verhungert sind, oder aber sich einer anderen Nahrungsquelle (‹Milch-Kuh›) zuwenden.

Es ist sicher gut, noch kurz darauf hinzuweisen und zu betonen, daß manche Menschen, die nach modernen medizinischen Begriffen an Magersucht (Kachexie) leiden, in Wirklichkeit oft von einem oder mehreren solcher Parasiten heimgesucht werden. Diese müssen aber nicht unbedingt als grausige Jins oder Kobolde gedacht werden: Sogar Personen aus dem engsten Lebens-Umfeld (Familie) können (vorallem im Schlaf) derartigem Vampyrismus frönen – und *alle* involvierten (einander so sehr zugetan scheinenden) Personen bleiben darüber in der vollkommensten Unwissenheit!

Für den Kandidaten auf dem Pfad ist es also absolut unabdingbar, sich von den alten ‹Geistern› und ‹Göttern› zu trennen, sich innerlich ganz auf die *Eine Wahrheit,* auf das *Eine hohe Ziel* – auf *Dao* – auf die *Gnosis* – auszurichten, und nur die keimende *Neue Seele* zu ernähren: «*Du sollst keine anderen Götter neben mir haben ... !*». – Nur dann werden seine ‹Geister› keine ‹Götter› sein oder bleiben; – nur dann werden sie ihn nicht mehr behelligen; – nur dann wird er das Neue, was in ihm wachsen und gedeihen soll, als *«weiser Herrscher»* wirklich so unterstützen können, wie er oder sie dies eigentlich möchte. – Tut man dies mit Intelligenz, und gehen beide Seiten – sozusagen – friedlich auseinander, so wird eine weitere Übersetzungsvariante Wirklichkeit:

So kehrt zugleich die Harmonie von Dao wieder in ihn ein.

第六十一章

大邦者下流,天下之交,天下之牝。牝常以靜勝牡,以靜爲下。
故大邦以下小邦,則取小邦;小邦以下大邦,則取大邦。
故或下以取,或下而取。大邦不過欲兼畜人,
小邦不過欲入事人。夫兩者各得所欲,大者宜爲下。

61.

Ein großes Reich ist wie ein untergeordnetes Land:
Das Reich ist seine Frau —
Dem Reich gibt es sich hin als Frau.
Die Frau pflegt stets bewegungslos den Mann zu besiegen —
Sie bleibt bewegungslos, weil sie unten ist.
Daher:
Ordnet das große Land sich dem kleinen unter,
dann erreicht das kleine Land seine Ziele. —
Ordnet das kleine Land sich dem großen unter,
dann erreicht das große Land seine Ziele. —
So wird entweder durch Nachgeben gewonnen,
oder es wird durch Nachgeben mit-gewonnen. —
Das große Land zwar will mehr Vieh und Menschen gewinnen,
das kleine Land aber will, daß das Volk gefördert wird. —
Gemeinsam erreichen beide was Jedes will,
Großen ziemt es sich, sich dienend unterzuordnen.

Unbewegtheit – Stille – ist eine der wichtigsten Grundlagen für das Erfahren von Dao, für Gleichgewicht und Harmonie – im Staat ebenso wie im einzelnen Menschen. Es ist daher selbstverständlich, daß ein Land, in dem die Harmonie von Dao als höchstes Gut gilt, auch Ruhe und Stille als hohe Güter betrachtet und anstrebt – für den Kaiser wie für Volk und Staat als organische Gebilde. Das ist aber keine Totenstille, sondern die ruhige Stetigkeit harmonischer Dynamik. Im alten China ist es die doppelte Dynamik von *Yin und Yang*, das dynamische Gleichgewicht von ‹männlicher› und ‹weiblicher› Energie – also von Aktivität und Passivität, von Bewegung und Ruhe, von Geben und Empfangen, von Zeugen und Offenbaren. Kein einziger harmonischer Ablauf kann sein ohne sie; – jeder natürliche Ablauf verdankt seine Vollkommenheit dieser Harmonie. Das *bewußte*, *zwanglose* Bewahren dieser harmonischen Gleichgewichts-Dynamik ist das Charakteristikum der Gesellschaften im jeweiligen sogenannten *Goldenen Zeitalter*.

Lebt eine Gesellschaft in Harmonie mit den Gesetzen und Abläufen in der Natur, so ist sie frei, sich über Bilder und Verhältnisse aus der Natur auszudrücken, ohne dabei eine *Emotion* – eine *Bewegtheit* zu empfinden. Und weil in Menschen und Tieren am deutlichsten die beiden Pole – der männliche und der weibliche – manifestiert sind, so ist auch ihre natürliche Paarung das beliebteste Bild zur Darstellung von deren Zusammenwirken und Harmonie.

Im Falle der *kosmischen Ordnung* des chinesischen Großreichs war es Aufgabe und Beruf des Kaisers – des *Himmlischen Herrschers* – diese Ordnung «in der *Welt*», d.h. im Kaiserreich, zu ermöglichen und aufrecht zu erhalten. Das Ideogramm für ‹Welt›, ‹Volk› und ‹Kaiserreich (China)› ist darum dasselbe; und man darf wohl annehmen, daß das *Imperium Romanum* nach diesem Vorbild sich selbst als *die Welt – orbis terrarum* – darstellte.

Im Falle des vorliegenden Kapitels im *Dao-De-Ging* geht es einerseits um eine Formel zur Expansions-Politik: Sich unterordnen, aus dieser Stellung Einfluß gewinnen und dadurch anschließend ‹oben› zu sein: das ist ein bewährtes Modell: So ‹übernahmen› die Khasaren im 9. bzw. 10. Jh. n.Chr. das Vezirat, dann das Khalifat in Baghdad. Ganz wörtlich nahm dies auch das habsburgische Kaiserreich in *seiner* Expansionspolitik, mit der Devise *«Tu felix Austria nube! – Du, glückliches Österreich, heirate!».*

Anderseits geht es darum, durch scheinbare oder wirkliche Unterordnung den Anderen zum Handeln zu veranlassen und dadurch zu gewinnen: *Das* nennt man *Verhalten nach den Gesetzen von Dao*. Der springende Punkt dabei ist das *beiderseitige Wohlbefinden* – die *Harmonie* von Yin und Yang.

Um nun zu unserem Text zurückzukehren, so geht es hier darum, Dao auch in der Staatenführung – und sogar in der Expansionspolitik – so anzuwenden, daß stets die *Harmonie* beibehalten wird, und zwar sowohl bezüglich der Anliegen des expandierenden Staats, als auch bezüglich des ihm neu anzugliedernden.

Dabei wird jedoch kein falscher Anschein erweckt: Der kleine Staat läßt den großen auf sich zu kommen (Sun-Dsu!), um in der Lage zu sein, Bedingungen zu stellen: Gewöhnlich wird ein Schutzbündnis verlangt; dazu andere Vorteile, darunter Förderungsmaßnahmen (Bildung, Rohstoffe, Nahrungssicherung). Der annektierende Staat (im vorliegenden Fall der Kaiser) erhält dadurch mehr Steuereinnahmen sowie die Verstärkung seiner Armee. Verhält er sich ruhig und angenehm, so hat er mehr Vorteile; wo nicht, riskiert er Unruhen, Aufstand und Kriege; – und *«Kriege hinterlassen ihr Land immer ausgeblutet»*, sagt Sun-Tsu. Die Kapitel 57, 58 und 60 haben diese Ansicht bereits ausführlich behandelt.

Das Besondere am Daoismus der ersten Zeit ist, daß diese Lehren dort wirklich angewendet wurden, und – im Gegensatz zur Kolonialpolitik der europäischen Großmächte seit dem 16. Jahrhundert – die neuen ‹Provinzen› nicht ausgebeutet wurden. Deren Unabhängigkeit nach innen und vernünftiger Dienstbarkeit nach ‹oben› machte das chinesische Kaiserreich bis ca. 400 v.Chr. zum größten je gesehenen Gebilde dieser Art. In seiner ethnischen Vielfalt und größt-mögliche Kult-Freiheit (Daoismus, Buddhismus, Lamaismus, Polytheismus, Ahnenkult, Hexen- und Zauber-Kulte, Schamanismus, Sonnen- bzw. Mond-Kulte etc.; – später auch noch Maniismus und Nestorianismus) ist das alte China unübertroffen. Diesen Zustand zerstörte zum ersten Mal der Konfuzianismus, und endgültig Mao's ‹Kulturrevolution› 1949-1982 – beide absolut totalitär. Heute herrscht wieder eine ähnliche aber weniger harmonische Vielfalt: Die heutige Welt durchläuft eine Phase des überspitzen *Yang* und der unverstandenen und unterdrückten *Yin-Kräfte*.

Das neue Zeitalter, in das die Welt vor einigen Jahrzehnten einzutreten begann, und auch die gegenwärtig sich abzeichnenden makrokosmischen Veränderungen, denen viele Menschen mit abergläubischer Furcht, die Jünger der Gnosis aber mit Hoffnung und freudigem Mitbewegen entgegen sehen, stellen für Alle eine neue Chance dar, *«Tugend und Harmonie wieder herzustellen»* (vgl. N° 60). Wesentlich ist dabei, daß die Menschen wieder lernen, unter einander – sowie Jeder und Jede für den eigenen Mikrokosmos – die alte daoistische Weisheit im Sinne von *De* – innereigene *Gnosis* – in der neuen Wirklichkeit anzuwenden als erneutes harmonisches Zusammenspiel von ‹unten liegenden› Yin-Kräften und ‹oben liegenden› Yang-Kräften: in harmonischem Geben und Nehmen; – *Jedes nach seiner Art:*

Gemeinsam erreichen Beide was Jedes will!

第六十二章

道者萬物之奧。善人之寶，不善人之所保。
美言可以市尊，美行可以加人。人之不善，何棄之有？
故立天子，置三公，雖有拱璧以先駟馬，不如坐進此道。
古之所以貴此道者何？不曰：求以得，有罪以免邪？
故為天下貴。

62.

DAO ist das Mysterium der 10'000 Dinge.
Des guten Menschen Schatz,
des nicht-guten Menschen Zuflucht.
Schöne Reden machen einen zum Würdenträger der Stadt.
Schöne Taten machen einen zum würdigen Menschen.
Ein unwürdiger Mensch – was hat ihn unwürdig gemacht?
Daher:
Wenn der Kaiser und die drei Ehrenwerten eingesetzt werden —
und ungeachtet dessen, daß er die Ehrungen, den Jade-Reif und
das Viergespann entgegennimmt:
Nichts ist so gut, wie sich zu setzen und in dieses DAO einzutreten.
Warum ist dieses DAO den Menschen von alters her so kostbar?
— Sagt man nicht:
«Bitte darum, so wirst du erlangen
Vergebung der Schulden und Erlösung vom Bösen»?
Das ist der Grund, weshalb die Welt ES ehrt.

Vorwegzunehmen sind einige Übersetzungs-Varianten:
Das in den meisten Übertragungen benutzte Wort «*Sünden*» wurde hier unterlassen: es hat einen allzu düster-kirchlichen Ruch. Die gewählte textgenaue Version zeigt indessen, wie alt die Wurzeln des christlichen Haupt-Gebets, – des «*Unser Vater ...* » sind.
Anstatt *Mysterium* in der ersten Zeile des Texts könnte auch *Tiefe* gesagt werden, was an die alte gnostische *Æonologie des Valentinus* (um 150 n.Chr.) erinnert: Mit «*Tiefe*» oder «*Schweigen*» bezeichnete dieser das, was in der chinesischen Tradition «I» hieß – und zugleich «*Dao*»; also das «*Vater-Mutter*» der Heiligen Texte der Essener. So finden sich im alten China dieselben Entsprechungen zu heutigen westlichen Überlieferungen, wie in Indien, Arabien und Persien, bei den Maya's und den Kelten. Das kann auch nicht anders sein; denn «*aus Einem kommt Alles – in Eines kehrt Alles zurück*» – so sagt das *Corpus Hermeticum*, wichtigster Überlieferungs-Träger der alexandrinischen Gnosis.
Betreffend die Amts-Einsetzung und Krönung des Kaisers gibt es mehrere Polyvalenzen. Der Ausdruck *Ehrungen* ersetzt das genauere *Salut*; – anstatt «*entgegennimmt*» wäre «*überreicht bekommen*»

oder «*überhäuft werden mit*» genauer. Hingegen schafft die gegenwärtige Übersetzung Klarheit in der Vielfalt von Übertragungen, die vom lapidaren «*Pracht*» über «*Jade-Tafeln*» und «*Medaillons*» (für ein genaueres *durchbohrte Jade des Vorgängers*) bis hin zu «*Szepter und Juwelen*» reichen: Diese westliche, rein materielle Idee der Ehrung geht am symbolischen und magischen Sinn und Zweck – des Rituals wie der Gaben – völlig vorbei. Denn außer der Tatsache, daß mit der *Tiara* der Vorgänger derselben Dynastie auch deren magische Verpflichtung samt dem *Karma des Reichs* übernommen wird, ist *Jade* im Alten China (und z.T. noch heute) der *magische Stein par Excellence*. – Übrigens zeigt diese N° 62, daß es – entgegen offizieller ‹Geschichtsschreibung – bereits lange vor dem legendär ersten ‹Gelben Kaiser› einen Kaiser gab!

Besonders interessant ist die hier abgebildete kaiserliche Jadekrone der *Ming-Dynastie* (1368-1644; siehe Abb. S. 271). Sie zeigt außer dem *Fischmaul* aus der Zeit der Rishi auch das Symbol des *Phœnix* in den *Feuerflammen*. Dieser kommt schon im Alten Ägypten und wieder im *Benu-Fest* der persischen Manichäer und im russischen Märchen vom *Feuervogel* vor. Er stellt den ‹wiedergeborenen Sonnensohn› dar: den *Neuen Geist-Seelen-Menschen*, der die «Wiedergeburt aus Wasser, Geist und Feuer» *durchlebt* hat.

Außerdem erkennt man auf dieser Jade-Krone Reste einer Blattvergoldung: Das entspricht dem «*Goldenen Hochzeitskleid*» aus der heutigen christlichen Rosenkreuzer-Mystik; – und diese wiederum stützt sich auf die Parabel der «*Chymischen Hochzeit des Christian Rosencreutz*» – des dritten der drei sogenannten *Rosenkreuzer-Manifeste*, die zwischen 1612 und 1617 erschienen.[36]

Man sieht also, daß eine adäquate Übertragung und Interpretation des *Dao-De-Ging* nur dann *einigermaßen* möglich wird, wenn man die *Bilder des Texts* ernst und genau nimmt und sich gewissenhaft in Mythen, Bräuche und Symbole des alten China vertieft. Das *Viergespann* z.B. war bereits im *Alten Indien* ein Symbol für die *Vier Kardinaltugenden* und die *Vier Welt-Ecken*!

Eine Parallel-Bedeutung der *letzten Zeile* von N° 62 wäre noch: «*Daher werden demütig die Edlen!*»; – was man imperativ als *Aufforderung*, oder indikativ als *Feststellung* verstehen kann.

Besonders wichtig erscheint die *sechste Zeile* dieses Texts. Sie wurde denn bisher auch – je nach Einstellung des jeweiligen Interpreten – sehr vielfältig übertragen, bzw. die Frage in eine Aussage verkehrt oder auch ganz weggelassen. Sie könnte zugleich lauten:

«*Ein nicht-guter Mensch – was hat ihn schlecht gemacht?*» – Oder: «*was hat er aufgegeben*, bzw. *wer hat ihn verlassen?*», wobei mit «*wer*» oder «*was*» auch ans ‹Glück› oder an gute bzw. böse ‹Geister› gedacht werden konnte: Je nachdem, ob einzelne Zeichen, Zeichenpaare, oder Gruppen von drei oder vier Zeichen interpretiert werden, verändert sich der Sinn der Aussage. Das ist es, was die unübertreffliche, ja, unbegreifliche schriftstellerische Genialität des *Dao-De-Ging* ausmacht – und die Komplexität und faktische Unmöglichkeit seiner Übertragung in eine ‹Hochsprache›, deren Eindeutigkeit zugleich ihre Armut begründet.

Aus all diesen Gründen wurde die für westliche ‹Ohren› so typische Antithese «*guter Mensch – schlechter Mensch*» hier relativiert und differenziert: Der Ausdruck 不善人 – *nicht-guter Mensch* aus Zeile drei wäre in Zeile sechs – gemäß seiner *polyvalenten* Bedeutung – auch als «*armer Mensch*» zu übersetzen. Sinnvoller als die rein sittliche *Aussage*: « man darf ihn nicht einfach verwerfen», ist es ja, die *Frage als solche* ernst und wichtig zu nehmen, und zwar als recht eindeutig auf die *Ursache* dieses 不善人 gerichtet. Dadurch wird der ‹*nicht-gute Mensch*›, oder – als Gruppe von drei Zeichen gelesen – die ‹*Arme Person*›, vom gesellschaftlichen *Stein des Anstoßens* zu einem Gegenstand *liebevollen Erbarmens*.

Warum ist diese *Neu-Interpretation* sinnvoll? *Vier Gründe* sprechen dafür: Erstens die Tatsache, daß im Rahmen des *Einweihungspfads von Dao* liebevolles *Verständnis* viel näher liegt, als eine sittliche *Verurteilung*. – Zweitens hieße eine Verurteilung nach westlichem Muster, die Eröffnung von Vers 62 ganz nicht verstanden zu haben, die doch ausdrücklich (in anderen Worten ausgedrückt) sagt: «*Aus Dao kommt Alles* (‹Gute› wie ‹Schlechte›); – *in Dao bleibt alles geborgen*» (Würdenträger und Bettler). – Drittens würde übersehen die stille Aussage: «Wenn es sich für Kaiser und Würdenträger ziemt, so rasch als möglich „*in Dao einzutreten*", dann sicher auch für *alles Volk*!». – Und viertens: Da doch die ‹Moral› von N° 62 die ist, daß Allen, die Dao annehmen, gegeben wird, *falls sie darum bitten*, sowohl von ihren bisherigen ‹Schulden› *befreit* als auch vor künftigem Bösem *erlöst* zu werden, wäre es höchst un-daoistisch (so wie es auch ganz unchristlich ist), wen auch immer zu verurteilen: Dao – die Gnosis – liebt Alle!

Das ist der Grund, weshalb alle Welt ES verehrt!

WANG-BI:

為無為，事無事，味無味。
大小多少，
報怨以德。
圖難於其易，為大於其細。
天下難事必作於易。
天下大事必作於細。
是以聖人 終不為大，
故能成其大。
夫輕諾必寡信。
多易必多難。
是以聖人
猶難之，
故終無難矣。

GRUNDTEXT:

第六十三章

爲無爲，事無事，味無味。
圖難于其易，爲大于其細；天下難事，必作于易，天下大事，必作于細。是以聖人終不爲大，故能成其大。
夫輕諾必寡信，多易必多難。是以聖人猶難之，故終無難矣。

63.

Tue ohne zu tun —
Handle ohne zu handeln —
Genieße ohne zu genießen.
Groß wird Gering, Viel wird Wenig —
Beschuldigungen hier werden zu Wohlwollen dort.
Plane Schwierigkeiten im Hinblick auf ihre gute Lösung —
Tue Großes im Hinblick auf seine Kleinigkeiten;
Der Welt Schwierigkeiten dienen gewiß ihrem Besten —
der Welt Größtes dient gewiß dem Kleinsten.
Der wahre Weise gelangt dahin, nichts Großes mehr zu tun —
daher ist er fähig, das Größte zu vollenden.
Ein Mensch, der leichthin verspricht,
verdient sicher wenig Vertrauen:
Große Sorglosigkeit bringt große Schwierigkeiten.
Der rechte Weise plant Schwierigkeiten voraus —
So hat er am Ende keine Schwierigkeiten.

Dieses Kapitel erscheint Dinge zu empfehlen, die nur auf der Ebene der ‹Praktischen Leute› erheblich sind, und mit dem *Weg zur Tugend – mit Gnosis –* wenig bis nichts zu tun haben. Doch der Schein trügt: Es genügt. das Wort *Schwierigkeiten* zu ersetzen durch das Wort *Widersacherkräfte*, und man erkennt die Ebene des Pfads, die den ‹*Praktischen Leuten*› – jenen Menschen also, die sich nur mit sogenannten ‹Realitäten› befassen – völlig fremd ist.

Die Basis dieser Spruch-Paare ist ja die erste Zeile: «*Tue ohne zu tun!*» – Was bedeutet dieses ‹Nicht-tun› nun wirklich? Es wurde bereits erklärt, daß es sich dabei um kein *Nichts-tun* handele, sondern um ein intensives *Geschehen-lassen* auf einer anderen Ebene; – und auf diese Ebene gehört auch der restliche Text.

In erster Linie ist das *Nicht-tun* ein *Tun der anderen Art*: Der Kandidat oder Meister tut *im äußeren Leben*, ohne was er tut, «*mit Leib und Seele*» zu tun – ohne sich dabei *hinzuopfern*; – d.h.: ohne das *Bewußtsein* davon zu verlieren, *daß* er etwas tut, *was* er tut, und *wie* er es tut – und daß er es nur zur Erfüllung seiner unvermeidlichen stofflichen Aufgaben tut. Er bleibt also stets –

selbst wenn er, was er tut, «*mit voller Hingabe*», d.h. in vollkommener *Selbstvergessenheit* tut, mit einem Teil seines Wesens *außerhalb* dieses Tuns, und auf *die Gnosis* gerichtet.

Dieses Außerhalb-stehen – diese *Neutralität* – hat zwei Ansichten. Deren erste bezeichnet der fast grenzenlose Ausdruck *Gelassenheit* (von *loslassen*). Das beinhaltet nicht nur innere Ruhe, sondern auch *Distanz* – Distanziertheit gegenüber den ‹10'000 Dingen› mit allem was sie betrifft und was sie selber ausströmen – ihren Geschmack, ihre Geräusche, Kräfte, Schwingungen ... —

Ist der ‹Weise› also ein Unmensch? – Hat er keine menschlichen Gefühle, Empfindungen, Vorlieben? – Doch, natürlich hat er all dies; denn es wäre ja unmöglich, ‹weise› zu sein ohne *menschlich* zu sein mit sehr ausgeprägten Vermögen der Einfühlung, des Empfindens, Unterscheidens und Handelns! – Der Unterschied liegt im Bewußtsein der *Relativität* aller Dinge *dieser* Welt:

Was Dieser gut findet, nennen Jene schlecht; was dem Einen gefällt, nennen Andere geschmacklos; – was einer als Lärm empfindet, nennen Viele Musik; – und so fort. Der Pilger *lernt*, in der *Neutralität* der Gefühle und Empfindungen zu stehen – *durch* sein Bewußtsein der Relativität aller Dinge und *im* Bewußtsein, daß Jedermann (und je nach Situation auch er selbst) jedes Ding anders wahrnimmt, erfährt, beurteilt. Er meidet daher Diskussionen mit Menschen, die den Dingen *absolute* Eigenschaften und Werte anheften möchten: Dogmatiker, Pseudowissenschaftler, Fanatiker und jene Vielen, die sich ein Urteil erlauben, obgleich sie *kaum eine* Seite eines Dings *halb* gesehen haben. – Doch selbst diese wird er nicht verurteilen: Unwissenheit ist so erlaubt wie häufig; – und was der klügste Mensch wissen kann, ist nur ein Fünkchen in der Finsternis dessen, was er *nicht weiß*!

Andererseits ist diese Welt so geartet, daß jedes Ding, jede Eigenschaft sich unversehens in ihr Gegenteil verwandeln kann; – und das ist die Hauptaussage dieses Kapitels über «Schwierigkeiten».

Der ‹Weise› ist also kein Unmensch – im Gegenteil: er *fühlt* und *weiß* sich als Mensch – eng verbunden mit allen übrigen Menschen dieser Welt! Nur ist er sich der Vielfalt menschlichen Irrtums – auch seines eigenen – *klar doch neutral bewußt*. Und aus dieser *Neutralität des Empfindens* erwächst seine *Neutralität des Tuns*:

Nichts ist wichtig, was auf der Ebene der sogenannten Realitäten erfahren, gedacht, gesagt und getan werden kann. Denn nichts von all dem ist im *absoluten* Sinne *wirklich*: Absolut wirklich ist allein

Dao – ist der Geist, ist dessen Wirken in der Welt der Schein-Realitäten. – *Absolut wirklich* ist der Weg der Geschöpfe im Universum, der sie – Jedes auf seiner besonderen Spur – *Ihm* entgegenführt!

Ein zweiter Aspekt dieser Neutralität wird im vorliegenden Text angesprochen: Der ‹Weise› – der bereits fortgeschrittene Kandidat auf dem Weg der Gnosis – tut nichts mehr mit jenem *marsischen Willen*, der die Dinge um jeden Preis erreichen will; – und er beobachtet sich dabei fast wie ein Außenstehender. – Er tut dies aber nicht in *Gespaltenheit* der Person, sondern in neu erfahrener *Ganzheit*: einer Ganzheit, worin *das Ich nur ein Teil* seiner selbst ist, und nicht mehr das Ganze, wie der gewöhnliche Mensch meint, wenn er sagt: «*Ich bin – ich habe – ich tue – ich will!*» —

Im Gegenteil: Der *Eingeweihte aus Selbst-Einweihung* kann von sich sagen: «*Nicht ich tue es – sondern die Kraft in mir!*» Und im besten Fall, d.h. wenn der Mensch ganz auf Dao – auf die Gnosis – ausgerichtet ist in Denken, Reden und Tun, ist diese Kraft die *Kraft der Gnosis*: diese universelle leuchtende Kraft, die vorallem in der westlichen Welt *Der Christus* genannt wird im höchsten und schönsten Begreifen, das man davon haben kann – fern aller Mythologie und Theologie, nur ganz in Reinheit erfahren als die universelle Emanation der Einen Universellen Kraft, welche *Licht, Wahrheit, Leben* – und *reine Liebe* ist.

All dies geschieht in liebevoller Achtsamkeit, in klarem Begreifen, in eindeutiger Ausrichtung auf das Eine, in einer Haltung größter wissenschaftlicher Gewissenhaftigkeit und aus einem *neuen Ich* – aus einem *neuen Selbst*, das sich nicht *behauptet* (eine Behauptung!), sondern *erkannt* hat (eine Kenntnis!). – Nicht daß es keine Schwierigkeiten und Hindernisse gäbe; doch werden sie nicht für allmächtig gehalten. – Nicht daß da keine Feinde wären: Es gibt sie, selbst wenn jede Ursache zu Feindschaft und Streit vermieden wird. – Auch ihnen gilt das *Wohlwollen* des Weisen.

Wer diese Gesamt-Haltung nicht hat, mag sagen: «*Das kann ich nicht! Das ist mir zuviel, zu hoch, zu schwierig!*» – Der erfahrene Pilger folgt *seiner* Haltung *unerschütterlich*. Er *weiß*: Tut *er* in der Welt nichts ‹Großes› mehr, vollendet sich *in ihm* das Eine, Größte: In der Kraft der Gnosis werden alle Hindernisse und Feinde zu Nichts.

«*So gelangt er ohne Schwierigkeiten zum Guten Ende!*»

其安易持，其未兆易
其脆易泮，其微易散。
為之於未有，治之於未亂。
合抱之木 生於毫末。
九層之台 起於累土。
千里之行 始於足下。
為者敗之，執者失之。
是以聖人 無為故無敗，無執故無失。
民之從事常於幾成而敗之。
慎終如始 則無敗事。
是以聖人 欲不欲，不貴難得之貨。
學不學，復眾人之所過，
以輔萬物之自然 而不敢為。

第六十四章

其安易持，其未兆易謀。其脆易泮，其微易散。爲之于未有，治之于未亂。
合抱之木，生于毫末；九層之台，起于累土；千里之行，始于足下。
民之從事，常于几成而敗之。慎終如始，則無敗事。

64.

Der Friede ist leicht zu erhalten,
wenn es noch kein Zeichen einer Verschwörung gibt .
Was empfindlich ist, ist leicht zu beseitigen —
was sehr klein ist, ist leicht zu verdrängen.
Schaue voraus auf was noch nicht ist —
Zügle, was noch nicht verwirrt ist:
Verstehe ganz und meditiere dies:
Ein ganzer Baum entsteht aus einer haarfeinen Spitze —
Eine neunstufige Terrasse
erhebt sich auf einer mühsamen Anhäufung von Erde —
Eine Reise durch tausend Dörfer beginnt unter den Füßen.
Wer handelt, zerstört — wer festhält, verliert.
Daher: Der Weise
bleibt ohne Handeln, zerstört also nichts —
hält an nichts fest, verliert also nichts.
Menschen unternehmen etwas ... —
Immer wenn sie es beinah vollendet haben, mißlingt es.
Ist achtsam das Ende wie der Beginn,
so mißlingt in der Regel nichts.
Der rechte Heilige will ohne zu wollen —
er erstrebt keine physisch hohen Dinge —
er weiß, ohne gesehen zu haben —
er kehrt zurück zur Masse der Menschen [und hilft ihnen],
ihren Zustand zu übersteigen —
er verhilft den 10'000 Dingen zu ihrer wahren Natur —
es ist ihm aber nicht erlaubt, einzugreifen.

Dieses Kapitel wurde offenbar in unterschiedlichen Versionen überliefert. Die in dem fürs gegenwärtige Buch durchwegs als Basis benutzten und reproduzierten Text *nicht* enthaltenen Teile entstammen dem Text von Wang-Bi und sind hier *in blauer Farbe* wiedergegeben. Sie sind vermutlich von später Hand ergänzt, denn sie unterscheiden sich durch ihren moralisierenden Inhalt vom übrigen Teil, der bloß urteilslos Fakten neben Fakten stellt. –
Der Text sagt «*1000 Dörfer*» – nicht «*Meilen*», bzw. «*Li*» (市里) – und meint: «*wo man ist*», nicht, wie stets zitiert: «*mit einem Schritt*».

Das Kapitel bezieht sich auf eine dreifache, im Kern aber einheitliche Lehre: Der Weise pflegt vorausschauendes Handeln; «alles *Große entsteht aus etwas Kleinem; – viele kleine Teilchen ergeben ein großes Ganzes; — wer von Anfang bis Ende achtsam bleibt, erlangt ein gutes Ende».* – Dies gilt ganz gleich für das Gehen des mikrokosmischen Wegs *von Dao,* für das Regieren eines Staats *in Dao* und für die Evolution einer Welt *zu Dao.*

Solange keine Versuchung noch Prüfung auftaucht, fällt es dem Pilger leicht, den Glauben zu behalten und der spirituellen Ideation zu folgen, nach der er seinen Pfad orientiert. – Aber leicht wird verwirrt und auf den alten – oder einen anderen – Weg abgelenkt, wer *«in der Bahn»* noch nicht fest ist: Die Kräfte des ‹Widersachers›, setzen darum schon am Anfang ein, und zwar umso heftiger, wo die Begeisterung am größten ist. – *«Wehret den Anfängen!»* heißt es *beiderseits;* – und überdies für jene *reiferen* Pilger, die einen *neuen,* noch nicht festen Kandidaten für den Weg festigen sollen: Hütet und fördert achtsam die neue Pflanze, die da zu sprießen beginnt; – *eure Verantwortung ist groß*! Wie leicht bricht die ‹*haarfeine Spitze›* des jungen Keims, und dann bleibt die Riesen-Eiche – die Geburt des Neuen Geist-Seelenmenschen – ein Traum, der erst in einem folgenden Leben erneuert werden kann!

Zugleich soll der neue Pilger oder Schüler der Gnosis von Anfang an wissen, daß *Der Weg kein Spaziergang* ist: Zu Beginn kann gar der Eindruck entstehen, allein, ohne Hilfsmittel ein Felsmassiv zu besteigen. Das geschieht, wenn der *Glaube* schwankt, wenn die *klare Kenntnis* sich trübt, daß *der Weg eine unverrückbare Gewißheit* ist. – Nur wer den neunstöckigen *hermetischen Turm* im Geiste schon strahlend vor sich sieht, kann ihn errichten: zuerst als Maurer, dann als Baumeister.[37] – Nur das Bild der ausgewachsenen Riesen-Eiche, das sich als Erstes aus der keimenden Eichel erhebt, kann ihr Sprießen, ihr Wachsen und das Ausbreiten ihrer Äste lenken!

Ebenso braucht es auch auf dem Weg zur Gnosis – auf dem Weg von Dao – jeden neuen Tag, ja in jedem Augenblick ein *Bewußtsein,* das die Schritte des Kandidaten lenkt und ihn in Bewegung hält: *«Hier stehe ich (ich kann nicht anders); – hier gehe ich (und es wird mir geholfen»).* – Das zu Beginn sorglose Spazieren kann einmal zum Kriechen werden, aber dank der Sicherheit, die aus Hindernissen hervorgeht, stets wieder zum mutigen Vorwärtsschreiten.

Dies ist es, was der *«König des Wegs»,* Meister Lao-Dse, meint, wenn er sagt: *«Wer achtsam bleibt von Anfang an und ohne Unter-*

laß, der oder die geht [dem Weg] nicht verloren!»．– Das ist eine Wiederholung der Warnung aus N° 63, wo die Empfehlung des vorausschauenden Handelns wiederholt ausgesprochen ist: *«Große Sorglosigkeit bringt große Probleme!»*

So betrachtet erscheint die erste ‹blaue Ergänzung› tatsächlich als eine nützliche Verhaltensstütze außerhalb des Grundtexts; – die zweite vertieft die Idee des *Nicht-tuns* bezüglich Denken, Fühlen und Wollen: Der ‹Weise› oder ‹Heilige› hat den alten marsischen Willen aus dem Wesen verloren – wenn auch vielleicht noch nicht ganz; – er geht auf in einem Willen, der sich nicht mehr ausdrückt als rohes: *«Ich will!»*, sondern in einem manchmal drängenden *Müssen*, das aus dem Funken in seinem Herzen aufsteigt und ihn als *Neues Wollen* Dinge zur Vollendung bringen heißt.

So auch beim Denken: Manche Versionen übertragen: *«Er lernt vergessen»* – bzw. *«er lernt Nichtlernen»*. Die hier gegebene Version – ebenso ‹wörtlich› – will zwei Bedeutungen vermitteln: Der fortgeschrittene Kandidat erfährt, wie aus *Imagination* und *Inspiration* die *Intuition* wächst, die ihm (abgekürzt ausgedrückt) sinnvollen Zugang verschafft zu allem Wissen – einschließlich des vergessenen und des künftigen. Darum weiß er oft, *«ohne zu wissen»* (Sun-Dsu). – Andererseits anerkennt er demütig: Je mehr er (nach menschlichen Maßstäben) *wissen kann*, desto mehr sieht er, wieviel er (nach absoluten Maßstäben) ‹nie› wissen wird. Das ist das oft zitierte *«Ich weiß, daß ich nicht-weiß!»*

Eine wichtige Ergänzung hierzu ist die *weise Selbstbeherrschung*, nichts zu erforschen, noch zu *versuchen* aus eitler Neugierde. Es gibt Dinge, die dem Menschen *seit Anbeginn* zu wissen und zu tun ‹verboten› sind – nicht durch einen eifersüchtigen Gott, der um seine Macht fürchtet, sondern durch *das Eine Gesetz*: Dao – die *Mutter aller Dinge!* – Diese weise Disziplin ist der Menschheit abhanden gekommen – zu ihrem sicheren Schaden:

Die Erschaffung eines chaotischen Un-Geschöpfs, die im gnostischen Mythos der *Pistis Sophia* geschildert wird, ist *wieder* konkrete Wirklichkeit. Das maßlose *«Gott-spielen-wollen»* muß und wird eine Reaktion aus dem Universum aufrufen, die nur die esoterisch unwissenden ‹Weisen dieser Welt› verblüffen wird.

Die alten Universalgelehrten und Erforscher der Natur – die Alchemisten bis zur Spät-Renaissance – wußten sehr wohl, daß dem Menschen wohl das *Formen*, *Bilden* und sogar *Erzeugen* erlaubt ist, aber nicht das förmliche *Eschaffen*. Der Autor des *Schlüssels* zu den *Zwölf Schlüsseln* von *Bruder Basilius Valentinus* im Kapitel über den *Universalgeist* erwähnt dieses ‹Tabu›:[38]

«*Ich habe ... versprochen, den Eckstein und Fels anzuzeigen ..., soweit mir dies erlaubt und von oben herab vergönnt worden ...*».

Anders gesagt: Die Unverletzlichkeit der Mysterien – insbesondere des *Mysteriums des Lebens* – ist keine *mystische* Angelegenheit, sondern eine *absolut konkrete*. Mißachtung dieses Gesetzes muß schlimme Folgen haben. – Ein heutiger Autor schreibt:

«*Die Alchemisten – jene nur, die diese Bezeichnung wirklich verdienen – sind es, welche die träge Materie zur Beseeltheit und zur göttlichen Apotheose führen: von der Natur zur Übernatur. Indem sie innerlich diesen Weg als demütige aber fest entschlossene Sucher und Erforscher der Natur selber beschreiten, gehen sie ihrer Materie voran auf deren Kreuzweg – dem Weg durch den Tiegel. Durch ihre Arbeit mit den ‹drei Feuern› – dem physischen, dem metaphysischen und dem essentiellen; – als ‹Philosophi per Ignem› – Philosophen durchs Feuer – nähern sie sich der tiefen Ahnung vom Wesen des Göttlichen, dürfen sie das sichtbare Zusammenwirken von stofflichem, geistigem und ursprünglichem Feuer mit Staunen und Verwunderung erleben als Gnaden-Lohn für ihren unerschütterlichen Glauben (d.h. inneres Wissen – Gnosis) und für ihr standhaftes Bemühen ...*».[39]

Der ‹Weise› kennt sehr wohl den Wert seines Wegs für die ‹10'000 Dinge› im Universum: Jeder Befreite strahlt als kleine neue Sonne! Doch ist dies erreicht, verschwindet der ‹Heilige› nicht einfach ‹im Himmel›: Er *wendet sich zurück* zu den Weltmenschen, als Helfer! Das ist seine *heilige Dienstbarkeit* – und zwar auf einer Ebene, die der «*Masse*» ganz unbegreiflich bleibt: Jenen gilt seine Weisheit als pure Narretei, – Vielen aber auch als existentielle Bedrohung. – Darin liegt das *Opfer* des Weisen.

Und dennoch – wie sehr er auch Anderen raten und helfen möchte und kann: Er muß erdulden, daß sein Rat verachtet, ja, verlacht und er selbst gar verfolgt wird – so wie dies in vielen Jahrhunderten der Fall war. Das ‹Gesetz› erlaubt ihm zwar, die Licht-Botschaft zu *lehren* und Anderen *vorzuleben*, aber nie, *aktiv einzugreifen* in Einzelschicksale oder einzelne Abläufe dieser Welt! So muß er *schauen – fühlen – wissen – schweigen ... –* und ...

Nicht-tun!

DIE BERÜHMTE TERRACOTTA-ARMEE VON XIAN (3. Jh. v.Chr.)
Die Sturmhaube über dem Schopf vieler Soldaten erinnert an die (nur wenig spätere) mithräische *Libetra*. (Bildquelle: Internet)

第六十五章

古之善爲道者,非以明民,將以愚之。
民之難治,以其智多。故以智治國,國之賊;不以智治國,國之福。
知此兩者亦稽式。常知稽式,是謂「玄德」。「玄德」深矣,遠矣,與物反矣,然后乃至大順。

65.

In alten Zeiten pflegten
die dem DAO zugeneigten Persönlichkeiten
das Volk nicht zu belehren, sondern es dumm zu halten:
Ein Volk ist schwer zu regieren, wenn es viel Wissen hat.
Daher:
Herrscht Gebildetheit im Land,
gibt es im Land Verräter —
Herrscht Bildungslosigkeit im Land,
lebt das Land im Wohlstand.
Bedenke also beide Seiten und beuge dich diesem Brauch.
Stets zu bedenken und zu befolgen diese Handlungsweise,
das nennt man das wahre Geheimnis von DE.
Ganz abgrundtiefes Geheimnis von DE, und ganz unbegreiflich!
Und zugleich von ganz empörender Art!
Später aber folgen daraus größte
Ergebenheit, Ordnung, Glück und Wohlergehen zugleich.

Anzumerken ist: Der Begriff *Bildung* steht hier für *Schulwissen*. – Für *Land* könnte auch *Nation* oder *Volk* stehen. – *Alle* Begriffe in der *letzten Zeile* sind Bedeutungen des *letzten Zeichens* (順) *im Text*.

Was für das Regieren eines Volkes zutrifft, ist auch in gewissem Sinne anwendbar auf den Kandidaten der gnostischen Mysterien, auf den Weg von Dao oder jeden anderen Einweihungs-Pfad: Ein Mensch mit breiter Bildung neigt von Natur dazu, das Denken der Wissenschaften dieser Welt auch auf die transfiguristischen Weisheits-Lehren anzuwenden. Das gewohnte Denken vorallem des modernen Menschen ist vom Einen Großen Ganzen ab- und dem rein weltlichen Horizont zugewendet: Moderne Erziehung, Schulung und Bildung sowie der Konkurrenzkampf im materialistischen Umfeld programmieren, festigen und zementieren die Verflachung dieses Horizonts: Nur Wenige entgehen aus eigener Kraft dem verführerischen Gesang der Kultivierungs-*Sirenen* und dem zwingenden Sog und Griff der materialistischen *Skylla und Charybdis*.[40]

Weil all dies schon seit alten Zeiten zum Hindernis auf dem Pfad wurde, wurde und wird den Kandidaten auf dem Weg stets empfohlen, sich von diesem ‹alten› Denken ab und einem ‹ganz neuen› Denken zuzuwenden, bzw. sich der geistigen Einfachheit, ja kindlicher Einfalt zu befleißen. Die Figuren, die dieses Konzept unterstützen sollen, sind zahlreich: Der ‹Narr› im *Tarot von Marseille* hebt unbekümmert den Fuß zum Graben, in den er alsbald fallen muß; – der von seiner Mutter weg reitende *Parzival* wird als ein ‹*Tor*› geschildert. – Richard Wagner bringt es in seinem *Lohengrin* auf den Punkt mit der Formel: «*Durch Mitleid wissend – der reine Tor*».

Damit sind drei Eckpunkte als Bedingung zur Erleuchtung angesprochen: Um zur «*Weisheit vor Gott*» zu gelangen, die bekanntlich zugleich «*Torheit vor den Menschen*» ist, soll eine *Reinheit des Herzens* sich entwickeln, die sehr der Naivität gleicht: Das ist die Kindlichkeit oder kindliche Reinheit, wovon die *Bergpredigt* spricht. Diese geistige *Einfalt* soll man nicht mit Einfältigkeit im Sinne von *Dummheit* verwechseln: sie bedeutet allein die Entlastung von so vielem Zivilisations-Ballast, der den Menschen an diese Erde bindet: Unnötiger Komfort, überflüssige Nahrung, zweckloses Lernen, Denken, Argumentieren und Tun. – Diese Überlegung führte in früheren Epochen zur Blüte des Einsiedlerlebens: Im antiken Syrien, im hellenistischen Ägypten, im christlich-orthodoxen Griechenland, im europäischen Mittelalter, einschließlich der islamischen ‹Marabus›, deren es bis zum heutigen Tag einige gibt.

Der gegenwärtige Text scheint keine spirituellen Aspekte zu meinen, sondern ausschliesslich die harmonische Regierung eines Königreichs. Heutzutage wäre man froh, die Staatenlenker besäßen etwas mehr Weisheit: Geradheit, Einfachheit und Weitblick. Denn – und die nachfolgenden Nummern werden das noch erläutern – so wie der König, ist auch das Volk. – Der König ist ein *Vorbild* für sein Volk!

Allgemein könnte man sagen: Wer in geistiger, physischer und moralischer *Einfachheit* lebt, lebt ruhig und zufrieden. – Wer in materiellem und geistigem *Reichtum* lebt, kompliziert sein Dasein und das manch Anderer. Er fällt leicht in Unrast und Zerstreuung, verliert leicht die *Essenz* des Lebens aus den Augen. – In geistiger wie in materieller Hinsicht gilt: Wer viel besitzt, möchte noch mehr. – So werden unnötige Güter angehäuft – und *Wissen*, das keine *Erkenntnis* bringt, sondern vom Gehen des Wegs eher ablenkt.

Darum ist die Empfehlung in N° 65 tatsächlich tiefgründiger und weitreichender, als es zuerst den Anschein machte, sodaß das kultivierte Denken sich dagegen empören mochte. – Es geht also nur darum, die Sachen *recht zu verstehen:*

Der Vers basiert auf der Existenz von *Eingeweihten*, die das Beste für *Volk, Reich und Kaiser* im Auge hatten, wenn sie öffentlich lehrten. Im Rahmen der *inneren* Weisheitslehre dienten sie dem Einen *Großen Werk* – dem großen Gottesplan. Das bedeutet: all ihr Dasein und Wirken war Dienst an *Menschen, Universum und Gott.* Das Zeichen 天 steht für alle drei: für den *Himmel*, für *Gott*, der diesen Himmel ‹regiert›, für Welt, Reich und Volk, 天下 (das Obere und das Untere) und für den *Kaiser* (天下王), der als Repräsentant Gottes, «*Sohn des Himmels*» und selbst ein *Gott*, diese Welt regiert.

So zeigt such N° 65 wieder, wie sehr alt die Weisheit der universellen Entsprechungen und das Bild des *Gottessohns* sind, die der modernen Welt im *Corpus Hermeticum* überliefert wurde – dem hellenistisch-ägyptischen Compendium aller alten Weisheiten, wo es (hier zweckmäßig zusammengefaßt) heißt:

Wie oben so unten, wie im Großen so im Kleinen, wie in der Vergangenheit, so auch in der Zukunft und im Jetzt!

So ist auch dieses Kapitel ganz direkt auf den Pfad der Selbsteinweihung anwendbar: Der Kandidat soll so einfach leben wie möglich; er soll möglichst «dumm» sein für Alles, was die Welt in Unrast und in Unfrieden hält. Wie reich sein inneres Erfahren, Wissen und Mitfühlen in Haupt und Herz auch seien; – wie sehr er sich auch nach den universellen Weisheiten der Gnosis sehnen und deren Kenntnis *auch auf intellektueller Ebene* weiter entwickeln möge: Sein ‹Volk› – den Bereich seiner *äußeren, menschlichen* Persönlichkeit soll er zwar nach gnostischen Grundsätzen lenken, sich dabei aber nicht *kultivieren* – sich also weder kulturell noch wissenschaftlich noch gesellschaftlich noch religiös *verfeinern* wollen. Er soll seine ‹Völker› zufrieden halten auf dem Niveau des in der Welt *Lebensnotwendigen.* Ist die Orientierung nach *Dao* eindeutig und bewußt genug, kann ‹*das Intellektuelle*› in seiner Welt-Arbeit viel Nutzen bringen. Doch darf das *Werkzeug* nicht unversehens zum *Werkstück* werden; und manches Mal widerspricht dem gewöhnlichen Verstand vollkommen, was gemäß den Grundsätzen von *Dao* und *De* das Richtige – ja, das einzig Vertretbare ist.

Zu Beginn scheint es schwierig, Beides zu harmonisieren. Hat er dies jedoch erreicht, so erfährt der *Licht-Zeuge die größte*

Ergebenheit, Ordnung, Glück und Wohlergehen zugleich!

第六十六章

江海之所以能為百谷王者,以其善下之,故能為百谷王。
是以聖人欲上民,必以言下之;欲先民,必以身后之。
是以聖人處上而民不重,處前而民不害。是以天下樂推而不厭。
以其不爭,故天下莫能與之爭。

66.

Es gibt eine Ursache, warum Strom und Meer imstande sind,
die Könige zahlreicher Täler zu sein:
Sie haben die Eigenschaft, unten zu sein —
Darum können sie wirken als Könige zahlreicher Täler.
Der rechte Heilige wünscht, wenn er unter dem Volk ist,
gewiß eine einfache Sprache zu benutzen,
wünschend, was das Volk wünscht,
um es desto sicherer zu beherrschen.
Der wirklich Erhabene handelt souverän,
aber ohne das Volk zu unterdrücken —
er verlangt Respekt, aber ohne das Volk zu verletzen.
Folglich dauert sein Reich froh und zufrieden fort, ohne Unglück.
Er ist ohne Kampf,
denn das Volk gibt ihm keinen Anlaß, zu kämpfen.

Dieses Kapitel scheint vorerst nur eine Fortsetzung der *Ermahnungen an den Herrscher* von N° 62 zu sein: Sich im richtigen Moment anzupassen, um desto sicherer seine Herrschaft in Ruhe und Sorglosigkeit zu genießen. Auch ist es eine Wiederholung der Lehren aus N° 49: Seinen Willen den Wünschen des Volks anzupassen und sich bewußt zu bleiben, daß es ihn ständig beobachtet: Kinder imitieren das Betragen der Eltern bis in die kleinsten Körperbewegungen hinein. – Ton, Verhalten und Kleidung des Firmenchefs prägen das Verhalten von Kader und Belegschaft bis zum internen Postboten.

Umgekehrt kann der oberste Verantwortliche einer Gemeinschaft das Wirken der ihm Untergeordneten – und damit auch sein eigenes – leicht erkennen, wenn er sich regelmäßig unter die Unbedeutendsten mischt, unabhängig von Natur, Zielsetzung und Wirkungsweise dieser Gemeinschaft. Dies wird auch vom berühmten Kalifen von Baghdad, Harun-ar-Rashid anhand einiger drolliger Anekdoten in *Tausend-und-eine-Nacht* überliefert: So friedlich und leutselig regierte der um 800 n.Chr., daß er sogar im Westen unsterblich wurde. – Zu Recht, wenn man jenen Geschichten den Wirklichkeits-Gehalt zumessen will, den sie zu verdienen scheinen.[41]

Das ‹Bad im Volk› ist ja noch heute üblich – vom Fußball-As bis zu Staatschefs und Papst; nur daß diese heutigen ‹Könige› ihre

Auftritte allein pflegen, um ihr Ich und ihren mehr oder weniger berechtigten Ruhmesglanz zu zelebrieren – und nicht um, wie Martin Luther es ausdrückte – *«dem Volk aufs Maul zu schauen»*. Luther wollte eine Bibelübersetzung in der *Sprache des Volks* statt in der Sprache der Elite anfertigen; – der Herrscher aber möchte das Echo auf seine Regierungsweise erhorchen, indem er *dem Volk in die Augen schaut* – und zugleich in Gesten und Worten den Eindruck vermitteln, daß er sich jedem Einzelnen verbunden weiß.

Wie läßt sich dies nun auf den ‹Pilger› oder ‹Schüler› auf dem gnostischen Pfad von *Dao* übertragen?

So wie der *«weise Herrscher»* darauf achtet, dem Volk nicht allzu fern zu stehen, soll auch der Kandidat der Mysterien die Welt nie ganz verleugnen, sondern äußerlich im Rahmen der Lebensart des ‹gewöhnlichen Volks› bleiben, ohne durch absonderliches Verhalten, Kleidung oder Reinheitsvorschriften u.s.w. Anstoß zu erregen.

In der *Fama Fraternitatis* – dem ersten der drei Rosenkreuzer-Manifeste des 17. Jh. – wird allen *«Brüdern der Bruderschaft des R.C.»* empfohlen, kein Ordenskleid zu tragen, *«sondern sich den Sitten der Länder anzupassen»*. Auch sollten sie keinen anderen Beruf ausüben, als den des Heilens von Kranken. Auf der Ebene der ‹Realitäten› heißt das, daß sie keine Konkurrenz für Handwerker oder Händler waren: Wandernde Heiler gab es stets ohne Zahl. – Auf der geistigen Ebene ist aber ein *geistiges* Heilen gemeint: das Verbreiten der *Universellen Lehre* unter den diesbezüglich Unwissenden und daher ‹kranken› Menschen in aller Welt.

Nun könnte man sich daran stoßen, daß die Eingeweihten des transfiguristischen Pfads mit *Königen* verglichen werden. Das *Dao-De Ging* erklärt in seinem 39. Kapitel, warum dieser Vergleich so passend ist: *«Dienen ist die Grundlage des Regierens, Würde ist die Folge von Einfachheit ... ein König nennt sich einsam, verlassen, bedürftig ...»* (vgl. N° 39 und N° 42). – Ebenso geht es dem Pilger auf dem Pfad: Inmitten der Welt lebend, gehört er doch nicht mehr zu ihr. – Verbunden mit ihr, fühlt er sich hier doch als Fremder ...

Der Begriff des *Dienens* ist untrennbar verbunden mit dem Begriff der *Demut*. Das hat nichts zu tun mit Duckmäusertum und Frömmelei. Wahre Demut kann man von außen *nicht erkennen*: Wäre sie so zur Schau gestellt, wäre sie nur Heuchelei. Nein: ein nach außen *«trotziger Krieger»* oder *«stolzer Würdenträger»* kann innerlich weit demütiger sein, als ein schäbiger Bettler, der wohl nach «Geld für Brot» verlangt, ein Stück Brot aber ablehnt!

Der Schüler der Gnosis nun hat – wenn es ihm ernst ist – eine Wahl getroffen, der er alles Übrige unterordnet: ‹Erfolg›, Behaglichkeit, Heimatgefühl – alles was der Mensch gerne genießt. Diese Wahl ist einfach – doch sie hat ihren Preis! Dieser Preis kann darin bestehen, daß er z.b. institutionelles Wissen aus Schule, Staat oder Kirche stumm akzeptieren muß; denn das sind die *Sitten*. – Oder darin, daß er sich still Menschen fügen muß, die ihm gerade da unterlegen sind, wo sie ihn leiten und lehren sollten. ... –

So wird vielfach gezeigt, wie sehr der Vergleich eines ‹*begnadeten Schülers*› mit einem ‹*begnadeten Herrscher*› zutrifft: Ein ‹*Pilger*› – ein ‹*Weiser*› im guten Falle – ist zugleich ein *König*: Weiser Beherrscher seiner *Impulse* (das gemeine Volk), seiner *Verlangen* (die Beamten), seines *Wollens* (die Heerführer), seines *Denkens* (Gelehrte und Priester), seines *Tuns* (Händler und Bauern). In der einmal gefaßten Orientierung fest, «*handelt (er) souverän, aber ohne das Volk zu unterdrücken*», meidet möglichst, was *Dem Weg* schaden kann, «*aber ohne das Volk zu verletzen*» – d.h., ohne sich zu kasteien. Sonst wäre früher oder später die ‹Revolution› da: Die verdrängten ‹Volksvertreter› könnten unvermutet ‹auf die Straße gehen›, alles blockieren und vielleicht Jahre des geistigen Wegs zunichte machen!

Darum leiht der Kandidat als weiser Herrscher Allen sein Ohr, «*wünschend, was sein Volk will, um es desto sicherer zu beherrschen*», indem er dem bisherigen *König Ich* zugibt, daß er immer noch etwas zu sagen hat – nur vielleicht «*nicht gerade jetzt!*»

Es gilt also, das rechte Maß zu finden: Ausnahmen von den Grundregeln als ‹Schüler› sind unvermeidlich. – Doch selbst wenn einmal Dinge getan werden, die nicht *Dem Weg* entsprechen, sondern der Natur des Jahrtausende alten Tiermenschen: Der *souveräne König seiner selbst* wird sich dabei beobachten – stirnrunzelnd oder mit einem spöttischen Lächeln. Solange diese Dinge dem Weg nicht direkt *schaden*, wird er neutral bleiben, «*ohne einzugreifen*», wie es dem Weisen ziemt: Er weiß, wann und wo solche Ausnahmen gestattet werden können und wird sie keinesfalls sich ausweiten lassen. So kann er – *autonom in der Harmonie* – den *Einen* Weg weitergehen – «*froh und zufrieden, ohne Schaden*»:

Er ist ohne Kampf,
denn sein Volk gibt ihm keinen Anlaß, zu kämpfen.

第六十七章

天下皆謂我道大,似不肖。夫唯大,故似不肖。若肖,久矣其細也夫!
我有三寶,持而保之。一曰慈,二曰儉,三曰不敢為天下先。
慈故能勇;儉故能廣;不敢為天下先,故能成器長。
今舍慈且勇;舍儉且廣;舍后且先;死矣!
夫慈以戰則勝,以守則固。天將救之,以慈衛之。

67.

Im Volk sagt jeder:
«Mir ist DAO zu hoch; – es erscheint mir wertlos!» —
«Der Mensch allein ist groß; darum ist es wertlos!» —
«Es scheint [zwar] nicht schlecht —
[doch ist]schon sehr lange die Menschheit armselig!».

Ich habe drei Kleinodien und halte sie fest
als Ziel aller Wünsche:
Das erste nennt man Barmherzigkeit —
das zweite nennt man Mäßigkeit —
das dritte: Unterlassen, sich selber vorzudrängen.

Barmherzigkeit, um tapfer zu kämpfen —
Mäßigkeit, um sich ausbreiten zu können —
Unterlassen, sich vorzudrängen,
um vielleicht ein starkes Werkzeug zu werden.

Heutzutage
hat Barmherzigkeit aufgehört – und auch Tapferkeit —
hat Mäßigkeit aufgehört – und auch Ausbreitung —
hat Zurückhaltung aufgehört – und auch Verantwortlichkeit:
All das ist ganz tot!
Die Menschheit liebt es, zu kämpfen um den Sieg —
ihre Spielregeln sind erbarmungslos.

Der Himmel möge sie erretten
und sie in Barmherzigkeit bewahren!

Die bekannten Übersetzungen sind desto verschiedener, je ‹schöner› (insbesondere gereimt) sie lauten. Deren Analyse aufgrund der drei genannten chinesischen Originaltexte kann zwar manche Version erklären, einige auch bestätigen; aber aufgrund der Bevorzugung einer echt spirituellen Lesart – nur sie kommt ja in Frage – tauchen ganz neue Ergebnisse auf. Element-weise übertragen, ohne irgend eine Bedeutung vorwegzunehmen (Einzelzeichen, Zeichenkombinationen, moderne chinesische Lesarten), führt derselbe Text zu einer neuen, unzweifelhaften, in sich selbst harmonischen Interpretation ohne Erfindungen, sobald die Syntax der Zeichen genau respektiert wird. – Und der Text wird dadurch hoch aktuell!

Dies trifft zwar fürs ganze *Dao-De-Ging* zu – doch ganz besonders für diese N° 67. Die original-chinesischen ‹Übersetzungen› und Kommentare stellen sicher, daß die *Selbständigkeit* der vorliegenden Übertragung keiner *Überheblichkeit* entspringt: Von den *328'000 Internetseiten*, die sich aufgrund der letzten Sequenz von knapp zehn Zeichen blitzschnell auftun, wurden zehn studiert.

Neun davon stützen die hier gegebene Version; *sieben* davon geben den genannten westlichen Varianten keine Chance; eine erwähnt eine weitere englische Version, die mit der gegenwärtigen teils wörtlich übereinstimmt, teils einige krause Ideen einführt.[42] Jedenfalls erfüllt nur die hier präsentierte Übertragung alle drei in der Einleitung genannten Bedingungen. – Typisch für die originale Textführung im *Dao-De-Ging* ist, daß Anfang und Schluß (Schlußfolgerung) oft einen Bogen spannen, in den der Mittelteil sozusagen eingelassen ist, wie eine Füllung in die Teigkruste einer Pastete. – So auch hier.

Der *Grundgedanke* von ‹Vers› 67 ist, daß die ‹heutige Menschheit› (um ca. 500 v.Chr.!) die alten Kardinaltugenden vergessen hat; daß sie mit der uralten gnostischen Überlieferung von Dao nichts mehr anzufangen weiß; und daß – anstelle von Güte, Mäßigkeit und Demut – Egoismus, Unmäßigkeit und Aggressivität getreten seien. – Beklagen wir nicht genau dasselbe auch heute?

Die ‹Teigkruste› dieses Grundgedankens wird gefüllt mit der Aufzählung dreier Haupt-Tugenden und ihrer Vorteile für die Gesellschaft sowie für den einzelnen *Kämpfer* auf *Dem Weg*. Das gilt für den Kandidaten der Mysterien ebenso wie für Krieger. – Da nun jede Tugend mit ihren Vorzügen aufgezählt wird, ist es unlogisch, zu übersetzen wie die Meisten: «Die betreffende *Tugend* hat *ganz aufgehört, ist tot*» (dreimal 舍); – [und] (dreimal 且) «a*n ihre Stelle* ist ihr *Vorteil* getreten». Besser ist es, das Zeichen 且 genau zu nehmen als «*auch, dazu, des Weiteren* [engl. *further*] – also als: «*und daher auch ...* ». – Da die gegenwärtige Übersetzung möglichst der Zeichenfolge des Originals folgt, kann dann Jedermann nachvollziehen, worauf jedes Wort beruht. –

Was nun die *esoterische Bedeutung* von N° 67 betrifft, so erübrigt es sich, sehr ins Detail zu gehen: Der Text erklärt sich selber, sobald man ihn auf den ‹Pilger auf dem Pfad› bezieht:

«*Liebe*» fürs Zeichen 慈 steht als Summe der genauen Bedeutungen «*Güte, Milde, Sanftmut, Langmut, Gutmütigkeit, Barmherzigkeit, Erbarmen, Mitgefühl, Zartheit, Zärtlichkeit, liebevoller Respekt*», deren Krönung aber *Die Liebe* ist, wie sie der ‹Korintherbrief› beschreibt (1 Cor 12-13). Dieses einzige Zeichen erfaßt also eine ganze Anzahl Eigenschaften, die der ‹Pilger› oder ‹Schüler› erwirbt, indem sie im Laufe der Zeit in ihm authentisch werden; denn ohne sie wäre er nur *«ein tönend Erz oder eine klingende Schelle»*, wie Paulus sagt. Der Kommentar zu N° 39 gibt eine kulturgeschichtlichen Erklärung zur möglichen Herkunft dieses musikalischen Vergleichs.

Die *Mäßigkeit*, wurde bereits in einem früheren Kapitel erwähnt. Sie ist eine der alten *Kardinal-Tugenden*. Für den Kandidaten bedeutet dies in erster Linie *Einfachheit* der täglichen Ansprüche: Je einfacher er lebt, desto geringen sind die Ablenkungen und die Angriffsflächen sowohl für äußere Gegner als auch für die innereigenen Widersacher-Kräfte. – Dazu noch eine Bemerkung: *Einfachheit* – oder, wie Andere wollen, *Sparsamkeit* – soll (so der Text) Voraussetzung sein für *«Ausdehnung»*, also für *zunehmenden Wohlstand*, womit ursprünglich sicher *räumliche* Expansion (Acker- und Weideland) gemeint war, später rein geschäftliche oder politische *persönliche* Expansion als Kaufmann oder Beamter. Andere setzen *«großzügig»* für *«nicht geizig»*. Das erinnert daran, daß besonders im Orient, und bevorzugt im Zusammenhang mit dem geistigen Weg, das *Almosengeben* eine sehr wichtige Rolle spielte: Im *Islam* gehört dieses noch heute zu den Haupt-Tugenden des vorbildlichen Gläubigen. – Im christianisierten Westen ist davon nur noch die ‹*Kollekte*› übriggeblieben ...

Das Wort *Entsagung* – es sei nochmals betont – darf in diesem Zusammenhang also nie als *forcierte Askese* verstanden werden: *Zurückhaltung* ist eine natürliche Selbstverständlichkeit für den ernsthaften Kandidaten: Sie bedeutet das Gegenteil von Egoismus, Profilsucht und Rücksichtslosigkeit (vgl. N°81); – man darf sie also auch einfach mit *Demut* gleichsetzen, sofern man jenen Ausdruck *recht* – d.h. *nicht moralisierend* – versteht. Das vorangegangene Kapitel hat sich dazu bereits geäußert.

Wer den Weg von Dao aus eigener Erfahrung kennt, kennt auch die Aussagen Außenstehender – Menschen am Rand des Weges, die sich über den Pilger und sein So-sein ärgern oder lustig machen, oder auch nur abschätzig die Schultern zucken: *«Alles Narretei, unbrauchbar; – intellektuell hochstehend* (大), *praktisch aber nichtig* (不肖, vgl. amerik. *«different»*) ...». Und damit haben sie – vom Standpunkt puren Weltmenschentums aus gesehen – auch ganz recht ...

Auch aus dem Blickwinkel menschlicher Kulturgeschichte betrachtet, enthält der vorliegende Text interessante Hinweise: Die *Zurückhaltung* oder *Rücksichtnahme* wird empfohlen mit dem Zweck, *«vielleicht ein starkes Werkzeug / Organ / Talent / Gefäß»* – also ein nützlicher Diener des Weltreichs zu werden. – Chinesische Kommentatoren haben auch *«ship»*, was ans französische *vaisseau* anlehnt, das – außer *Schiff* – auch *Gefäß* bedeuten kann. Die *moderne* chinesische Textversion benutzt hier ein anderes Zeichen, das neu die Bedeutung *Chef* und *Vorsitzender* anbietet, aber nicht mehr jene von *Gefäß*.

Das gibt Anlaß, noch zu erwähnen, daß der Kandidat auf dem Weg der Gnosis danach strebt, ein *starkes Werkzeug* und *geeignetes Gefäß für den Geist* – ein *Graal* zu werden, worin sich die wunderbare Wandlung vom Erdenmenschen zum ‹Geistmenschen von einst› vollziehen kann, der dann fähig ist, Andere mit dem ‹Wasser des Heils› zu laben. – Bekanntlich wurde auch der *Pharao*, Adept der Gnosis Ägyptens, in einem von den Göttern (bzw. deren Hohepriestern) gelenkten *Schiff* – der sogenannten *Sonnen-* oder *Lichtbarke* – abgebildet.

Noch einmal sei eine Besonderheit betont, die bereits in einem früheren Kapitel angetönt wurde: Die *«heiligen Krieger»* (das war die Kaste direkt unter den Priestern!) hatten die Pflicht, ihren Kampf nicht nur ohne Zorn zu führen, sondern sogar in Liebe ihrem Gegner gegenüber (vgl. nächste Nummer!). Auch zeigt direkte Schau, daß der Brauch, den Gegner *wirklich zu töten*, erst im Zuge der *totalen Verstofflichung* entstand; denn zuvor war der ‹Heldentod› so *reversibel* wie eine kleine *Ohnmacht*; der Kampf *ein Spiel*; – nicht im Sinne einer Unterhaltung jedoch, sondern im Sinne eines heiligen Ritus, worin ‹der Himmel› (天) den Sieg im Kampf zwischen den Menschen (夫) entschied. Götter- und Heldensagen erinnern noch heute daran. – Doch aus dem rituellen Kräftemessen wurde ein erbarmungsloser Kampf, als die Götter die Erde verließen. —

Wie er mit der Formel 天下, *«unter dem Himmel»*, d.h. *«in der Welt»* begann, schließt der Text von N° 67 mit einer *Anrufung des Himmels* und einer *Fürbitte für Welt und Menschheit*:

Der Himmel möge sie erretten —
seine Barmherzigkeit sie bewahren!

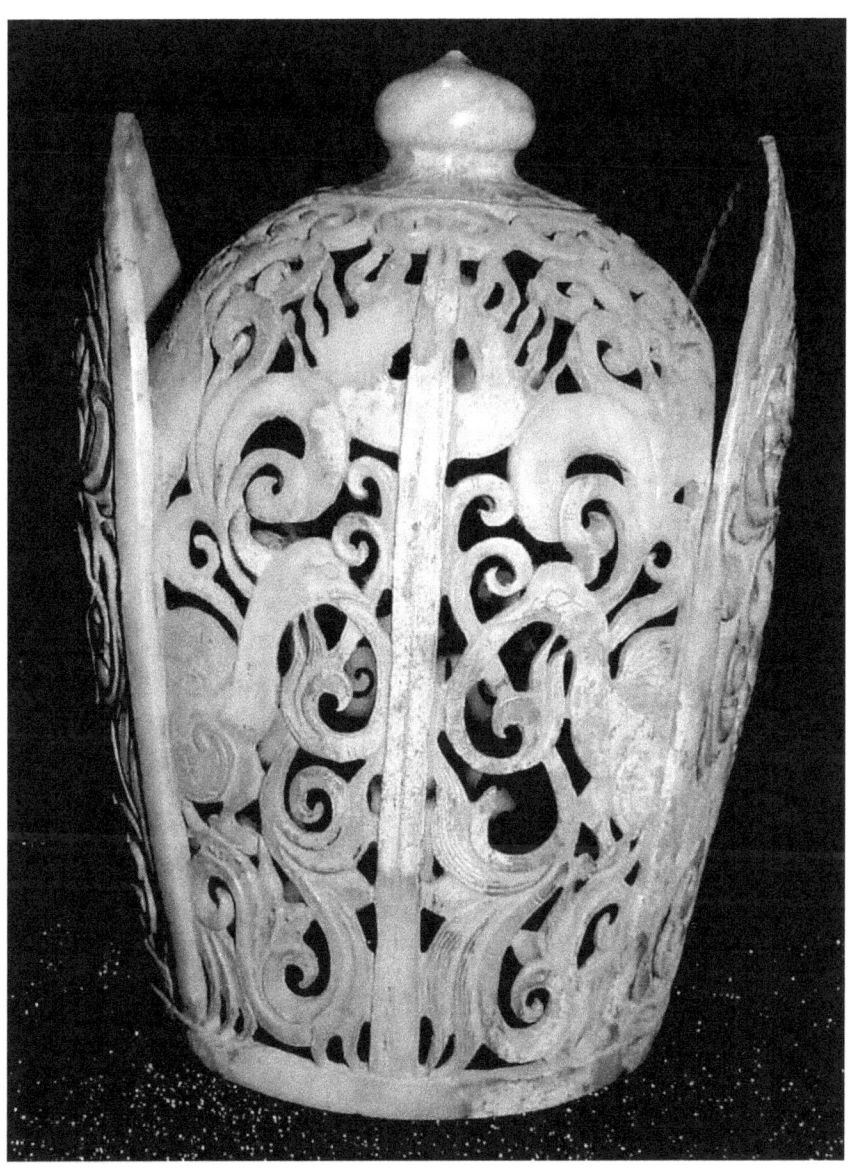

Vergoldete Krone mit ‹Fischmaul› und zwei Phœnigen im Feuer
Hetian Jade (Nephrit), Ming-Dynastie (1368-1644).

第六十八章

善爲士者,不武;善戰者,不怒;善勝敵者,不與;善用人者,爲之下。是謂不爭之德,是謂用人之力,是謂配天古之極。

68.

Ein tüchtiger Feldherr ist nicht kriegerisch —
ein tüchtiger Krieger ist nicht zornig —
ein tüchtiger Sieger greift nicht an —
ein tüchtiger Menschenführer ordnet sich unter.
Zu Recht nennt man Nicht-streiten eine Tugend —
zu Recht nennt man seinen Diener seine Stütze —
zu Recht nennt man von Alters her
sich dem Himmel zu vermählen das höchste Ziel.

Der *Daoismus als System* wurde in der Einleitung als die umfassendste und tiefgreifendste exakte Wissenschaft und Philosophie mit praktischer Relevanz auf allen Gebieten dargestellt. Das Feld, auf dem die Gesamtheit der Aspekte des alt-chinesischen Daoismus am deutlichsten erkannt und geübt werden kann, ist die *Kriegsführung*. Und der bis heute beliebteste Früh-Klassiker daoistischer Philosophie neben *Dao-De-Ging* und *I-Ging* ist das Buch von *Sun-Tsu* (Sun-zi, Sun-Dse) über die Kunst der richtigen Strategie[43]. Dieses Buch lehrt die *Kriegskunst*; doch versteht es den Krieg nicht als einen «*Akt der Gewalt, um den Gegner zur Erfüllung unseres Willens zu zwingen*», wie C. v. Clausewitz in seinem berühmten Werk[44] schreibt, sondern als eine Anleitung, Konflikte möglichst zu verhindern, dem Kampf vorzubeugen, ihm auszuweichen, oder aber mit einem Minimum an Verlusten *auf beiden Seiten* zu führen – «*kurz und kraftvoll!*». – Sun-Dsu sagt:

«*Jene, die ihrem Herrn mittels des Dao beistehen, bedienen sich nicht der Waffen, um die Welt zu zwingen, denn diese Dinge haben die Tendenz, sich in ihr Gegenteil umzukehren. Dornensträucher wachsen, wo eine Armee durchgezogen ist, und elende Jahre folgen auf einen großen Krieg*» (siehe *Dao-De-Ging* N°30).

Ein anderer, sehr alter daoistische Klassiker sagt (vgl. N° 31):

«*Waffen sind unheilvolle Geräte und nicht das Werkzeug eines Erleuchteten. Wenn keine andere Wahl bleibt, als sie zu benützen, ist es am besten, ruhig und frei von jeder Leidenschaft zu sein und den Sieg nicht zu feiern. Jene, die den Sieg feiern, sind blutrünstig; und für Blutrünstige gibt es keinen Platz in der Welt*».[45]

Wie anders nehmen sich da die zahlreichen jährlichen Paraden und Siegesfeiern der modernen Welt aus – in Ost wie West!

Die weltweit beachtete Studie und Anleitung von Sun-Dse enthält alle Aspekte des Daoismus, anwendbar auf Kosmos und Mikrokosmos, auf Krieg und Frieden. Indem sie alle Gebiete zugleich beleuchtet, betont sie wiederholt die Wichtigkeit des *Mitgefühls* – im eigenen Land wie gegenüber dem Feind – sowie der *Leidenschaftslosigkeit*, also der Abwesenheit von Haß, Zorn und Grausamkeit selbst da, wo der Kampf mit aller Härte geführt wird.

Diese von der westlichen so verschiedene Auffassung könnte man auch eine *Ästhetik des Kriegs* nennen: Das griechische αισϑησις – aísthesis – bezeichnet außer sinnlicher *Wahrnehmung* auch *Einsicht*, *Bewußtsein* und *innere Erkenntnis*. – Das bedeutet: Es geht im Daoismus nicht bloß darum, durch Waffengewalt den ‹Sieg› zu erringen. Jeder Kampf muß der Kontrolle des *Mitgefühls* unterliegen. Diese *Duplizität* nennt man auch *«das daoistische Paradoxon»*.

Sun-Dsu lehrt *die Meisterschaft der Fülle* in vier Arten: Meisterschaft der *Energie*, Meisterschaft der *Kraft*, Meisterschaft der *Anpassung* und Meisterschaft des *Herzens*. In seinem *neunten Kapitel* schreibt er: *«Was allein zählt, ist, aggressives Handeln zu vermeiden. Es genügt, die eigene Kraft zu konzentrieren, den Gegner richtig einzuschätzen, und Menschen zu gewinnen; – das ist alles»*. Dieses bemerkenswerte Konzept läßt sich in angepaßten Begriffen ohne Weiteres auf den Pfad des einzelnen ‹Pilgers› oder ‹Schülers› anwenden, wobei hier die ‹Person›, die man zur Mitarbeit zu bewegen hat, das eigene Ich ist.

Charakteristisch für diese Auffassung von Kriegsführung ist das folgende Zitat nach Zhuge-Liang, einem berühmten daoistischen General von Anfang des 3. Jh. n.Chr:

«In alten Zeiten bewaffneten jene, die gut regierten, ihr Volk nicht; – jene, die gut bewaffnet waren, stellten keine Armeen auf; – jene, die Armeen geschickt aufzustellen wußten, kämpften nicht; – jene, die vortrefflich kämpften, verloren nicht; – jene, die zu verlieren verstanden, gingen nicht zugrunde.»[46]

Das *Sun-Zi-Bing-Fa* von Sun-Dsu drückt es noch genauer aus:
«Veranlasse den Gegner, auf dich zuzukommen; gehe nicht von dir aus auf ihn zu ... Unbesiegbarkeit ist eine Sache der Verteidigung, Verwundbarkeit ein Sache des Angreifens» (vgl. N° 69).

Den guten Feldherrn zeichnet seine *Weisheit* aus: *«Die Armeen der Anderen ohne Kampf zu besiegen, das ist die höchste Kunst».*

Der Daoismus nennt «*Krieg ein Übel gleich einem chirurgischen Eingriff, Regieren in Frieden aber eine weise Prophylaxe*». So weist auch Kapitel 68 (neben manchen andern, wo wir darauf hinwiesen) mit seinen Zitaten nach Sun-Dsu betont auf die unaggressive, leidenschaftslose, unpersönlich mitfühlende ‹*Kriegsführung mit Herz*› hin: Sogar Krieg unterliegt hier der *Harmonie von De*!

Der ‹*Zornlosigkeit*› des exoterischen Kriegers entspricht die *Streitlosigkeit*, die jedem Kandidaten auf *Dem Pfad* ein wichtiges Prinzip ist – für sein eigenes Inneres ebenso wie im menschlichen Umgang, der nur der äußere Spiegel seines inneren Zustands ist. Nun ist es zwar in der heutigen Welt mit ihren «*erbarmungslosen Spielregeln*» unmöglich, von keinerlei Konflikt berührt zu werden. Es kommt aber darauf an, solche Streitfälle nicht wie ein gewöhnlicher Weltmensch in Zorn, Furcht und Leidenschaft ‹durchzukämpfen›, noch, sich listig oder feige davonzustehlen: Wo Konflikte unvermeidbar werden, sollen sie so gelöst werden, daß für alle Beteiligten *das geringste Leid* entsteht – also in Mitgefühl auch für den oder die aggressiven Gegner – und vorallem in möglichst ungetrübter Ausrichtung auf den gnostischen Weg und sein hohes Ideal.

Der Ausdruck *Diener* (hier und in N° 59) und Ausdrücke wie *Gefäß* oder *Werkzeug* (N° 67) machen deutlich, wie stark damals der Einzelne (ob Fellache, Beamter oder König) sich in loyaler Dienstbarkeit dem Landesherrn und dem Gemeinwohl verpflichtet fühlte, dessen oberster Exponent der Kaiser – zugleich Repräsentant der Gottheit auf Erden – war. All dies zeigt, wie sinnvoll die alte Stellung eines *Priester-Königs* einst war. Im alten *Uruk* wurde der Priester-König sogar noch durch die ‹Nephilim› oder ‹Götter› bestimmt, von ihnen belehrt («*eingeweiht*») und beschützt.[47]

So gibt der alte Daoismus noch einen Abglanz der ursprünglichen Kosmischen Harmonie, der Gottesordnung wieder; jener harmonischen Einheit von Seele, Geist und Körper in der Urzeit – im ‹Goldenen Zeitalter› der Menschheit, wovon – ob unbewußt wie ein Traum oder bewußt – die Erinnerung in jedem Menschen fortlebt als eine drängende Sehnsucht des Herzens, doch ja bald wieder in jene ‹himmlische›, wahrlich göttliche Harmonie zurückzukehren:

*zu Recht nennt man von Alters her
sich dem Himmel zu vermählen das höchste Ziel!*

第六十九章

用兵有言:「吾不敢爲主,而爲客;不敢進寸,而退尺。」
是謂行無行;攘無臂;扔無敵;執無兵。
禍莫大于輕敵,輕敵几喪吾寶。
故抗兵相若,哀者勝矣。

69.

Zur Strategie gibt es ein Sprichwort:
«Ich spiele lieber nicht den Gast, sondern den Wirt —
rücke lieber nicht einen Fingerbreit vor,
sondern einen Fußbreit zurück.»
Zu Recht sagt man: «Rücke vor, ohne vorwärts zu gehen —
schlag [den Gegner], ohne den Arm zu rühren —
wirf [ihn], ohne ihm Widerstand zu leisten —
siege, ohne zu kämpfen!»
Es gibt keinen größeren Verlust, als den Gegner
gering zu schätzen:
Den Gegner zu verachten ist so gut als
sein kostbarstes Juwel zu verlieren.
Daher:
wo immer Krieger zusammen kämpfen:
Der einfühlendere Teil gewinnt ganz bestimmt.

Dieser Text steht wieder in enger Verbindung mit der *Kriegskunst* von Meister Sun. Das *Dao-De-Ging* liebt die bildliche Sprache; die Bilder nimmt es gerne aus dem Kriegsgeschehen. Das ist verständlich, nimmt man an, das *Dao-De-Ging* wende sich in erster Linie an einen Herrscher, dem alles Militärische sehr nahe liegt. Die meisten Herrscher waren ja als fähige Krieger in einen höheren Stand, bzw. als General zum Kaiser erhoben worden, wie die Beispiele von Zhuge-Liang (Anm. 36) und Hong-Wu I (Abb. S. 35) zeigen.

Ein Hauptelement in der daoistischen Praxis war das Thema von *Leere und Fülle* – und dies auf allen Gebieten, nicht nur im Krieg. Tatsächlich widmete Sun-Dsu dieser Thematik das ganze *sechste Kapitel*, mit allerlei Spielarten im Spannungsfeld von *Ruhe und Bewegung*. Grundsätzlich läßt sich hier feststellen: Wer *tut*, *entleert* sich (von Energie); wer *nicht-tut*, bleibt *erfüllt*. Wer den Anderen zum Tun zu *veranlassen*, selbst aber in der (geistigen, seelischen und physischen) Ruhe zu bleiben weiß, bewahrt seine Fülle, *läßt aber zu* oder veranlaßt, daß der Andere sich entleert. Das ist ja noch immer das Grundkonzept der taoistischen Kampfsport-Arten: *Ch'I* anzureichern, zu erhalten und umzuwandeln; den Anderen aber sein *Ch'I* verausgaben zu lassen: Wer erfüllt bleibt, gewinnt; – wer sich entleert, verliert. Das gilt in jeglicher Aktivität – geistig, seelisch oder physisch; – beim Kämpfen, Regieren oder Verhandeln und in jedem zwischenmenschlichen Austausch. Dies auch meint jeweils das *«sich unterordnen»*, das *«unten liegen»*, welches in mehreren Kapiteln des *Dao-De-Ging* vorkommt.

Dieselben Prinzipien predigt ein weiteres Buch aus dem Altertum: Es ist das *Buch der Meister von Huainan – Huainan-Dse* genannt.[48] Dort liest man u.a. (zitiert bei Sun-Dse, a.a.O. S. 20):

«Sind Generäle und Offiziere einander schlecht gesinnt, und hat sich Unzufriedenheit in der Truppe festgesetzt, so nennt man dies Leere. Agieren die zivile Regierung intelligent und die militärische Führung zuverlässig, haben Vorgesetzte und Unterstellte dieselbe Einstellung, und handeln Wille und Energie in Harmonie miteinander, so spricht man von Fülle. ... Die Klugen wissen ihre Leute mit Energie zu füllen ... , während die Unfähigen angesichts der Fülle der Anderen Jene ihrer Fülle berauben.»

Um dieses *Spiel* von Leere und Fülle geht es im Text von N° 69. Gleich zu Beginn wird hier auf Sun-Tsu's Lehre angespielt:

«Veranlasse den Gegner, auf dich zuzukommen; gehe nicht von dir aus auf ihn zu ... ».

Die Initiative dem Gegner zu überlassen, aber auf ihn gefaßt zu sein; – seine Absichten zu erraten, ohne die eigenen zu zeigen, das ist die Essenz in der *Ruhe*. Durch selbst geringfügige Bewegungen den Gegner zu unsicheren Aktionen zu verleiten, ist die Essenz in der *Bewegung*. Hinzu kommt das Element der Täuschung, und zwar nicht bloß anhand täuschenden Verhaltens oder mittels Spione, sondern durch konsequenten Aufbau der *Unergründlichkeit*.

Diese besteht aus den beiden Elementen *Formlosigkeit* und *Unsichtbarkeit*. Unter *Formlosigkeit* versteht man u.a., daß der Gegner nie wissen soll, welche Mittel und Bewegungen wann zum Einsatz kommen werden; – in der *Unsichtbarkeit* trifft sich ganz deutlich die Kriegskunst mit der Philosophie des individuellen *Wegs von Dao*.

Bezüglich der *Unsichtbarkeit* faßt das *Huainan-Dse* zusammen:

«In den Kriegskünsten ist es wichtig, daß die Strategie unergründlich ist, daß die Form verborgen bleibt, und daß Bewegungen unerwartet kommen., damit es unmöglich ist, sich darauf vorzubereiten. Was einen guten General dazu befähigt, mit Sicherheit zu siegen, ist seine unergründliche Weisheit und sein Handeln, das

keine Spuren hinterläßt.» – Dem entspricht in den berühmten ‹Symbola› – den geistlichen *Zehrpfennigen des Pythagoras* (*ebenfalls* um 500 v.Chr.; – ein Beiwerk zu den ‹*Goldenen Versen*›) der Ausspruch: *«Wenn du von der Streu aufstehst, so nimm davon und zerstöre dein Abbild»* – Und ein anderer Spruch ebendort gleicht diesem: *«Verwische die Spuren des Kochtopfs in der Asche».*
Das *Huainan-Dse* aber fährt fort:
«Nur das *Formlose* bleibt von Allem unberührt. Die Weisen verbergen sich in ihrer *Unergründlichkeit*, sodaß ihre Gefühle sich jeder Beobachtung entziehen; sie wirken im *Formlosen*, sodaß nichts ihre Linien kreuzen kann.»

Dem bleibt auch für den Weg des Einzelnen nichts beizufügen: Für Jeden und Jedes wird sich die Verwirklichung der eigenen ‹Formlosigkeit› – entsprechend der natürlichen Persönlichkeit – anders entwickeln lassen. Doch darf *Unergründlichkeit* im Sinne von Dao nicht verwechselt werden mit mysteriöser Geheimtuerei, hinter der dann doch keine Substanz ist!

Auch die Warnung, seinen Gegner nicht zu unterschätzen, ist für den ‹Schüler› auf seinem Pfad wohlangebracht: Der Widersacher-Kräfte sind viele; und wenn sie auch oft ‹von außen› zu kommen scheinen, so ist ihre Ursache schlußendlich doch im eigenen Inneren zu finden. Darum gilt auch hier die Weisheit von Sun-Tsu:

«Derjenige ist nie in Gefahr, der sich selbst und den Anderen kennt; – derjenige, der die Anderen nicht kennt, sich selber aber kennt, wird einmal siegen, einmal verlieren; – wer aber weder den Anderen noch sich selber kennt, wird in jeder einzelnen Schlacht in Gefahr sein».

Zum Schluß dieses Kapitels noch eine Ergänzung: Die taoistischen Tugenden sind: *Intelligenz*, *Glaubwürdigkeit*, *Mut und Strenge* neben *Menschlichkeit*. Das bedeutet: *Mitgefühl* sowie authentische *Herzlichkeit*, *Herzensreinheit*, *Herzensgüte*, *Herzenswärme* – kurz, was der Volksmund ‹*Liebe*› nennt – jedoch mit der dem Daoismus eigenen Distanziertheit. Tatsächlich ist dies die am meisten anzustrebende ‹Tugend›: In ihr liegt die Summe alles auf dem Pfad Erreichten. Darum kämpfen – so der Text ‹buchstäblich› – die Gegner nicht *gegen einander*, sondern *mit einander*. Die ‹Spielregel› sagt:

Wo immer Krieger zusammen kämpfen —
Der mitfühlende Teil gewinnt ganz sicher!

第七十章

吾言甚易知,甚易行。天下莫能知,莫能行。言有宗,事有君。夫唯無知,是以不我知。知我者希,則我者貴。是以聖人被褐而懷玉。

70.

[Zwar:] Meine Lehren sind äußerst einfach zu behalten
und sehr einfach anzuwenden.
[Aber:] Die Menschheit ist unfähig, sie zu behalten —
und unfähig, sie umzusetzen.
Worte haben eine Sippe,
Werke haben einen Lehnherrn.
Allein die Menschen sind unerleuchtet —
sie verstehen mich einfach nicht.
Die mich verstanden haben, sind rar,
die mir nachfolgen, haben Adel:
Wahre Weise tragen außen braune Kleider,
im Herzen aber ein Juwel!

Hier steht man wieder vor einem rein spirituellen Text, der sich auf keines der Standard-Werke taoistischer Philosophie bezieht, sondern ganz einfach die Gnosis selbst – Dao selbst – sprechen, oder besser gesagt: aufseufzen läßt:

«*So einfach ist meine Lehre zu verstehen; – so einfach sind die Bedingungen, um auf dem Weg angenommen zu werden; – so wenig gibt es, was man wirklich tun kann und soll. – Seit so vielen Jahrhunderten, ja seit Jahrtausenden wird der Menschheit die Gute Botschaft vom Erlösungsweg verkündet; – und noch immer haben ach so Wenige sie in ihrem täglichen Leben intelligent umgesetzt!*»

Seit der Klage des Propheten Hosea ums 6. Jh. v.Chr. ist es stets derselbe Ausruf, der gehört wird – oder eben nicht (Ho 4:1-9):

«*Der Herr hat zu rechten mit den Bewohnern des Landes, daß so gar keine Treue und keine Liebe und keine Gotteserkenntnis im Lande ist ... – Doch hadere nur niemand, und Keiner schelte! Mein Volk tut es ja dir gleich, du Priester. ... Mein Volk wird vernichtet, weil es keine Erkenntnis hat! ...*».

Luther übersetzte es noch schärfer, noch genauer und schrieb: «Mein Volk ist dahin, darum, daß es *nicht lernen will!*». Und die Maya-Prophezeihung sagt ums Jahr 1541: «*Die Fürsten der Völker werden gefangen werden, weil sie keinen Verstand haben*».

Damals richtete sich diese Klage nur an die Priester im Tempel, denn sie allein waren es (außer einigen Privilegierten, wozu die biblischen Könige meist *nicht* gehörten), die das Wissen verwalteten. In der heutigen Welt – und in der ganzen Menschheit der Neuzeit – sind es längst nicht mehr nur die Priester der Tempel, die das Wissen von der Menschheit fernhalten: Es sind auch die ‹Priester› der wissenschaftlichen Laboratorien, der Universitäts-Institute, der fest verwurzelten Machtzentren in Politik und Wirtschaft – und sogar die Volksschulen, die das Wissen der Vielen steuern, dosieren und festlegen: Der Ausspruch von Macchiavelli: *«Gut ist, was dem Staate nützt»* ist heute aktueller denn je!

Fürsten und Kaiser der Antike und des Mittelalters, bis hin zu den *Medici* der italienischen Renaissance, rechneten es sich zum Vorzug an, wenn Literaten, Künstler und Musiker an ihre Höfe kamen; – sie beriefen sie sogar als ständige Berater. – Im 21. Jh. aber diskutierte eine halbpolitische Versammlung im PEN-Club über die Frage: *«Nützt Literatur dem Staat?»*!

Doch zurück zur *Unkenntnis* bezüglich Dao – früher und heute.

«Worte haben eine Sippe» sagt Lao-Dse mit der Stimme der Gnosis und meint damit u.a.: *Ein Wort kommt selten allein!* – Worte sind eingebettet in andere Worte; Meinungen in andere Meinungen, und alles ins Umfeld der Welt. – *«Werke haben einen Lehnsherrn»*: Jemanden, der befiehlt, was zu tun sei, oder duldet, was getan wird, und der das Tun kontrolliert, regelt, beherrscht, verantwortet. Der Lehnsherr des Kandidaten auf dem Pfad ist sein neuer Wille, der ihn heißt, seine Rede gewissenhaft und sparsam zu benutzen, sein Tun wohl zu bedenken und zu beherrschen: Worte sind ebenso Energie wie Taten! – Also nicht wie es einem der zwei Mörder in Schillers Ballade *Die Kraniche des Ibykus* ergeht, sondern wie Christian Morgenstern es – leicht und präzis – in Verse faßte.[49]

Daß die Menschen heute wie eh und je die Lehren von Dao *nicht begreifen*, liegt also nicht an deren Kompliziertheit. Abgesehen von den Kräften, die sich ebenfalls seit eh und je der Verkündigung wie der Umsetzung der *Guten Lehre* widersetzen, liegt dieses *Nicht-Begreifen* daran, daß die Menschen von Kindheit an dazu erzogen werden, zu glauben, nur das Komplizierte und schwer Umsetzbare habe Wert. – Taoismus und Gnosis lehren das genaue Gegenteil:

«Still zu werden vor dem Herrn»; – die Gedanken im Zaum zu halten; – die Worte wohl abzuwägen; das Tun (im Sinne von Eingreifen und Geschäftigkeit) aufs Minimum zu verringern; – «unergründlich», d.h. formlos und sozusagen unsichtbar zu werden;

«seine Spuren zu verwischen»; – kurz: in seinem ganzen Da-sein *immer weniger* zu werden und sein Wirken immer mehr auf einer höheren Ebene *geschehen zu lassen.* Der seit Kindheit trainierte Eigenwille muß wieder so klein als möglich werden; – das ständig Änderungen unterworfene, materiell orientierte weltliche Wissen muß als solches «vergessen», d.h. lebendigen geistigen Maßstäben untergeordnet werden, die seit Urzeiten dieselben geblieben sind.

All dies hat natürlich Konsequenzen fürs Dasein des Menschen: Mancherlei Veränderungen treten in sein tägliches Leben. Und so sieht sich der Kandidat vor zwei Hauptfragen – und damit vor eine *grundsätzliche Wahl* – gestellt: Will er für den Rest seines Erdenlebens seine ganze innere Aufmerksamkeit und Bemühung *dem Weg* widmen? – Will er wirklich die bisherige ‹Zone der Bequemlichkeit› verlassen und sich diesem ganz neuen, anderen Weg anvertrauen? Ist er bereit, die damit verbundenen Änderungen *zuzulassen* und *bewußt mitzuvollziehen*?

Wenige sind es, die hier JA sagen und bei diesem JA auch bleiben, über alle Hindernisse hinweg: *Das* ist die *Treue*, wovon Hosea in seiner Klage spricht! – Und die Gnosis durch den Mund von Lao-Dse meint ebendies, wenn sie beklagt, daß es nur so Wenige sind, die sie wirklich begreifen und Ihm – dem Einen Geist – nachfolgen. – Jedoch: sie *«haben Adel!»*

Das ist nun aber kein Adel, wie er in der Welt verehrt wird, sondern ein bescheidener, stiller, unauffälliger Adel – *formlos, unsichtbar, spurlos.* In der modernen Gnosis spricht man daher vom *Seelen-Adel* – das ist der *Glanz der Seele*, die in der Gnosis – in Dao – *aus dem lebenden Wasser des Gottesstroms neugeboren* ist, so wie das Johannes-Evangelium es erwähnt (Jo 3:3-7).

Diese Wenigen tragen denn auch kein prächtig verziertes Seiden-Kleid, wie es im damaligen Adels- und Beamtenstand üblich war (vgl. Abb. S. 11). Zwar tragen sie ein strahlendes Kleid: das ‹Neue Seelen-Kleid›; – doch dieses nehmen nur Wenige wahr: Für Alle sichtbar tragen sie ein schlichtes braunes Kleid, wie gewöhnliche Bauern, Bürger und Diener. In ihrem Herzen aber leuchtet die voll entfaltete Seelenblüte: Die ‹Rose›, die ‹Lotusblüte›, die ‹Wunderblume›, das ‹Juwel› des Herzens, und wie die Bezeichnungen – je nach dem Namen des Wegs irgendwo in der Welt – noch heißen mögen:

Im Herzen tragen sie ein Juwel!

KLEINE AUSWAHL VON TEXT-VARIANTEN ZU N° 71[50]

Variante Wang-Bi

知不知上，不知知病。
夫唯病病，是以不病。
聖人不病，以其病病。
夫唯病病，是以不病。

Variante Mawang-Dui (Text B, alles Vorhandene)

知不知尚矣 不知不知病矣
是以聖人之不□也以亓病＝也是以不病

Variante ‹Grundtext›

知不知，上，不知不知，病。
聖人不病，以其病病，是以不病。
etc.

Grundtext (‹Original›):

第七十一章

知不知，尚矣；不知知，病也。聖人不病，以其病病。
夫唯病病，是以不病。

71.

BEKANNTE WESTLICHE VERSIONEN, KOMBINIERT:
Zu wissen, daß man nicht-weiß, ist vorbildlich —
Nicht zu wissen, was man weiß, ist eine arge Krankheit.
Allein der Mensch, der an seinem Kranksein leidet,
ist nicht krank.
Der Weise ist nicht krank; denn er leidet an seinem Kranksein —
Der Mensch allein leidet an diese Krankheit, der meint, er
sei nicht krank.

HÄUFIGSTE CHINESISCHE VARIANTEN, KOMBINIERT
Zu wissen, daß man nicht-weiß, und überdies
nicht-wissen, was man weiß, ist ein übles Leiden.
Nur die Menschen leiden an [diesem] Leiden —
aber das ist keine Krankheit.
Der Weise leidet nicht —
er betrachtet Leiden als eine Krankheit.
Die Menschen allein sind die Krankheit —
die Krankheit ist nicht die Krankheit.

VARIANTEN DES HERAUSGEBERS, KOMBINIERT
«Zu wissen, ohne zu wissen» ist der höchste Vorzug —
Unbewusst zu sein dessen, was man weiß, ein großes Übel.
Allein, die Menschen leiden an einer Krankheit: sie leiden nicht.
Der Weise leidet nicht Schmerz —
er leidet mit denen, die leiden.
Die Menschen allein leiden Schmerz; – das ist keine Krankheit.

Die Zwischenüberschriften zeigen es bereits: Es gibt mehrere Handschriften; und die Interpretationsmöglichkeiten für diesen kurzen, scheinbar so klaren Text sind ohne Zahl! Neben einigen Hundert Versionen in westlichen Sprachen (wovon hier über ein Dutzend berücksichtigt sind) verzeichnet das Internet nicht weniger als 2"110'000 chinesische Treffer, wenn man nur die erste kleine Sequenz von vier Zeichen eingibt; – und alle beziehen sich auf den vorliegenden Text!

Der Grundton ist jedenfalls klar: Die *Unkenntnis* der Menschheit, wovon im vorangehenden Kapitel die Rede war, gleicht einer *üblen Krankheit* – einem großen Leiden. Doch Ursachen und Wirkungen – bewußtes oder unbewußtes ‹Leiden› – sind verschieden.

Am allerbekanntesten ist der Ausspruch *Ich weiß, daß ich nichts weiß*, der – sicher zu Unrecht – dem Sokrates zugeschrieben wird. So ausgedrückt handelt es sich um einen Ausdruck jenes *Unwürdigkeits-Komplexes*, der aus dem christlichen Pietismus stammt: Kein Mensch weiß *nichts*; – aber alles menschliche Wissen ist nur *Teilwissen*, da ans *Nicht-wissen* gebunden.

Geläufige Übersetzungen gehen sicher fehl, wenn sie den Text sagen lassen: sein *Nicht-wissen* zu erkennen, sei *das Höchste*; ist dies doch eher die Basis für wirkliches *Lernen* und damit im Sinne des Texts für *neues Wissen*. Die Partikel 知, die zudem eine gewisse Verwandtschaft mit den Zeichen 大, 夫 und 天 – *Größe, Mensch* und *Gott* zeigt, hat gar viele Bedeutungen: *Melden, bekannt machen, informieren, informiert werden und informiert sein; erfahren, lernen, erkennen, kennen, wissen; Kenntnis, Intelligenz, Intellekt.* – Sein Teil 失 allein bedeutet u.a. *verzichten*. Man könnte 知 also fast ‹lesen› als: *«auf die Schreibtafel verzichten»*.

Diese Analyse ist keine akademische Übung! Ihr *Neben-Zweck* ist es, den Leser anzufreunden mit der Vielfalt und der Flexibilität der chinesischen Schrift, die den Reichtum der chinesischen Sprache – mithin des *Dao-De-Ging* – begründet. Ihr *Hauptzweck* aber ist die Anregung, darüber nachzudenken, welch tiefgründiger Komplex vom Begriffen, Gefühlen und sinnlich nicht erfaßbaren Eindrücken mit dem einzigen Ausdruck *«wissen»* umfaßt werden können.

So viele Bedeutungen gibt es also – und zwar nicht im westlichen Sinne zur *alternativen Auswahl einer* Bedeutung, sondern als ein mehrschichtiges, fließendes *Ganzes*, das sein Schwergewicht verändert, je nachdem, welche Seite(n) von denen, die dem Bewußtsein des Lesers überhaupt zugänglich sind, in der *stets gegenwärtigen Gesamtheit* gerade vorgezogen werde(n). Ja, das *Dao-De-Ging* ist wirklich eine *klassische Heilige Schrift!*

Dies macht verständlich, weshalb gewisse Deutungen nur im Westen vorkommen (z.B. die asketisch wertenden) – und andere nur in China (ohne Wertung). – Eine einzige Sinn-Variante bringt etwas grundsätzlich Anderes ins Spiel; – etwas, was im Daoismus besondere Bedeutung hat; – und dies führt dann nochmals auf Sun-Dsu und seine Strategie-Lehre zurück, die, wie erwähnt, *sämtliche*

Gebiete menschlichen Seins umfaßt. Diese «Sun-Dsu-Variante» wurde daher in die neue, dritte Übersetzungsversion *integriert*.

Die *blau eingefärbten* Textstellen sind die veränderlichen Teile; die *orange* eingefärbten zeigen eine *ästhetische Parallelisierung* – gewiß durch einen Kopisten – wodurch die wortlose Bedeutung *sehr, äußerst* dem ursprünglichen Ausdruck entzogen und ins wiederholbare Zeichen 矣 – eine betonende Schlußpartikel – gefaßt wurde.

Dies wiederum erlaubt folgenden Hinweis: Das reine Mandarin-Chinesische zu *sprechen*, ist sogar für in einem anderen Dialekt als dem Mandarin aufgewachsene Chinesen *schwierig*. Die kleinste Variante in Ton oder Aussprache verändert den Sinn. Bereits hier kann also nur *verstehen*, wer denselben Wortschatz besitzt wie der Sprechende. Das erschwert das Lesen der reichen Texte des Altchinesischen sogar für moderne Chinesen! Anders sieht es beim *Lesen* aus, sobald man sich von der Vorstellung löst, etwas Unverständliches vor sich zu haben: Die Zeichen haben ihre *Bedeutung*, ihren *inneren Sinn* – und wer immer sich hier genügend einfühlt, erhält den Zugang ... – *in seiner eigenen Sprache!* – Damit rückt die chinesische Schrift in die Nähe *ägyptischer Hieroglyphen*, doch sind Jene bereits mehr an spezifische *phonetische* Werte gebunden und darum weniger universal als die chinesischen Zeichen. *Wissen* und *Nichtwissen*, *Lernen und Erkennen* sind somit im Chinesischen aufs Engste verbunden mit dessen Vielfältigkeit – und mit den mehrbödigen Absichten des *Dao-De-Ging* im Besonderen.

Um nun auf die vielen möglichen Bedeutungen dieses kurzen Texts einzutreten, sei vorweg die Kombination aus den *sinnvollen westlichen* Versionen angegangen. – Eine Auswahl; denn diese Versionen sind oft in sich selbst nicht schlüssig; und sie enthalten viele poetische Guirlanden. Das Chinesische aber bleibt immer schlicht.

Die Hauptaussage aus westlicher Sicht ist bekannt: Der Mensch soll sich des Nicht-wissens als einer Krankheit bewußt werden, widrigenfalls er *ganz krank* zu nennen ist. Daß das erste Heilmittel gegen diese Krankheit aus *Selbsterkenntnis* und daraus folgender *Demut* bestehen muß, ist klar. Daß der ‹Weise› ein Nicht-kranker ist, indem er sich der Begrenztheit allen menschlichen Wissens *bewußt* ist, also an der Krankheit des Nicht-wissens *bewußt leidet*, wie diese Variante will, scheint folgerichtig – wenigstens fürs westliche Denken. Fürs daoistische Denken ist das aber nur zum Teil, bzw. in einem anderen Sinne richtig:

Die Philosophie von *Dao* ist streng objektiv, wertet nicht, hat also keinerlei *Empfindung* angesichts eines Mangels (Leere) oder ‹Höhepunkts› (Fülle) – ganz zu schweigen von einem *Schmerz* des Weisen, seines *teilweisen Nicht-wissens* wegen. Die westliche Aussage über den ‹Weisen› ist typisch westlich *gewertet;* denn *Krankheit* und *ich-bezogenes Leiden* sind für den Daoisten *nur eine Tatsache* (und somit eine *Illusion*) – sonst nichts: «*Himmel und Erde sind nicht gütig: sie betrachten die 10'000 Dinge als Stroh-Hunde. – Die Weisen sind nicht gütig: sie betrachten die Menschen als Stroh-Hunde*», sagt N°5 des *Dao-De-Ging*.

Dieses Bild bezieht sich darauf, daß – statt der ursprünglichen Hunde-Opfer mit *lebenden* Hunden – in der späteren Zeit *Strohpuppen* von Hunden geopfert wurden. – Also: Im Universum gesehen, sind die Menschen ohne Kenntnis von Dao nicht einmal *streunende* Hunde, wie dies eine West-Version zu N°5 möchte, sondern nichts als *Strohpuppen, – leblose Opfertiere*!

Dies N°76 unterstreicht dies noch, indem dort alles *Vertrocknete* dem *Tod* gleichgesetzt wird. – Bezeichnend ist, daß – in China wie im Westen – die ehemals zum Opfern *geheiligten Tiere* im Laufe der ‹Zivilisierung› zum Fraß der *profanen Menschen* wurden. – In China gelten noch heute junge Hunde als Delikatesse, genau wie die Lämmer und Gänse im Nahen Osten und in Europa: Der Unterschied liegt allein im *subjektiven Urteil* darüber, was ‹normal›, was ‹moralisch und ‹sittlich› sei.

Soviel zur westlichen Interpretation von N° 71; – und nun zur heutigen chinesischen Sicht:

Wie erwähnt, zeigen auch die heutigen chinesischen Kommentare große Unterschiede. Selbst die ‹sokratische› Variante ist dabei. Die oben gegebene ‹kombinierte chinesische› Version vereint ca. 40 Varianten; – sie bevorzugt bewußt das ‹daoistische Paradoxon›.

Zu wissen, *daß man nicht-weiß* und zugleich *nicht zu wissen, was man weiß*, ist einerseits dasselbe wie die westlich-asketische Variante, läßt sich aber auch beziehen auf einen Menschen, der sich mit *mangelhafter* Information über seinen Gegenstand findet, an der *vorhandenen* Information aber zweifelt. Das ist jener Fall, wo – gemäß Sun-Dse – man *weder den Anderen noch sich selber kennt*, was zur Niederlage – zum Versagen führen *muß*.

Betreffend das Leiden, die Krankheit und das Kranksein gilt es, sich bewußt zu sein, daß mit «*die Menschen*» das ‹Volk› – der ‹Massenmensch› gemeint ist: Das ist der Mensch, der, zunehmend abgestumpft, an Allem mit weggewendetem Blick vorüber geht, was das tägliche materielle Leben als die *Nebensache* menschlicher Existenz darstellt, die es *wirklich ist.* Staat, Wirtschaft, Bildungsstätten und Massenmedien haben diese Menschen geprägt, gebunden und gefangen, wie eingewickelte Bienen in einem Spinnennetz: Betäubt wie sie sind, nehmen sie nicht einmal mehr wahr, wenn die Spinne wieder kommt, um an ihrer Beute zu saugen. – Ein wirklich drastischer Zustand!

Vorallem *diese* Menschen leiden an einer schier unheilbaren Krankheit. Aber auch jene, die *glauben*, nicht krank zu sein und darum *nicht-leiden*, haben diese Krankheit, die keine Krankheit im gewohnten Sinne ist: *«Die Krankheit selber ist keine Krankheit; – der Mensch allein ist die Krankheit!»*, sagt der heutige chinesische Daoist. Auch diese These wäre tief zu erfühlen.

So kann ‹der Weise› zum Schluß kommen, daß er aufgerufen ist, hier *einzugreifen* und diese Kranken zu behandeln, ohne selber von der Krankheit befallen zu sein: *«er behandelt das Leiden wie eine Krankheit».* – Wie tut er das? – Er tut es, indem er versucht, die Menschen aufmerksam zu machen auf die verzweifelte Lage, worin sie sich befinden; – indem er den Menschen Mittel an die Hand gibt, Einsicht zu erlangen; – indem er versucht, ihnen ein Bild des Anderen Wegs zu zeigen, der sie von der Todkrankheit zur Genesung führen kann. Es ist die Situation des ‹Predigers in der Wüste› – von Buddha über die ägyptischen Wüstenheiligen und Johannes den Täufer bis in die heutige Zeit: Jeder von ihnen machte sich auf, den Menschen den *Weg zum Leben – Dao –* den *Christus* zu verkünden: Sagte nicht auch dieser: *«Ich bin Der Weg»*?

Doch heute wie je kommt die Antwort von der Straße: *«Der kann es nicht sein! – Nicht dieser! – Dieser nicht! – Wir wollen Bar-abbas!»*

Ja, der Schmerz der Zeugen fürs Licht ist groß! – Und dennoch bleiben sie bei ihrer Botschaft, bei ihrem Zeugnis, bei ihrem Opfer: *«Ich weiß, daß ICH nichts kann; – dennoch mache ich weiter!»*. – Auch dies ist eine neu-chinesische Interpretation zum ersten Textpaket von N° 71. – Und damit nun zur dritten – zur *vermittelnden* ‹Version des Herausgebers›.

Die Basis für die erste Zeile entspricht der Formel aus N°64: wollen *ohne zu* wollen: 欲不欲 – wissen *ohne zu* lernen: 學不學 neben N° 63: tun im *Nicht-tun* 為無為. Es ist hier nicht möglich, den Unterschied der zwei Zeichen 不 und 無 abschließend zu kommentieren. Es geht ja nur darum, ein möglichst daoistisches Verständnis dieses Texts zu gewinnen, nämlich:

Wissen ohne zu wissen will auch sagen, daß man an keiner Erkenntnis – an keinem sogenannten Wissen *haften*, sondern stets für neue Erkenntnis offen bleiben solle: *«Wisse, als ob du nicht wüßtest»*; – also, als ob es nicht *dein* Wissen wäre; – so wie du besitzt, als ob du *nicht* besäßest (Bœhme, Gichtel[51]). Wolle, ohne dich an dein Wollen zu *binden*. – Wolle stets im Zustand der fließenden Anpassung an veränderte Bedingungen und Wirkungen: Das ist die Forderung des Sun-Dse nach ‹Formlosigkeit› im Rahmen des *Mikrokosmos*!

So weit – so klassisch; – aber es gibt noch die angekündigte ‹Sun-Tsu-Variante›. Sie heißt: *Wissen, ohne informiert zu sein –* oder auch: ohne *gelernt* – ohne *erfahren* zu haben:

«(Er kann) sehen, was Andere nicht sehen, wissen, was Andere nicht wissen ... – Etwas zu fühlen und zu verstehen, nachdem man gehandelt hat, ist nicht wert, Einsicht genannt zu werden; – etwas zu erlangen, nachdem man danach gestrebt hat, ist nicht wert, Erlangen genannt zu werden; – etwas zu wissen, nachdem man es erfahren hat, ist nicht wert, Wissen genannt zu werden.

Wirklich: Fähig zu sein, etwas zu bewirken, bevor es da ist; – etwas zu erahnen, bevor es aktiv wird; – etwas zu sehen, bevor es hervortritt, das sind drei Fähigkeiten, die sich in Abhängigkeit von einander entwickeln. Dann wird nichts erahnt, sondern durch Einsicht verstanden; nichts wird unternommen, ohne daß ein Ergebnis einträte; – und nirgendwohin geht man, ohne daraus Nutzen zu ziehen.» – So Sun-Dsu über den vortrefflichen General.

Die Dimension, die diesem Text *Kraft und Leben* gibt, ist seine tiefe Einbettung in die taoistische Grundhaltung von *Offenheit*, *Durchlässigkeit* und *Formlosigkeit*. – Und *all dies zusammen* ist dann wirklich *«das Höchste!»*

Ebenso unglücklich wie *nicht* zu wissen, wie Vieles man *nicht weiß*, ist jedoch auch, nicht zu wissen, was man *weiß* – d.h. worauf man sich verlassen kann in festem Glauben *aus Erfahrung*, ohne zuvor *«die Hand in die Wunde gelegt»* zu haben. Daher hat das Jesus-Wort: *«Selig die, welche nicht gesehen haben und doch glauben!»* (Jo 20:29) nicht den geringsten *dogmatischen* Anstrich, sondern ist eine Aufforderung, sich zu öffnen in Durchlässigkeit und Intuitivität (von lat. *intuere – betrachten und sehen*) fürs *höhere Wissen* – jenes Wissen *höher als aller Verstand* – und damit auch wirklich *zu wissen was man weiß.*

Die ‹Krankheit› der Menschheit, es wurde bereits betont, liegt darin, daß sie unter der Tatsache ihrer vollkommenen Unkenntnis *nicht leidet.* – Wie aber steht es mit dem ‹Weisen›? Er *leidet*, wird gesagt; doch leidet er nicht Schmerz wegen seiner *eigenen* Teilwissenheit (denn diese ist ihm eine neutrale Tatsache). Nein, er sieht voll *Schmerz aus Mitgefühl* auf die Menschheit, die durch ihre Unkenntnis von einem Schmerz zum anderen taumelt, ohne doch daraus zu *lernen* (Luther); – und er leidet an diesem Schmerz – «*durch Mitleid wissend – der reine Tor ...*»

Auch so interpretiert, ist der ‹Weise› – der auf dem Pfad bereits Fortgeschrittene – nicht selber krank: Er leidet ja am Schmerz der Anderen. In solchen Fällen ist das Mitleiden des *gewöhnlichen* Menschen stets eine Form *persönlicher Emotion.* – Der ‹Weise› leidet *anders* – in einem Schmerz, der nicht *bindend* wirkt in Bezug auf bestimmte Personen, sondern durch den er sich in freiwilligem Opfer *ans Karma der Welt* bindet: er leidet als deren überpersönlicher *Diener*; – als Diener am Großen Universellen Werk der geistigen Evolution aller Geschöpfe. In seinem *Empfinden* längst Eins geworden mit dem Universum und seinem Schöpfer, bindet er sich in Einheit an die Menschheit. – Und dadurch, daß er sich so opfert, trägt er dazu bei, auch die Menschheit mit diesem Einen Großen Plan zu verbinden – obschon jene dies gar nicht wahrnehmen *kann* und – könnte sie es – das doch nicht wahr haben *wollte*.

So konnte hier Einiges des inneren Gehalts dieses Texts offengelegt werden – doch längst nicht Alles; denn die wahre Tiefe kann nicht ausgesprochen – ja, kaum ausgelotet werden. Dao, die «*Mutter der 10'000 Dinge*» die beschrieben werden kann, ist nicht wirklich Dao, sondern immer nur ein Abglanz davon. Glücklich, wer SIE «*sehen kann, die man nicht sehen kann*», so wie der Seher in der biblischen Offenbarung (Of 21:11):

Ihr Lichtglanz war gleich einem sehr kostbaren Edelstein —
wie ein leuchtendes Jade-Juwel ... !

第七十二章

民不畏威，則大威至。
無狎其所居，無厭其所生。夫唯不厭，是以不厭。
是以聖人自知不自見；自愛不自貴。故去彼取此。

72.

Wenn das Volk die Obergewalt nicht fürchtet,
dann folgt sicher die größte Gewalt.
Dränge dich nicht in ihre Wohnstatt —
Schmähe nicht ihre Lebensart —
und sie verschmähen das Recht-tun nicht.
Der wirklich Weise
kennt sich selbst, ohne sich zu schämen —
liebt sich selbst, ohne sich zu überschätzen —
und daher verläßt er die engsten Freunde — und wählt Dieses.

Dieser Text richtet sich – exoterisch betrachtet – wiederum an den ‹weisen Herrscher›, der, um in Ruhe und Sorglosigkeit seine Herrschaft zu genießen, zwar streng sein kann bis zur Grausamkeit – aber auch mild und großzügig bis zur Mütterlichkeit (vgl. N° 59). Diese Mütterlichkeit hört jedoch auf, wenn das Volk die ihm gegebene Verwaltung nicht mehr respektiert, was wiederum zwei Gründe haben kann: Entweder der Regent oder die Beamten haben das *De* des weisen Regierens nicht befolgt, saugen das Volk aus, beanspruchen zu viele Privilegien für sich, führen ein Leben, welches das Volk ärgert; – oder das Volk wurde durch irgendwelche Unruhestifter aufgewiegelt (vgl. N° 57). – Und Unruhen haben die *«größte (beiderseitige) Gewalt»* zur Folge!

Im Sinne vorausschauenden Regierens (vgl. N° 64) wird hier dem Herrscher empfohlen, die Menschen nicht in ihrem engsten Lebensraum zu bedrängen, und auch ihre Arbeit und übrige Lebensart zu achten. Eine Variante zur zweiten Zeile wäre: «... *ist das Gesetz oberste Gewalt»*. Anstatt sich allenfalls gleich mit Repressalien für ihre Widerborstigkeit zu rächen, soll der Regent sich also allein ans *kaiserliche Gesetz* halten. Auch soll er in sich gehen und sich fragen, ob nicht am Ende *er selber* diese Insurgenz auslöste, indem er das Volk ärgerte oder beleidigte. Durch diese Übung in Selbsterkenntnis und Selbstkontrolle wird es ihm möglich, seine Fehler zu korrigieren oder – hat er deren keine begangen – selbstsicher, doch mäßig und ohne überhebliche Selbstprächtigkeit die gute Ordnung wieder herzustellen. —

Was heißt das nun wieder, übertragen auf den individuellen Weg eines Menschen auf dem Pfad von Dao? – Bereits früher wurde ‹das Volk› gleichgesetzt mit der Gesamtheit der Vorstellungen und Regungen der irdischen, der ‹niedrigen› Persönlichkeit; der Herrscher aber mit dem neuen Bewußtsein und dem neuen Willen der wachsenden, ganz neuen ‹himmlischen› Persönlichkeit. Mißachtung dieser höheren Autorität durch das Volk bedeutet also, daß der alte Tiermensch wieder einmal die Oberhand erhalten hat oder sie doch gewinnen will. Nun sind das neue Bewußtsein und der neue Wille gefordert. Werden sie die Ordnung wiederherstellen, ohne einen Bürgerkrieg – eine innere Krise – zu entfachen?

Die Grundlage des Wegs an seinem Beginn ist bekanntlich eine neue Einsicht in jedes Geschehen in der Welt und im Kandidaten selber, sowie die feste Absicht, die irdische Persönlichkeit «weniger werden zu lassen», wie die universelle Lehre sagt. Dieses Wenigerwerden der Persönlichkeit dürfen Einsicht, neues Denken und neuer Wille aber nicht mit Gewalt beim ‹Volk› erzwingen: Durch forciertes Tun oder Verdrängen natürlicher Bedürfnisse würde das Volk unterdrückt, verärgert und in seiner innersten Wohnung bedrängt: Allzu harte Selbstkritik oder gar Selbstbestrafung schadet dem Prozeß der Selbsteinweihung mehr, als Freizügigkeit. Die Wirkung wäre äußerst schwerwiegend: Das ‹Volk› würde ‹in den Untergrund gehen›, würde in geheimen Versammlungen Rache schwören und Vergeltung planen. Und dann, «an einem schönen Tag», wenn der Herrscher am wenigsten daran denkt, bricht die äußerlich so perfekte Ordnung zusammen; das Volk «sprengt seine Fesseln»: Der Herrscher stürzt ... —

Nun, ganz so katastrophal muß die Geschichte sich nicht immer abspielen. – Wahr ist aber, daß die Reinigung der Persönlichkeit mit ihren niedrigen Kräften (Gedanken, Worte und Handlungen) sowie das konsequente Verfolgen des Wegs gemäß den Gesetzen der Universellen Lehre – nicht durch Zwang und Selbstzwang zu erlangen sind, sondern nur durch weise Selbstbeherrschung und durch *«freundliches Zuschauen, was im Inneren geschieht»* (N° 77).

Das ist die Phase, wo die Persönlichkeit nicht mehr *erzogen* und *verbessert* wird wie in der Phase der *Reinigung*, sondern wo sie prozeßmäßig *abgebaut* und durch eine ganz neue – durch die himmlische Persönlichkeit eben – *ersetzt* wird: Es ist die Phase der *Erneuerung* und anschließenden *Wandlung* des Weltmenschen in einen irdischen ‹Sohn des Himmels› – in einen *Kaiser*!

Doch auch schon der ‹Provinzregent› – der Kandidat, der sich mit *gereinigtem Herzen* und *Neuer Seele* auf die *Geist-Geburt* – die feste Verbindung mit dem Geist und den daraus folgenden Transmutations-Prozeß vorbereitet; – auch er wird bereits so zu ‹regieren› suchen, wie er es – wäre er bereits ein *Sohn des Himmels* – tun wollte. Darum beherrscht er sich selbst mit großer Strenge – das ist die hohe Selbstdisziplin, die vom ernsthaften Kandidaten gefordert wird – und mit der möglichen Milde zugleich.

Die *uralten Instinkte* nicht knechtend, sondern durch höhere Einsicht auflösend und so hinter sich lassend; übt er das *neue* Verhalten und macht es sich so authentisch zu Eigen. Er läßt geschehen, was geschehen kann; – und das Volk ist zufrieden und *«wird reich»*. So darf er – wie in der erwähnten N° 59 – sich freuen an der stetigen Ausweitung und Wohlfahrt des *neuen* Reiches – des Reiches nicht von dieser Welt *in ihm selber*!

In stetiger Vertiefung seiner Erkenntnis von Allem, aber ohne sich selber zu quälen (also auch ohne Unwürdigkeits-Komplexe); – sich selber liebend – aber ohne nachlässig zu werden (also auch ohne neue schlechte Gewohnheiten noch künstliches Verhalten); – und schon gar nicht in der Meinung, bereits Alles erreicht zu haben und ein ‹wahrer Heiliger› zu sein: So führt er seine ‹Herrschaft›. Denn gar Mancher, der schon weit und hoch gestiegen war, fiel wieder in den Tod: Nicht nur *Spät-Berufene* gibt es, sondern auch *Spät-Gefallene!*

In Weisheit und – entsprechend N° 59 – *«lange lebend und an Erfolg zunehmend – befolgt er Dao».* Dies ist bekanntlich das Einzige, was der Kandidat auf dem Pfad wirklich *tun kann* und *tun soll.* – Doch dieses Einzige umfaßt das All!

Indem er so Dao folgt – nun als Jünger und Meister; – vielleicht als Apostel, doch weiterhin als Schüler – als Lernender, Strebender und Lehrender – läßt er zunehmend hinter sich die Angelegenheiten des gemeinen ‹Volks› (denn seine ‹Beamten› haben seine Regierungsweise vollkommen angenommen); – und so geht er weiter dem Guten Ende entgegen, bis er *eintreten* darf in *Ruhe* und *Frieden.*

So läßt er Jene hinter sich — und erlangt Dieses!

第七十三章

勇于敢則殺,勇于不敢則活。此兩者,或利或害。天之所惡,孰知其故?
天之道,不爭而善勝,不言而善應,不召而自來,□然而善謀。天網恢恢,疏而不失。

73.

Mutig zu wagen, hat Tod zur Folge —
mutig nicht zu wagen, hat Überleben zur Folge:
So haben beide manchmal Vorteile, manchmal Nachteile:
Der Himmel ist grausam – Wer weiß warum?

Der Himmel hat ein Leitprinzip:
Nicht trotzen, sondern sanft überwinden —
nicht wortreich aufbegehren, sondern demütig annehmen —
Nicht ES heraufbeschwören, sondern IHM folgen. —
Verneige dich jedenfalls und finde gelassen eine Lösung.

Des Himmels allumfassendes Netz ist lose und säumig —
doch es verfehlt noch versäumt nichts.

In einem der ersten Kapitel dieses Buchs wurde der Ehrenkodex der alten Samurai – der sogenannten *Ritter des alten China* erwähnt. Dieser schreibt vor, daß unter allen Umständen in der Erfüllung eines Auftrags der Tod zu suchen sei: «*Beim Erfüllen seines Auftrags zu sterben ist Ehre; den Auftrag nicht zu Ende zu bringen und am Leben zu bleiben, ist Schande*» – so das *Hagakure*.[52] – So hatte tatsächlich «*mutiges Wagen*» mit größter Wahrscheinlichkeit den Tod zur Folge; – das Nicht-wagen aber meistens auch!

Eine in Sun-Dse's Strategie-Lehre erwähnte Anekdote zeigt, wie riskant es war, zu überleben: In einer Schlacht fiel eine ganze Brigade bis auf den letzten Mann. Der General, der bis zuletzt gekämpft hatte und als einziger Überlebender heimkehrte, entkam mit knapper Not dem Todesurteil wegen ‹Illoyalität zur Truppe›.

Das *Dao-De-Ging* meint es aber anders, und es erklärt auch gleich, worum es ihm geht: Wer lebt, unterliegt allen möglichen Schicksalsschlägen, Schmerzen und Verlusten, die das Erdenleben eben mit sich bringt: Das ist der Nachteil des *Überlebens*. Der Tod bedeutet zwar, sein Leben zu verlieren – mit allen Annehmlichkeiten. die das Erdenleben mit sich bringt; – dafür haben (vorübergehend) Leiden und Schmerzen ein Ende. – Indem der Autor allein die schmerzhaften Seiten sowohl des Sterbens wie des Überlebens betont, zitiert er den Aufschrei so vieler Menschen ohne spirituelle Kenntnis:
«*Oh grausamer Himmel! – Wie kannst du all das erlauben?*»

Die Antwort kommt sogleich in leichtverständlicher Form: Es gibt ein universelles Gesetz als unumstößliches *Leitprinzip* für alles Geschehen in dieser Welt: Dieses *Gesetz* – diese universelle *Ordnung* bestimmt, was wem und wann zu *begegnen* hat. Alle Wesen außer dem Menschen unterliegen diesen Ereignissen ohne große Möglichkeit, ihr Verhalten zu *wählen*. *Der Mensch allein* besitzt – im Rahmen seiner persönlichen Möglichkeiten – die freie Wahl, den *freien Willen*, sich den ihm so geschickten *Gegebenheiten* – seinem *Geschick* eben – auf die eine oder andere Weise zu stellen: Läßt er Alles nur als klagendes Opfer über sich ergehen? Oder nimmt er die Chance wahr, aktiv an den Begebenheiten *teilzunehmen* – sei es in *Mitbewegen*, sei es, indem er dagegen kämpft (und fast unweigerlich unterliegt)? – Letzteres nennt man bekanntlich: *dem Schicksal trotzen*. – Beide Wege ergeben grundsätzlich dieselbe Erfahrung; – die Summe allen Schmerzes bleibt gleich!

Das *Dao-De-Ging* lehrt nun: «*Lehne dich nicht auf gegen dein Geschick; – trotze ihm nicht; – verschwende Deine Kräfte nicht in Klagen und Groll; – versuche auch nicht, ein anderes Geschick für dich herauf zu beschwören*» (denn selbst wo dies gelingt, ist die Prüfung nur aufgeschoben, nicht erledigt). – Darum wird dem Kandidaten empfohlen: Überwinde alle Prüfungen in Sanftheit. – Werde ein demütiger Sieger. – Versuche, den Nutzen jeder Prüfung zu verstehen und nimm sie an. – Mach die Dinge nicht schwerwiegender als sie sind, indem du dich mit magischen Mächten und Kräften verbindest, die du anschließend *unbedingt und ‹bis auf den letzten Heller›* zurückbezahlen mußt! – Bemühe dich, zu lernen, indem du deinem Geschick folgst im Mitbewegen und Mitvollziehen, – selbst wenn dies mit deinem physischen Tod verbunden sein sollte: Jede Erfahrung zählt gleich viel; jedes Erlebnis ist Teil des gesamten Schatzes von Erfahrungen, die dein Mikrokosmos sammelt und einmal verwerten kann; – sei es in diesem Leben, sei es in einem späteren!

Nichts kann geschehen, ohne daß eine Ursache bestünde; – jede Ursache fällt als Wirkung auf den Verursacher zurück: früher oder später; in diesem Leben oder in einem späteren! Wie immer das Leben eines Menschen verlaufe: es ist das Ergebnis aus zuvor gesetzten Ursachen – in diesem Leben oder in einem früheren!

Die meisten Menschen würden bei solcher ‹Rede des Himmels› so ratlos wie unwillig den Kopf schütteln: Allzu fremd klingt ihnen diese Lehre. – Allzu tief sind die modernen materialistischen und nihilistischen Lehren der Anti-Wissenschaft und der ihr dienenden

Mächte in ihr Welt-Verständnis eingeprägt. Aber auch im Alten China mag die Lage nicht viel besser gewesen sein, und der so belehrte Mensch wird auch damals eingewendet haben:

«Aber was ist zu halten von der Ungerechtigkeit und Grausamkeit des Geschicks, das die Einen bevorzugt, die Anderen aber plagt? Die Einen wachsen auf in Wohlstand, Gesundheit und Ruhm; sie genießen ohne Anstrengung alle möglichen Erleichterungen. Selbst Jene fördert und erhöht das Geschick, die sich tausend Vorteile durch unlauteres, ja verbrecherisches Verhalten erschleichen oder erkämpfen und sogar vor Bluttaten nicht zurückschrecken! – Andere leben von der Wiege bis zum Grab in Armut, Bedrängnis und Krankheit. Suchen sie sich mit allen Kräften daraus zu befreien, nimmt ihre Last dennoch nur immer zu! – Was sagst du nun, du weiser Lehrer?»

Dessen Trost ist klar und deutlich, denn er zeigt, daß jenes *«Grundprinzip des Himmels»*, wonach den Menschen Prüfungen und Versuchungen ‹zu-fallen›, auch ‹Lohn› und ‹Strafen› zumißt, die ein Jeder sich selbst ‹verdient› hat – je nachdem wie er oder sie zuvor gelebt hat. Dieses Grundprinzip ist heute auch im Westen als *Gesetz von Karma* bekannt und von Vielen gefürchtet: Die meisten Menschen rechnen alle angenehmen Erfahrungen ihrer eigenen *Tugend* zu, nennen aber alles Unangenehme einen *«Schicksals-Schlag»*.

Doch *Karma* ist kein Mensch, der lohnt oder straft: Karma ist die ägyptische *Maat*, die persische *Asha*, die fürs Gleichgewicht im ganzen Universum sorgt: Bereits das *Gewicht eines Federchens* bewegt die Waage: Wird sie beim Tod des Menschen ausgeglichen sein? Die Summe aller Ursachen muß *auf ein Haar* gleichviel wiegen wie die Summe aller Wirkungen; – und Karma gleicht liebevoll aus: Genügt dazu *ein Federchen*, so ist diese Seele gerettet! – Jeder Gedanke bringt die Waage von Maat in Bewegung: *«Kein Haar fällt von deinem Kopfe, ohne daß das Universum erzittert»*: Asha – Maat – Karma – Dao – Gott – ‹weiß› es!»

«Das Gesetz von Dao ist wie ein Netz», sagt der Autor des *Dao-De-Ging*. Dieses Netz kennt nicht Zeit noch Raum: Sein einziges Maß ist die Ewigkeit: *«Nichts entgeht ihm, nichts vergißt es»*. Am «Ende der Tage» wird alles ausgeglichen sein. Der ‹Weise› aber bemüht sich *jetzt*, möglichst keine Ursachen mehr zu setzen, damit ‹*sein Karma*› möglichst *in diesem Leben* vollkommen werde, dank der Hilfe von *Karma – dem Gesetz der Liebe*. Vor ihm *verneigt* er sich in typisch chinesischer Manier als ehrfürchtiger und dankbarer Diener:

Des Himmels allumfassendes Netz verfehlt noch versäumt nichts!

民不畏死，奈何以死懼之。

若使民常畏死，而為奇者，
吾得執而殺之，孰敢。

常有司殺者殺。
夫代司殺者殺，是謂代大匠斲。
夫代大匠斲者，希有不傷其手矣。

第七十四章

民不畏死，奈何以死懼之？若使民常畏死，而爲奇者，
吾得執而殺之，孰敢？
常有司殺者殺。夫代司殺者殺，是謂代大匠斲，
夫代大匠斲者，希有不傷其手矣。

74.

Wenn das Volk den Tod nicht mehr fürchtet —
wie kann man ihm beibringen, den Tod wieder zu fürchten?
Angenommen, das Volk fürchtet den Tod wie gewohnt,
aber betreffend einen Fall von Verbrechen
habe ich die Verpflichtung, ihn zu fangen und zu töten —
Wer getraut sich das?
Gewöhnlich gibt es eine Amts-Stelle, die Menschen mit dem Tod bestraft.
Wenn ein Mensch die Amtsstelle für die Todesstrafe ersetzt,
bedeutet das genau dasselbe, wie einen Meister-Holzfäller zu ersetzen:
Wenn ein Mensch den Meister-Holzfäller ersetzt,
ist es selten, daß er keine blutige Hand bekommt.

Zu diesem blutigen Kapitel gibt es wenig zu sagen, was in die blühenden Gefilde gnostisch-spiritueller Bestrebungen führen würde: Eine Wissenschaft, die sich dem Leben in all seinen Formen verschrieben hat, deren Angehörige jedoch über viele Jahrhunderte mit Feuer und Schwert verfolgt und vernichtet wurden, möchte sich diesem extremen Kapitel des Mensch-seins gerne ganz entziehen. –

Doch das ist nicht einfach; und im alten China war es noch viel schwieriger als im modernen Europa.

Tatsächlich ist die Todesstrafe noch heute relativ weitverbreitet – im Westen wie im Orient. Auch die europäischen Staaten hörten erst spät sowohl mit der Todesstrafe als auch mit den ‹Gliederstrafen› (dem Abhauen von Ohren, Nasen, Gliedmaßen) auf, und gerade in China – und noch mehr bei den chinesischen Besatzern in Tibet – ist beides noch heute üblich – ohne von geheimen Folter-Methoden in der ganzen Welt zu sprechen. – Zu ergänzen wäre freilich, daß manche gesellschaftliche Verhaltensweisen in der ‹zivilisierten› Welt der Folter fast gleich kommen: vom ‹harassing› und ‹lobbying› in Wirtschaft und Industrie bis zur Zwangsjacke in modernen psychiatrischen Kliniken. – Doch zurück nach China!

«Die chinesische Kaiserin Wu-Hen ließ 683 den von ihr verstoßenen Frauen die Hände abhacken, bevor man sie des Lebens beraub-

te» – so berichtet ein Artikel zu dieser Frage, worin vorallem Rußland und Frankreich, aber auch die Tartarei, die Türkei und das alte Ägypten auftauchen – also Kulturen, die mit der alten chinesischen teils zeitlich, teils völkisch verwandt waren oder sind. Anlaß zu dieser kleine Recherche war das durch die letzte Zeile dieses Texts gestellte Rätsel: *Blutige Hand* – durch die Bluttat selber, oder durch die Strafe? – Der Text zeigt ja mehrere Ebenen:

Einerseits sieht sich der Herrscher konfrontiert mit den täglichen kleineren und größeren Verbrechen – vom Diebstahl über Majestätsbeleidigung (z.B. Ziehen des Schwerts *in Gegenwart* des Herrschers) bis zum ‹Kapitalverbrechen› – und deren offizieller Ahndung durch die dazu bestimmten Amtsstellen.

Andererseits sieht sich der ‹*weise Herrscher*› – also derjenige, der im Weg von Dao wandelt, konfrontiert mit der aus blutigen Strafen folgenden neuen Blutschuld – sei es jene der Justiz-Organe oder seine eigene: die Mitschuld des Verursachers. Denn der ‹Meister-Holzfäller›, der gemäß der kosmischen Ordnung die Menschen zu ‹fällen› hat, ist ‹der Tod›. Darum bekommt Jeder ‹blutige Hände›, der sich das Recht nimmt, Menschen mit Blutstrafen zu belegen.

Damit geht der Text auf die zweite Ebene, nämlich jene der Frage: Wie stellt sich der ‹Weise› – der Schüler der Gnosis – gegenüber der Blutstrafe ein? – Bleibt sein Bewußtsein auf der vordergründigen humanistischen Ebene stehen – also beim selbstverständlichen sittlichen Protest? – Oder benutzt er diese Frage zur *Vertiefung seiner Selbsterkenntnis*?

Die im Text von Wang Bi blau eingefärbte Passage fehlt im dritten Text. Sie scheint die Bemerkung eines Kopisten zu sein, der die gerade Linie der Aussagen von Lao-Dse durch eine Entgegnung in Form einer juristischen Frage unterbricht, im Ton von:

«*Das ist ja alles ganz schön und gut; – aber wie, bitteschön, sehen Sie das in der Praxis, bezüglich der Bestrafung von Verbrechen, die seit Menschengedenken mit Gliederstrafen oder/und der Todesstrafe geahndet worden sind? – Und wie ist Ihre Haltung bezüglich aller Körperstrafen überhaupt? – Wo kämen wir denn hin, wenn wir alle diese Gesetze außer Kraft setzen wollten?*»

Damit wird die scheinbar so konkrete, so ganz auf die Ebene täglichen Weltmenschentums beschränkte Erörterung und *Rechtfertigung* harter strafrechtlicher Maßnahmen doch plötzlich wieder auf die geistige Ebene angehoben: Hier der Strafrechtler, der postuliert:

«Wenn Menschen sich sozusagen befugt glauben, für ihre eigenen Interessen den Holzfäller zu spielen, braucht es eben die Staats-Macht, die gleichsam als offizieller Meister-Holzfäller im Interesse des Landes fungiert und Ordnung schafft!» – Und dort der Daoist, der diese Frage auf die höhere Ebene anhebt und sagt: *«Grundsätzlich kann kein Mensch beanspruchen, ‹von Rechts wegen› Andere zu verletzen – ob ‹nur› durch Hand-abhauen oder gar durch die Todesstrafe: – all dies ist gegen das Gesetz des Kosmos!»*

Ist damit der Text ausgeschöpft? – Nein, wenn man dieses Schulproblem auf die *dritte* Ebene anhebt: auf jene individueller tiefer *Selbsterkenntnis*:

Erstens lebt heute *kein Mensch* – ob Mann oder Frau, der nicht in einer früheren Kultur ‹die Hand am Schwert› gehabt hätte: als Räuber, als Soldat, als fürs Töten bezahlter Beamter, als Scharfschütze, Priester oder Folterknecht: Im Rahmen des ewig allumfassenden Netzes von Karma betrachtet SIND WIR ALLE Mörder, Diebe und Verbrecher! – Zweitens sind wir es – sei es auch nur in Gedanken oder in einem sekundenkurzen Gefühls-Impuls; – ja, sei es sogar nur im Rahmen feindlicher Regungen innerhalb der heutigen Wirtschaft und Gesellschaft – oder als gewöhnlicher Fleisch-Esser – noch heute! – Wie außerordentlich beunruhigend!

Wer ehrlich mit sich selber ist, kann nicht behaupten, dieser Selbstvorwurf sei für ihn – für sie – vollkommen unangebracht. – Ja: bis zum Heiligen, der wirklich und *in jeder Situation* «*keiner Fliege etwas zuleide tun kann*» ist der Weg weit; – es sei denn, ein Mensch sei tatsächlich über jegliche Regung von Beleidigung, Zorn, Rache, Urteil, Überlebensdrang u.s.f. *jederzeit* erhaben.

Warum sehen sich Millionen von Menschen täglich auf einem Bildschirm – oder auch nur in ihren Gedanken und Träumen – all die blutigen Bilder an? – Warum erfährt ein Mensch, der ohne *unmittelbar vorherige* sittliche Konditionierung eine Stierkampf-Arena betritt, ein so sonderbares *«Ich-weiß-nicht-was ... »*? – *Was* ist das?

Und warum scheuen sich die meisten Menschen, sich solche Fragen nur zu stellen; – *sich ihnen* zu stellen; – geschweige denn, sich in eine Situation zu begeben, wo die Sache *konkret* wird? Furcht und Zittern sind die Frucht früherer Erfahrung: Blut klebt an jeder menschlichen Hand: Für den Gnostiker eine nüchterne Tatsache! — Ja:

«Blut ist ein ganz besonderer Saft!»

錦繡中華之一頁　　裴明龍編

第七十五章

民之飢，以其上食稅之多，是以飢。
民之難治，以其上之有爲，是以難治。
民之輕死，以其上求生之厚，是以輕死。
夫唯無以生爲者，是賢于貴生。

75.

Das Volk verhungert,
wenn sein Fürst zuviel Steuern von ihm verlangt; —
dann verhungert es.
Das Volk ist nicht zu beherrschen,
wenn sein Fürst es als eine Ware behandelt —
dann ist das Volk nicht zu beherrschen.
Das Volk nimmt das Sterben leicht,
wenn sein Fürst fordert, daß es karg lebt und er im Überfluß —
dann nimmt es das Sterben leicht.
Nur der Mensch, der sich weigert, Leben als eine Ware zu behandeln,
ist würdig, ein Adliger genannt zu werden.

Die letzte Bemerkung dieses Texts läßt vermuten, daß seine Niederschrift unter dem Eindruck des Konfuzianismus erfolgte. Dieser war bekanntlich ziemlich materialistisch geprägt, obschon daoistische Elemente darin vorkommen: Eine große Zahl daoistischer Menschen wurde auf Befehl von Konfuzius getötet. – Doch beginnen wir beim Beginn dieses ‹Verses› N° 75!

Wieder handelt es sich ja um eine Belehrung des Landesherrn, diesmal deutlich im Sinne eines *humanistischen* Einflusses zu einer Zeit, wo Leibeigenschaft ganzer Bevölkerungsschichten sowie das Sklaventum noch weltweit stark verbreitet waren. Die üble Sklaverei welche die Kolonialmächte seit der spanischen und den englischen Invasionen von Amerika bis Indien ab 1492 auf dem Gewissen haben, ist als Extrem bekannt. Doch bis ins 21. Jahrhundert dauert in Bergwerken, Fabriken und Büros, in West, Ost Süd und selbst in Europa dieselbe Ausbeutung und zynische Menschenverachtung fort.

In der ‹besten› Zeit des weltweit blühenden Sklavenhandels, also von der Antike bis ins späte Mittelalter, führten Sklaven oft ein besseres Leben als die autochthone Bevölkerung – in würdigen Lebensumständen und mit der Möglichkeit, bis in die höchsten Ämter aufzusteigen (z.B. als Vezire und Sekretäre der Khalifen, als Genräle, oder als Geschäftsführer griechischer Handelshäuser u.s.f.).

Dasselbe galt im alten China, wo die Verpflichtung des Herrn für seine Untertanen ebenso ernst genommen wurde, wie jene der Untertanen gegenüber dem Provinz-Fürsten oder Kaiser. Kam der Herr oder Herrscher diesen Pflichten nicht nach, so verwirkte er das ihm vom Himmel übertragene Mandat, zu regieren. Dann hatten die Untertanen das Recht, gegen ihn zu rebellieren und sogar, ihn zu stürzen. – Die Begriffe *familia* und *famulus* umfaßten sogar im Alten Rom auch die Sklaven. So wurde z.b. die Ming Dynastie von einem simplen Bauern begründet. Man weiß jedoch, wieviel Druck es braucht, bis ein Volk grundsätzlich friedlicher Bauern sich erhebt: Gerade diese wissen, daß es oft besser ist, für viel Arbeit wenig zu ernten, als alles zu verlieren. Doch wenn diese Kraft einmal losbricht, so ist sie schwer wieder zu bändigen. Der Mythos von der Gründung der schweizerischen Eidgenossenschaft ist ein Modell-Beispiel dafür.

Vor diesem Hintergrund bekommt N° 75 des *Dao-De-Ging* Leben: Im Gegensatz zu N° 57 (der Fürst des Nicht-tuns), N° 60 (das ‹Braten von Fischen›) oder N° 66 (der populäre Herrscher) geht es hier um *Mäßigkeit*. Man bedenke, daß ein Provinzregent – ob im alten Rom oder im alten China – sein Amt als eine Pfründe sah, woraus es in kurzer Zeit möglichst viel Profit zu ziehen galt. – Und damit kommt die spirituelle Dimension dieses Texts zum Vorschein:

Der Herrscher sei wiederum die Identität des Kandidaten auf dem Pfad; – das Reich sei der Mikrokosmos, den er belebt und zu beseelen im Begriffe steht. Das Volk bleibe dasselbe wie bisher.

Das Ziel des Kandidaten als ‹Provinz-Verwalter› ist bekanntlich der, seine Persönlichkeit vollkommen in den Dienst des Pfads zu stellen, dem er folgt. Sein ‹Volk› soll also so bescheiden und ruhig werden wie nur möglich, während er als Herrscher in der kurzen Zeit eines Menschenlebens danach trachtet, für seinen Mikrokosmos soviel Seelenqualität wie nur möglich aufzubauen – das ist sein Reichtum – sein ‹Profit› als zeitlicher ‹Gouverneur›.

Der Unterschied ist nun der, daß, wenn der Eingeweihte versucht, möglichst viel geistigen Gewinn anzuhäufen, dies wirklich auf Kosten des ‹Volks› geschehen *muß*: Dieses *muß* nahezu *verhungern*, damit das Neue Reich in Kraft und Herrlichkeit aufgebaut werden kann; – das ist Teil des Pfads. Indessen kann diese Herrlichkeit nicht aus Mitteln des Volkes kommen. *«Fleisch und Blut können das Reich nicht erwerben»* (1 Cor 15:50). – Obschon das ‹Volk› den Prozeß der Transformation unterstützen muß, kann es doch nicht viel dazu beitragen: Das hochentwickelte *Neue Fahrzeug* des Kandidaten kann nicht aus Erdfrüchten gebaut werden!

Andererseits darf auch hier der ‹Herrscher› sein ‹Volk› nicht tyrannisieren; sonst wird es sich auflehnen – z.B. durch eine Erkrankung des Stoffkörpers oder gar durch den plötzlichen Tod: Dann wird der ‹Herrscher› mit einem Schlag ‹gestürzt›, und das Reich – der Mikrokosmos – muß auf einen neuen ‹König› warten. Zwar ist auch dieses Volk im guten Falle voller Todesverachtung – wenn auch nicht gerade zum Selbstmord bereit, wie die damaligen verhungernden chinesischen Reisbauern (oder jene im heutigen Indien: moderne Sklaven einer heutigen, rein kommerziellen westlichen ‹Kolonialmacht›). – Der Tod des ‹Schülers› ist indes auch gar nicht erwünscht: Der Aufbau des *Neuen Menschen* – samt einem Grundstock von Erfahrungen *in seit dem letzten Lebenslauf ganz neuer Umgebung* – braucht rein physisch rund 30 Jahre. Erst dann kann ein *Neues Bewußtseins* sich zu entwickeln beginnen.

Hingegen gibt es eine Grundbedingung, die dieser Prinz-Eingeweihte von Anfang an erfüllen *muß*, weil sonst alles umsonst wäre: Er darf niemals seine eigene oder eine andere Person als eine *Sache* betrachten – also z.B. als etwas, was von Seele und Geist ganz unabhängig wäre und mit dem physischem Tod ganz und gar ausgelöscht würde. Er oder sie muß sich der Verantwortung vollkommen bewußt sein, die *jeder* Bewohner *jedes* Mikrokosmos für dessen geistiges Wohlergehen hat – ob bewußt oder unbewußt: «*Unkenntnis schützt nicht vor Strafe!*» —

Tatsächlich ist eine weitere Lesart der zweitletzten Zeile wichtig: «*Die Menschen weigern sich nur, [dem Herrscher] zu dienen, wenn sie wie eine Sache behandelt werden*». Will der Mensch also dem Pfad folgen, dessen *Gutes Ende* die Vereinigung seines Mikrokosmos mit der All-Liebe ist, dann muß er *bei sich selber beginnen*. Für unser Bild der ‹chinesischen Provinz› heißt das: Man kann (immer wieder sei es betont!) weder seine Nächsten noch Gott bedingungslos lieben, wenn man nicht zuvor die eigene irdische Persönlichkeit – aus der Warte der sich entwickelnden ‹himmlischen› Persönlichkeit betrachtet – bedingungslos *annimmt und liebt*!

Zwar betrachtet der ‹Weise› alle Menschen – mithin auch sich selber – «*als Stroh-Hunde*». Dennoch ist und bleibt der Mensch die Krönung der Schöpfung – ihr *Compendium* und zugleich ihr unbegreiflichstes Wunder. Hier ganz besonders ist das Wort vom ‹daoistischen Paradoxon› angebracht: – Diese ‹Stroh-Hunde› *sind Götter!*

Nur wer sich weigert, irgendein Leben als eine Ware zu behandeln, ist würdig, ein Adliger genannt zu werden!

第七十六章

人之生也柔弱，其死也堅強。
草木之生也柔脆，其死也枯槁。
故堅強者死之徒，柔弱者生之徒。
是以兵強則滅，木強則折。
強大處下，柔弱處上。

76.

Wenn der Mensch geboren wird, ist er gar zart und biegsam —
Wenn er gestorben ist, ist er gar starr und steif.
Wenn ein junger Baum sprießt, ist er gar zart und biegsam —
Wenn er abgestorben ist, ist er gar dürr und hart.
Also:
Was starr und ausgetrocknet ist, ist dem Tod verbunden —
Was geschmeidig und zart ist, ist dem Leben verbunden.
Und das bedeutet:
Eine allzu gewaltige Armee wird gewöhnlich untergehen —
ein allzu mächtiger Baum wird gewöhnlich stürzen.
Allzu Starkes und allzu Großes wird gewöhnlich herabgesetzt —
Sehr Zartes und Nachgiebiges kommt gewöhnlich hoch.

Das Eigenartige dieses Kapitel ist die Tatsache, daß *chinesische* Übersetzer und Kommentatoren sich heute offenbar von bekannten *westlichen* Kollegen inspirieren lassen, und zwar im Sinne aktiver Gewalt und radikaler Lösungen. Die chinesische Glyphe 死 für ‹Tod› und ‹sterben› hat aber auch ‹lebendigen› Inhalt – von *unbiegsam* und *steif* bis *unbeugsam* und *erbarmungslos*; – und das Zeichen 折 hat außer *brechen* (aber nichts von *Fällen!*) viele Bedeutungen im Sinne von *biegen, abbiegen, gebeugt* – von der Trauer bis zur *Meinungsänderung*. – Das entspricht dem daoistischen Grundzug der *Gewaltlosigkeit* viel besser. – Nebenbedeutungen für diesen Text könnten darum noch sein: «Die größte Armee *muß schwenken können;* – der größte Baum *muß sich biegen können*»: Regel, Gewohnheit und Gesetz («*müssen*») haben im Chinesischen dasselbe Zeichen.

Solche Worterklärungen soll man nicht intellektuell verstehen, sondern *mit dem Herzen*: Die Tiefe des Texts wird vom modernen Kopf-Menschen viel besser *erfühlt*, wenn er ihre Vielseitigkeit *begrifflich erfährt*; – so wie es bei jedem Symbol der Fall ist.

Jedenfalls wird hier gesagt, daß alles Junge – alles neu Entstehende sein Erstarren und Sterben bereits von Anfang an in sich trägt: das ist der ewige Kreislauf «von der Geburt zum Grab». Und es wird betont, daß Alles, was seine Beweglichkeit und Anpassungsfähigkeit verliert, «dem Tod geweiht» ist. – In gewissem Sinne ist dieses Kapitel also die Antwort auf die großen ‹Sinn-Fragen› in Kapitel 58:

«Was ist das Leben? – Was ist der Tod? – Und was ist der Sinn des Menschenlebens in diesem Kreislauf? – Wo liegen Sinn und Zweck dieser zeitlosen Tragödie? — Wer ... ?? — Woran ... ???»
Auf dieser Basis kommt einem der philosophische Sinngehalt dieses sehr bildlich gehaltenen Kapitels in der etwas melancholischen Stimmung eines Menschen entgegen, der sich manche bange Frage nach Leben und Tod stellt. Besonders anschaulich wird dies in einer anderen möglichen Version für die beiden ersten Zeilen: *«Wenn er stirbt, ist er gar starr und nutzlos»*; – doch Achtung! In beiden Bildern wird *das Altern* nicht vorausgesetzt!

Auch der Sucher auf dem Pfad von Dao stellt sich solch bange Fragen – wenn auch vor dem Hintergrund höheren Wissens und Verstehens vom Kreislauf all dessen, was ablaufen kann im Rad der Natur, im Rad von Raum und Zeit, im Rad von Karma, im Rad von *Nemesis*. – Dieses letzte Wort erfaßt am besten das Dasein des Naturmenschen. Es leitet sich ab von den grünen Gefilden, wo *«im Anfang»* arglos das Getier (samt Mensch) sich tummelt, um dann zu entwickeln sein Hin-und-her-geworfen-werden: von Scheu zu Zorn; von Freude zu Schmerz, von der Zuteilung des Geschicks (den guten Gelegenheiten aus ‹Karma›) zur schicksalshaften Vergeltung für menschliche Überheblichkeit.

Selbst der Mensch, der ‹weiß›, weiß doch nicht, wie er sich bewähren wird in den Stunden seines Sterbens und danach: Es ist, als ob diese Abschlußprüfung eines Lebens – diese Eintrittsprüfung in einen neuen Lebenszyklus – jedesmal zum ersten Mal ‹erlebt› würde!

Nicht nur, damit sie desto unerschrockener kämpfen und fallen sollten, wurden die alten Samurai gelehrt, den Tod nicht zu fürchten, sondern auch, um das irdische Leben verachten zu lernen. – Im *Hagakure*, dem sehr alten *Buch für den Samurai* kann man lesen:
«Wer jeden Morgen und Abend sein Herz gut ausrichtet und fähig ist, zu leben, als ob sein Körper bereits tot wäre, gewinnt die Freiheit Des Wegs. Sein ganzes Leben wird tadellos sein, und er wird seine Berufung erfolgreich erfüllen.»[53]

Warum solche Gedanken in diesem Kapitel des *Dao-De-Ging*? Weil es Degeneration und Kristallisation von Jung und Alt nur beschreibt, um *Überleben und Aufstieg* des Zarten, des ‹Grünen› dank daoistischer Biegsamkeit, zu betonen. – Einst gab es für eine zarte Zuneigung den schönen deutschen Ausdruck: *«ich bin dir grün»*. – Ist nicht junge *Zu-neigung* das ‹Biegsamste› in der Welt?

«Wer allzu groß und mächtig wird, ist gewöhnlich dem Untergang geweiht; – was geschmeidig und jung bleibt, wird leben!» – Die Niederlagen der Menschheit, wann immer diese glaubte ihre Glorie in Größe finden zu sollen, beweisen, daß Allzugroßes immer *dem Untergang geweiht* ist: vom Weltreich Alexanders oder Napoleons über den Riesen-Zeppelin ‹Hindenburg›, den Ozeandampfer ‹Titanic› oder die deutsche Riesen-Kanone ‹Dicke Berta› bis hin zum Traum-Weltreich der ‹Europäischen Union› und zurück zu den Dinosauriern einer neuen Urzeit.

Heute eilen viele Menschen des ‹dritten Alters› in Hochschulkurse, Fitness-Centers und Kunstveranstaltungen, in der Hoffnung, dadurch jung zu bleiben. Das ist sehr gut und zögert die Erstarrung hinaus; – aber es verhindert sie ebensowenig wie Frischzellen-Kuren und Hormon-‹Booster›: Früher oder später muß der stärkste Baum fallen – verdorrt, obschon er neben der Quelle stand!

Nur eine einzige Quelle gibt es, deren Wasser ewiges Leben und ewiges Glück schenkt – doch nicht im gewöhnlichen, sondern in einem unverwelklichen Sinn: Das ist der *Eine Urquell*, das *Eine Lebendige Wasser*, der *Eine vielfältige Pfad* fundamentaler Erneuerung; – der Pfad von Dao, der Pfad der Gnosis und des Sufitums, der Regenbogenpfad der Indianer ... – wie immer man ihn nenne. Das ist kein Weg chemischer, chirurgischer oder magischer Verjüngung, keine leibliche Unsterblichkeit durchs Klonen von Zellen oder Nukleinsäuren. Es ist der Pfad, auf dem der vergängliche Mensch *«stirbt, bevor er stirbt»* (so sagt die Mysterien-Sprache), damit der *unvergängliche Mensch* zu leben beginnen kann, bevor er lebt! – *Das* ist das ‹Zarte› und ‹Grüne›, das, gemäß unserem Text, *«zum Leben bestimmt»* ist!

Der große Sufi-Eingeweihte al-Ghazāli schreibt in seinem *Brief an den Jünger*: «Mein Sohn! Ich versichere Dir, daß Du, sofern Du auf dem mystischen Pfad wandelst, bei jeder Etappe Wunder erleben wirst. Opfere Deine Seele, denn das Wesentliche liegt im Opfer. – Wie *Dū-an-Nūn-al-Misrī* zu einem seiner Jünger sagte: ‹*Kannst Du Dein Leben hingeben, so komm zu mir; ansonsten gib Dich nicht mit den Nebensächlichkeiten des Sufitums ab*›.»[54] – Und Jesus sagte:

«Wer sein Leben preisgibt um meinetwillen, wird ES erhalten!»

錦繡中華之一頁　　裴明龍編

第七十七章

天之道，其猶張弓歟？高者抑之，下者舉之；有餘者損之，不足者補之。
天之道，損有餘而補不足。人之道，則不然，損不足以奉有餘。孰能有餘以奉天下，唯有道者。
是以聖人爲而不恃，功成而不處，其不欲見賢。

77.

Das DAO des Himmels —
Vergleicht es sich nicht dem Spannen des Bogens?
Sein Hohes zieht man abwärts —
Sein Niedriges zieht man hoch;
was zu weit fliegt, verkürzt man —
was zu kurz ist, verlängert man.
Das DAO des Himmels —
es fängt auf den Überfluß und ergänzt den Mangel.
Das DAO des Menschen – es ist nicht so geartet:
Es kränkt die Entbehrenden und bedient die Überreichen.
Welcher Mensch hat Überfluß und bedient die Welt?
— Allein der Mensch, der in Dao lebt!

Daher der Weise —
Er wirkt, verläßt sich aber auf nichts und auf Niemanden —
er dient und vollendet, doch ohne Berechnung —
und er beachtet weder Beschämung noch Ehre.

Der West-Mensch, der diesen kurzen Text zum ersten Mal liest, hat Mühe, das Gewirr aus Bogen und Himmel, Welt-Liebe und Autonomie sinnvoll zu deuten. Gewohnt, sofort einen Schwerpunkt zu wählen, greift er eilig zu, ohne auf solche ‹Nebensächlichkeiten› wie ein Zu-kurzes oder Zu-langes zu achten: «Der Schwerpunkt ist klar, das Restliche muß sich fügen!»
So läßt der Eine einen Bogenfabrikanten den Bogen ausrüsten; – ein Anderer sieht im Biegen des Bogens das Bibelwort: «*Jedes Tal wird ausgefüllt und jeder Berg und Hügel erniedrigt werden, und der krumme wird zum geraden Weg – und die höckerichten zu ebenen Wegen werden*»; – Noch einfacher der Drittte: «*Wer irgend aber sich selbst erhöhen wird, wird erniedrigt werden; und wer irgend sich selbst erniedrigen wird, wird erhöht werden*».[55] – Der Vierte endlich erkennt darin eine Anleitung zum besseren Zielen ... —

Aber der Daoist moralisiert nicht und spekuliert nicht, und so auch nicht das *Dao-De-Ging*: Was immer es auf der weltmenschlichen, auf einer materiellen und sichtbaren Ebene betrachtet, sieht es zugleich auf der philosophischen Ebene der kosmischen Ordnung – und überdies auf einer dritten Ebene – jener der Gnosis. – Das ist die universelle, mit Gott verbundene Ebene, wo *Alles Geist* ist (und das *ist* es wirklich!); – wo alles mit dem *großen Plan des Universums* verbunden ist (und das ist es wirklich auch!); – und wo Alles in Allem lebt und webt, wirkt und leidet. – Und wirklich ist Alles, was ein Mensch tun oder wahrnehmen kann, in jedem Augenblick gleichzeitig göttliche, kosmische und menschliche *Wirklichkeit*. Gemeinsamer Mittelpunkt all dieser Bewegungen, die sich ausbreiten wie die Ringe auf dem Wasser (jeder in Wechselwirkung mit jedem) ist das *Herz der Welt*. Dessen Zentrum ist das Herz des Universums; – und dessen Urquell endlich ist *Dao*, die «Mutter aller Dinge» – *Mutter* genannt in allen Kulturen, Philosophien und Religionen der Welt.

Auch der vorliegende Text hat drei Ebenen: Jene von Dao – der absoluten Quelle im absoluten Licht; – jene der Welt mit ihrem menschlichen Hin-und-Her; – und jene des ‹Weisen› als Vermittler zwischen den Welten, selbst eine kleine Welt. Indem er im Weg von Dao strebt, verwirklicht er zugleich das kosmische Gesetz (*«nicht ein Jota wird davon weggenommen, bis die Welt vergeht»*; Mt. 5:18). Indem er in der Welt lebt und handelt, badet er doch zugleich stets im «lebenden Wasser aus dem Gottesstrom» (Joh 7:38). Und indem er so Eins ist mit Allem, ist er doch auch eine eigene Welt – eine Welt im kleinen ... – und dies wird sicher ganz besonders Jemandem bewußt, der sich in der hohen *Kunst des Bogenschießens* übt, jener ganz besonderen Kunst beim Streben nach Dao.[56]

Diese philosophische Kunst des *Eins-werdens mit dem Weg* durch Vermittlung des Bogens ist sehr, sehr alt. Bereits die Veden erwähnen sie: *«Die mystische Silbe OM ist der Bogen; – die individuelle Seele ist der Pfeil; – Brahma, der göttliche Urgrund, ihr Ziel. – Von dem, der nicht von der Welt berauscht ist, ist es zu treffen. – Möge dieser, wie der Pfeil, eins werden mit dem Ziel!»*[57]. – Hier spricht nicht nur Mystik, sondern auch *gelebte* Erfahrung!

Auch einige Aussprüche der Meister in der Kunst des Bogenschießens – *Kyu-Do* – zeigen (hier ungeordnet), worum es geht:

«Der Ausgangspunkt ist das Stillwerden des denkenden Ich». – Es braucht das *«Sich-lösen von allen Bindungen – das Ich-los-werden, das außerhalb aller sinnlichen Reize stehen, das Sich-zentrieren, konzentrieren: Der gespannte Bogen schließt das Weltall in sich ein!»*

Diese Kunst ist also ein Verwirklichen und Sichtbar-machen der vollkommenen Einheit von Geist, Seele und Körper – von Gott,

Kosmos und Mensch – von Denken, Fühlen und Tun. Bevor ein Zen-Bogenschütze zum ersten Mal einen Pfeil auf die Sehe legen darf, hat er sich während Monaten geübt in der richtigen Haltung, im richtigen Atmen, im *kraftlosen* (!) Spannen des Bogens und im *unbewußten* Entschlüpfen-lassen der Sehne:

Das «*Stillwerden des denkenden Ich*» ist bekanntlich ein *Ziel* jedes mystischen Erkenntnis-Pfads. Beim Bogenschießen aber ist es *erste Voraussetzung*. – Den denkenden Menschen berührt seltsam, daß tiefe *Selbst*-Erkenntnis erst möglich wird, wenn das *Ich* erst einmal schweigt. – Was also *ist* das Selbst? – Was das Ich?

«*Die rechte Kunst ist zwecklos, absichtslos, ich-los ...*» sagte ein Meister des daoistischen Bogenschießens. – Genau so schreibt doch auch der erste Theosoph, Valentin Weigel in seinem Büchlein *Vom Beten und Nicht-beten*, das er im Jahr 1572 verfaßte:

«*Wenn der Mensch ... endlich kommet in ein Nichtbeten, ... sodaß er nichts [mehr] weiß von Ort und Zeit, noch von einer Creatur, und ganz zu nichts wird: In diesem Vergessen und Verlieren seiner selbst betet der Mensch nichts; und das ist das Nichtbeten, da Gott selber betet im Menschen. Also ist im Geist und in der Wahrheit beten nichts Anderes als ganz frei zu sein vom Empfinden, vom Tun und persönlichen Wünschen. Ebenso: Zeit-los, Ort-los, Creatur-los, indem man nichts mehr begehret; wo man sich weder fürchtet noch freuet, weder liebet noch hasset; wo man nicht wirkt mit Sinnen noch Gedanken, wo man seiner selbst ganz nicht mehr achtet; wo man auch nichts mehr weiß von Zeit noch Ort, noch von Einem, Diesem oder Jenem. – In Summa, wo man ganz in Christo gestorben ist und in Gott verborgen liegt. – Aus diesem Tod und Begräbnuß stehet fürwahr auf Christus – der Neue Mensch!*»[58]

Lockeres, bewußtes Atmen, sodaß die Energie frei fließen kann; die große Spannung des Bogens bewirken, ohne daß die Muskeln hart gespannt würden; sich nicht darum bemühen, ja, nicht einmal daran denken. – «*Freundlich zuschauen, was im Inneren geschieht*»; – «*mit Absicht absichtslos werden, das ist rechte Geistes-Gegenwart!*» so lehren die Meister des Bogenschießens; – und auch, daß es sich hier um Vorgänge handelt, die *der Verstand nicht begreift*. –

Ist es auf dem Weg der gnostischen Erneuerung und Wandlung nicht ganz ebenso? Die Aussprüche der Kyudo-Meister unterscheiden sich kaum von jenen der großen Mystiker – vom ersten Beginn bis zum ‹Guten Ende›:

«Der Geist, der durch das Bogenschiessen geborene, liebt die Menschen, liebt alle Dinge; – er lebt glücklich in dieser Welt». (Ingaki Sensei) – *«Es ist wichtig, daß Jeder auf dem Weg seiner Wahl sich sehr sorgfältig übt»* (Myamoto Musashi). – Und ein ungenannter Meister sagte:
«Mit dem oberen Ende des Bogens durchstößt der Schütze den Himmel; – am unteren Ende hängt die Erde.»

Dieser Ausspruch zeigt am besten, was der Beginn von Kapitel 77 des *Dao-De-Ging* meint; und es wurde weiter oben bereits angedeutet: *Das Dao des Himmels* ist hier *der Schütze selbst!* –

Selbst ganz Eins geworden mit Dao, erfüllt der Meister – der ‹Weise› – die eigentliche Aufgabe des Menschseins in der universellen Schöpfung. In seiner gott-menschlichen Rolle als Vermittler zwischen Himmel und Erde «*beugt*» er mit dem oberen Ende des ‹Bogens› die himmlischen Kräfte herunter auf die Ebene der dafür zubereiteten Menschen; – mit dem unteren Ende des ‹Bogens› *zieht* er die Menschheit aufwärts – der Erkenntnis von Dao, dem Weg *in* Dao und der Selbsterlösung *dank* Dao entgegen.

Der ‹Weise› bildet eine Brücke zwischen den kosmischen Gebieten – dem irdischen und dem Göttlichen – indem er die sehr hohen göttlichen Schwingungen, die ein gewöhnlicher Mensch weder wahrnehmen noch ertragen kann, sozusagen ‹herab-transformiert› auf ein für dafür zubereitete Menschen anwendbares Niveau.

Dieses hohe Menschsein übersteigt an Wirkung und Bedeutung bei Weitem, was Jedermann diesem Text ohne Weiteres entnehmen kann. Es *zeigt*: Dao als Gesetz von Karma gleicht aus und steuert – nicht nur materielle Werte und Dinge, sondern auch die immateriellen Geschehnisse in der Welt. Darum kann im ganzen Universum *nichts* geschehen, was nicht geschehen *darf*:

Wer sollte einen ‹drohenden Weltuntergang› und andere seit Jahrhunderten von dazu geeigneten Menschen und Gruppen prophezeihte Katastrophen fürchten? – Die Welt liegt in keiner menschlichen Hand, die ihr eigenes Werk zu vernichten pflegt, sondern in der ‹Hand› der höchsten Liebe, von welcher gesagt wird:

«Gott läßt nicht fahren die Werke seiner Hände!»

Auch jene Menschen, die durch ihre wissenschaftlichen, politischen, militärischen oder andere Experimente das Wohlergehen von Welt und Menschheit waghalsig aufs Spiel setzen, tun dies nicht in *bewußter Absicht*, sondern *in vollkommenster Unwissenheit!*

Der ‹Weise› hingegen, der «*Mensch, der in Dao lebt*» ist sich *sehr bewußt*, was er für Welt und Menschheit tut: Nicht in *Worten* ausdrückbar ist, was er spendet, wann und wo er immer kann. Er versucht, zu lindern und zu vermitteln. Er trachtet nach keiner Herrschaft, als nach jener über sich selbst. Wenige nehmen wahr was er tut; noch Wenigere schätzen es; Manche machen ihn lächerlich und grenzen ihn aus, doch heute ohne ihn zu behindern: Das ist das Privileg unserer Epoche. – Dank erfährt dieses Dienen nie. Doch das kümmert den ‹Weisen› nicht: Er fühlt seinen inneren Auftrag und bleibt ihm treu auf allen seinen Wegen. Er tut, was getan werden muß, ohne zu messen. Er gibt sein Bestes und geht weiter. Viel sieht er, was *noch* getan werden sollte; – Weniges nur kann er vollenden; – an nichts davon haftet er. – Er dient «*von ganzem Herzen, von ganzer Seele und mit all seinen Vermögen*», denn all sein Dienen ist Gottes-Dienst – Gnosis-Dienst – Dienst an Dao.

Ob man ihn lobt oder tadelt, liebt oder beargwöhnt: Er bleibt seinem Weg treu, tut seinen Dienst und weiß nicht einmal, ob er ein ‹Weiser› genannt werden kann. Er weiß aber seine Verbundenheit mit der Gnosis und – über Zeit und Raum hinaus – mit sehr vielen Brüdern und Schwestern, die *eine* große universelle Bruderschaft bilden, ohne einander doch persönlich zu kennen ...

Und Eines weiß er ganz gewiß:

Das Ziel, dem er als ‹Pfeil› entgegen fliegt, ist Wirklichkeit, Schönheit und Glanz; es ist Kraft und Herrlichkeit; – es ist ewiges Licht, unerschütterliche Wahrheit und unerschöpfliches Leben! Einmal wird der Pfeil golden geworden sein, und im Glanz der geistigen Sonne wird er dahin fliegen – sei es direkt ins Eine endgültige Ziel Aller, oder weiterhin im Dienst an Welt und Menschheit. Erst wenige Menschen haben diesen Zustand erreicht; – vielleicht leben ihrer einige sogar in unserer Zeit. – Aber, so sagt der unbekannte japanische Meister des Bogenschießens: «*Wer diesen Zustand erreicht hat, tut gut daran, so zu tun, als hätte er ihn nicht erreicht!*»

Er wirkt, verläßt sich aber auf nichts und auf Niemanden ... —

第七十八章

天下莫柔弱于水,而攻堅強者莫之能勝,以其無以易之。
弱之勝強,柔之勝剛,天下莫不知,莫能行。
是以聖人云:
「受國之垢,是謂社稷主;受國不祥,是爲天下王。」
正言若反。

78.

*In der Welt
ist nichts zarter und nachgiebiger als Wasser —
aber wenn es angreift, ist das stärkste Ding nicht in der Lage,
ihm zu widerstehen. —
Darum ist nichts ihm zu vergleichen:
Das Nachgiebige besiegt das Starre —
Der Anpassungsfähige siegt immer —
Alle Welt weiß das, und tut es doch nicht.
Zu Recht sagen die Weisen:
«Wer mit Hingabe diente dem Land im gemeinsamen Elend,
den ernennt man zu Recht zum Herrn der Hirse-Leute.
Wer getragen hat das Land im Verhängnis,
den macht man zu Recht zum Herrn des Reichs».
Ein treffendes Sprichwort
mit dem Anschein eines Widerspruchs!*

Die hier mit *Herr der Hirse-Leute* übersetzte Zeichenfolge 社稷主 bezeichnet wirklich den ‹Herrn› 主 einer ‹hohen Gesellschaft› 社; für 稷 gibt es keinen bekannten Begriff. Chinesische Kommentare nennen ‹Hirse›, Westliche Übersetzungen haben *Herr der Hirse, Priester des Erd- und Hirse-Altars* udgl. – aber sie lassen den Begriff der ‹hohen Gesellschaft› außer Acht.

Tatsächlich wurden Reis und Hirse in China bereits vor 8000 Jahren als Hauptnahrung angebaut, und es ist anzunehmen, daß einige der über 10 Hirsearten mit Attila's Hunnen in den Westen gelangten. Die hier als *Hirse-Gesellschaft* bezeichnete Institution kann eine landwirtschaftliche Kommission, Zunft oder Kooperative meinen, die den Gemeinschafts-Anbau und die gemeinschaftliche Ernte beaufsichtigte. Der so ernannte ‹*Herr der Hirseleute*› wäre dann wohl etwa der Landwirtschafts-Minister des Landes.

Das jeweils erste Zeichen beider Hauptteile der direkten Rede – also des *Sprichworts* – hat viele Bedeutungen – von *erleiden* über *unterliegen* und *ertragen* bis zu *auf sich nehmen* und *herausführen aus*. Eine davon, die dem Sinnspruch doch einen *direkt* mit dem Text verbundenen Sinn gäbe, wäre ein sinngemäßes *sich unterlegen* als aktive und freiwillige Form passiven *Unterliegens* (*Hingabe*). Heutigem Sprachgebrauch fremd, findet sich dieses Wort noch in der Mitte des 18. Jh., z.B. in Bachkantate BWV 182, *Himmelskönig sei willkommen* – mit der Arie: «*Leget euch dem Heiland unter ...*», wo es um *Glauben, Vertrauen* und *Hingabe* geht.

Dasselbe trifft auf den Menschen zu, der sich in dieser N° 78 um sein Land so verdient machte: Ihm weihte er in festem Glauben und Vertrauen Leib und Leben, als Hungersnot, Epidemien oder gar Krieg und Fremdherrschaft Viele zum Verlassen der Heimat veranlaßten oder zum Selbstmord trieben, wie in N° 75. Nur gerecht, daß man Jenen zum Vorsteher der Hirse-Zunft ernannte, bzw. zum *Beherrscher der Welt*, also zum Kaiser (天下王). – Ähnliches zeigt die Geschichte der Gründung der Ming-Dynastie: In der großen Bauernrevolution von 1368 wurde der als Waise im Kloster aufgewachsene Bauer Zhu-Yuanzhang erst Rottenführer, dann gar Feldherr – und gründete als *Kaiser Hongwu I* die Ming-Dynastie.[59] –

Was hat nun all dies mit dem geistigen Ausgangspunkt des Texts von N° 78 zu tun – also mit der unaufhaltbaren Kraft der sanften Gewalt des Wassers?

Sanfte Menschen gelten heutzutage meistens als Schwächlinge – oft auch als dumm, ihrer Langmütigkeit und Freundlichkeit wegen: Damit läßt sich keine Karriere machen; und darum geht es ja nur – oder nicht? Das *Dao-De-Ging* besteht in mehreren Kapiteln darauf, daß dem *nicht* so sei; – daß das Zarte stärker sei als das Harte, gewaltiger als das Gewaltige, und unangreifbarer als ein starkes Heer. – Im übrigen zeigt die gegenwärtige N° 78 in der Zeichenfolge viel Ähnlichkeit mit N° 76, wo es um genau dasselbe geht – nur diesmal aus einem passiveren Blickwinkel.

Kapitel 78 ist, wie bereits angetönt, mehr auf *aktives Dienen*, auf *Glauben* und *Hingabe* ausgerichtet. Das Beispiel und das Sprichwort betonen noch die *Anpassungsfähigkeit*. – Auch der Bauer Zhu verdankte vielleicht seine großen Erfolge (abgesehen von seiner am Ende 250'000 Mann starken Armee) auch einer daoistischen Taktik, die er im Kloster gelernt haben konnte. – Jedenfalls – und auch dies geht aus der Geschichte hervor – war Zhu nicht nur mit Leib und Seele der Befreiung seines Vaterlandes ergeben: Er erstrebte mit zunehmender Klarheit ein *Ziel* – das höchst mögliche: die Würde eines *Kaisers* – eines *Herrschers unter dem Himmel*! – Und (vgl. Abb. S. 103) er erreichte sein Ziel!

Lao-Dse konnte nicht den erst 1700 oder 1800 Jahre später lebenden Bauern Zhu meinen, zeigt aber klar die Möglichkeit, daß der scheinbar unwürdigste Mensch würdig werden kann, das Allerhöchste zu erringen (vgl. N° 22). Doch darf er sich nicht allein für sich anstrengen; und anstatt, wenn es ihm schlecht geht, die Gemeinschaft – die Menschheit seiner Welt – zu verlassen, soll er ihr in unerschütterlicher Hingabe dienen und – *vollkommen bewußt* – unbeirrbar und treu «*tun, was getan werden muß*».

Ist es nicht ganz ebenso mit dem Weg von Dao – dem Weg in der Gnosis? – Auch hier zählt doch in erster Linie die Entschlossenheit, auf dem einmal gewählten Weg weiterzugehen – Tag für Tag und Schritt für Schritt: auch bei ‹schlechter Witterung›; auch wenn die Ernte scheinbar nicht reifen will; auch wenn Müdigkeit, innere Trägheit und andere Gegenkräfte zum Aufgeben mahnen. Denn da ist die Gewißheit, daß es immer weiter geht; daß man, wo immer man steht, *auf dem Weg* steht; daß *jeder* Schritt *immer* ein Schritt *vorwärts* ist, und daß einem stets geholfen wird, wenn man darum bittet, solange es nur an der eigenen Anstrengung nicht fehlt.

Vom Moment an, wo im Herzen das Licht der Gnosis neu erstrahlt, gilt es, festzuhalten an drei Pfeilern: Am festen *inneren Glauben*, daß dieser Weg *Wirklichkeit ist*; – an der festen *Zuversicht* (‹Hoffnung›), daß *jeder Mensch*, der Dao annimmt, wieder ein *Sohn des Himmels* werden kann; – und an der Liebe, Treue und Dankbarkeit, diesen Weg der fundamentalen Erneuerung wirklich selber gehen zu *dürfen* und in der Hilfe der Gnosis auch gehen zu *können*, ungeachtet aller Widerstände – *wie das Wasser*: «*Leget euch dem Heiland unter, ... – Tragt ein unbeflecktes Kleid Eures Glaubens ihm entgegen; Leib und Leben und Vermögen sei dem König itzt geweiht*»!

Wer seiner Gemeinschaft dient, dient sich selbst; – wer *in diesem höchsten Sinne* sich selber dient, dient dem Höchsten. – Und so fällt sein *Dienen* auch wieder als *Verdienst* auf ihn zurück: Er wird auserwählt zu höheren und höchsten Würden: «*Wer erduldet hat alle Mühen, wer ausgeharrt hat trotz Unglück und Verfolgung —*

***der wird zu Recht ein Herrscher unter dem Himmel!*»**

第七十九章

和大怨,必有餘怨;報怨以德,安可以為善?
是以聖人執左契,而不責于人。有德司契,無德司徹。
天道無親,常與善人。

79.

Beim Befrieden eines großen Streits
bleibt sicher etwas Feindseligkeit in der Luft.
Vergelten von Feindschaft mit Freundlichkeit —
Fähig zu sein, Frieden zu stiften — denkst du, das ist gut genug?
Der wahre Weise
hält sich an den linken Teil des Vertrags —
reicht aber keine Forderungsklage ein.
Für den Tugendhaften gibt es die Amtsstelle für Verträge —
für den ohne Tugend die Amtsstelle zum Durchsetzen von Verträgen.
Das DAO des Himmels tut nichts persönlich —
aber immer verschafft es den Menschen Genugtuung.

Als es westlich vom Bosporus noch fast nichts als Urwälder und wilde Tiere gab, gab es in China bereits eine Hochkultur mit bis ins Einzelne gehenden Handels- und Geld-Gepflogenheiten sowie Amtsstellen und der dazugehörigen Rechtssprechung. – Damals wie heute wucherten säumige Zahler, leichtsinnige Luftibusse und Betrüger. – Damals wie heute gab es unendliche Rechtsstreite, die Unmengen von Energie und Mitteln verschlangen, und deren Schlichtung auch im besten Fall böse Gefühle hinterließ.

Noch im heutigen Bankgeschäft kennt man bei uns den sogenannten *Swap-Vertrag*, mit einem ‹linken› und einem ‹rechten Bein›. Das bedeutet, daß die beiden Partner verschiedenen Bedingungen unterliegen. Wird der Vertrag vorzeitig aufgelöst, so werden die Ansprüche des Einen gegen die Ansprüche des Anderen verrechnet, und die Sache ist gütlich geregelt. – Ähnliches ist möglich, wenn, was gerade heute oft geschieht, säumige Zahler, leichtsinnige Luftibusse und Betrüger ihre Zahlungs-Unfähigkeit beteuern, gleichzeitig aber es für sich selber an nichts fehlen lassen.

Wie sollte das ohne ‹böses Blut› auf beiden Seiten ausgehen? – Daher rät Lao-Dse bereits 2500 Jahre vor unserer Zeit den Gläubigern, sich nicht zu ereifern, sondern großzügig zu sein; – den säumigen Schuldner nicht in einem vielleicht langwierigen Rechtsstreit zur Rechenschaft zu ziehen, sondern sich friedlich mit ihm zu arrangieren. – Denn, so sagt der Autor des *Dao-De-Ging* zu Recht, selbst wenn du deinen Rechtsfall gewinnst oder in einem

Schlichtungsverfahren eine beidseits annehmbare Lösung erreichst: Böse Gefühle bleiben zurück auf beiden Seiten!
Dann ist es also «*nicht gut genug*», den Fall gütlich beizulegen? Was kann man in solchen Fällen denn *noch* tun?

Lao Dse appelliert nicht an die ‹Vernunft› des Geprellten; auch nicht ans Sprichwort, wonach «der Klügere nachgibt»: Er appelliert an die *Weisheit* im Menschen; – er spricht zum ‹Weisen›.

Er sagt: Halte du dich an deinen Teil des Vertrags und nimm in Kauf, daß ein Anderer, weniger tugendhaft als du, sich an seinen Teil *nicht* hält. Zwar gibt es die Möglichkeit, dein Recht vor Gericht durchzusetzen, doch das bringt viel Ärger, Kosten und Verdruß. Laß die Sache lieber fahren – ohne Streit, ohne zweifelhaften Aufwand, ohne Ärger noch Groll!

«Das tönt ja alles sehr schön», sagt der gewöhnliche Mensch zu dieser Regelung; – «*aber wie komme ich zu meinem Geld?* – Bin ich denn ein Wohltätigkeits-Institut für Schlendriane?»

Hier ist es, wo das Verständnis von der Ebene *gewöhnlicher* Tugend auf die Ebene von *De* – von *Gnosis*, d.h. *innerlich erneuerten* harmonischen Menschseins überwechseln muß; – auf die Ebene des ‹Weisen› eben; – und dies in dreierlei Hinsicht:

Erstens geht es um die ungetrübte Gelassenheit, derer sich ein ‹Weiser› schon nicht mehr *befleißigen* muß, denn sie ist – authentisch, nicht als Kultur – in sein *wahres Wesen* eingegangen. Es ist jene Haltung von Seele und Geist, die sich äußert in jenem Bericht über einen Zen-Meister, der, anlässlich eines starken Erdbebens, in seinem Zimmer «in die *Zen-Haltung* ging» und so sitzen blieb, um nach Ende des Erdbebens den Satz zu beenden, den er gerade angefangen hatte, als das Erdbeben begann.[60]

Zweitens geht es um das «*vorausschauende Wissen*», wovon Sun-Dsu in seinem Buch spricht; – in diesem Falle darum, «*sowohl den Anderen zu kennen als auch sich selbst*». In diesem Fall kann die Schwierigkeit *vermieden werden*, weil man diesem Menschen, dem man nicht trauen kann, kein Geld leiht. – Oder aber , man leiht ihm das Geld, obschon man *weiß*, daß man ihm nicht trauen kann; aber in der *Zen-Haltung*, daß, was immer kommt, man sich nicht ärgern wird, da man das Geld bereits zu Beginn verloren gab.

Drittens: In Kapitel 73 wurde Dao auch als das ‹*Gesetz von Karma*› dargestellt: ‹Karma› oder Dao als «*allumfassendes Netz des Himmels, lose und säumig, das doch nichts und niemanden jemals vergißt noch verliert».* Dieser Aspekt wird im vorliegenden Text zwar angesprochen, doch für das angezogene Beispiel nicht *erklärt.* – Was also wird hier gemeint?

Das Grundgesetz von Karma ist, daß niemandem geschehen kann, was er oder sie nicht selbst irgendwo in Zeit und Raum verursacht hat oder verursachen wird – weder ‹*Mißgeschick*› (!) noch ‹Glück›. Daß diese Ursache auch in der Zukunft gesetzt werden kann, tönt für ‹aufgeklärte› Ohren unsinnig und *paradox*. Wer würde vorsätzlich etwas tun, was ein Mißgeschick verursachen *muß*? – Indes: Was weiß der Mensch von seinen künftigen Fährnissen und von seinen Reaktionen in einer ihm heute noch unbekannten Lage?

Wie dem auch sei: Ein nicht bezahlender Schuldner kann entweder altes Karma ausgleichen: Der Gläubiger ist ihm diesen Betrag sozusagen aus früherer Ursache ‹schuldig›. – Oder er kann neues Karma schaffen, aufgrund dessen der heute Geschädigte morgen zum Gewinner wird (vgl. N° 42). – Die Rechnung wird auf jeden Fall ausgeglichen. Auch aus diesem Blickwinkel ist es also angezeigt, dem säumigen Schuldner nicht den Prozeß zu machen. Überdies würde der heutige Gläubiger so auch zum Verursacher neuen Karmas auf der Ebene der Gefühle und Emotionen!

Doch der Höhepunkt der Lehre dieses Texts ist nicht die *persönliche Befriedigung* des heutigen Gläubigers, die durch das Gesetz von Karma unweigerlich ausgeglichen werden *wird* – oder eben hiermit ausgeglichen *ist*. Es ist das Bewußtsein, daß Karma weder dich noch mich noch Jene ‹im Auge hat›, sondern *allein das Gleichgewicht des Alls – des gesamten göttlichen Universums*!

Und um noch auf die höchste Ebene zu steigen: All dies gilt auch für den ‹Schüler› oder ‹Kandidaten› auf dem Pfad von Dao: Keine einzige ehrliche Bemühung in reiner Hingabe an *Den Pfad* wird ohne ‹Belohnung› bleiben! – Alles und Jedes wird *zur gegebenen Zeit* sein positives Resultat bringen. Doch darf der Kandidat nicht rechnen: «*Er dient und vollendet ohne Berechnung*», sagte bereits Kapitel 77. Alles andere wäre Pump mit der Absicht, die Schuld nie zurückzuzahlen. – Goethe sagte: «*Wer immer strebend sich bemüht, den können wir erlösen!*» – Und eine moderne Autorin schrieb:

Der Schüler muß mit dem Geben beginnen —
nicht mit dem Nehmen!

錦繡中華之一頁　　裴明龍編

第八十章

小國寡民。使有什伯之器而不用；使民重死而不遠徙。
雖有舟輿，無所乘之，雖有甲兵，無所陳之。
使民復結繩而用之。
甘其食，美其服，安其居，樂其俗。鄰國相望，雞犬之聲相聞，
民至老死，不相往來。

80.

Ein kleines Dorf: Ein abgeschieden Völklein —
Zwar gibt es mancherlei Werkstätten mit Handwerkern,
doch haben sie nichts zu tun.
Zwar gehen immer wieder Leute zugrunde,
doch lehnen sie es ab, auszuwandern.
Obwohl sie Boote und Wagen haben, fahren sie nirgendwo hin.
Obwohl sie Waffen und Rüstungen haben, greifen sie keinen Ort an.
Auch wenn diese Leute doppelte Bedrängnis ertragen müßten:
sie nähmen sie hin:
Ihr Essen schmeckt lecker, ihre Kleidung ist sauber —
ihre Wohnungen sind gemütlich und ihre Art fröhlich.
Das Dorf nebenan: Man sieht einander —
Geflügel und Hunde: man hört einander —
Die Leute sterben uralt — man besucht einander nicht.

Welch wunderbare Beschreibung dieses Dorfs! In so wenigen schwungvollen Pinselstrichen hingezaubert, steht es deutlich vor dem Empfinden des Lesers; – man könnte fast meinen, seine ruhigen Geräusche hören, die Vielfalt seiner Gerüche riechen, das friedliche Treiben seiner Bewohner sehen zu können.

Vielleicht muß man das Landleben sehr gut kennen, um sich einzufühlen ins einfache Leben in diesem Dorf. – Vielleicht muß man viel Elend gesehen haben, um zu verstehen, wie Menschen in ihrem Elend zufrieden sein können. – Jedenfalls ist es nötig, genau beim Geschriebenen zu bleiben, um diesen Text nicht als Karikatur wahrzunehmen, sondern als eine liebevolle Skizze – als ein Stimmungsbild in Worten.

Zufriedenheit ist offenbar schon seit langen Zeiten eine Seltenheit; – und ebensolange Anlaß zu spöttischem Lächeln. Wer nicht mitmacht beim Rennen nach ‹Erfolg›, ‹Wohlstand› und ‹Glück›, wer nicht ‹expandieren› will, «gehört nicht dazu» und findet sich bald allein – besser gesagt: ungestört. Genügsamkeit macht sich schlecht in der heutigen Gesellschaft; – war das wirklich immer so? – Doch was ist der Sinn des Lebens?

Heutige *chinesische* Kommentatoren dieses Kapitels sind geteilter Meinung: Die einen loben die stille Genügsamkeit des kleinen

Dorfs, wo jedermann zufrieden ist trotz schweren Bedingungen. Die weltweite Vernetzung von Weltmächten und Weltfirmen samt der Bildung riesiger Unions-Staaten betrachten sie als einen Betrug, wodurch einige Privilegierte es sich auf dem Buckel der ‹arbeitenden Bevölkerung› wohlergehen lassen. – Andere lächeln (so wie alle westlichen Übersetzer) über das rückständige Dörflein und die begrenzte Sicht seiner Bewohner. – Die Dritten endlich finden, daß es gerade die Leute des Nachbardorfs seien, die den Kontakt zum wirklichen Leben verloren und im Konkurrenzkampf der großen Welt die friedliche Einfachheit vergessen haben … –

Interessant ist die Interpretation, wonach das kleine Dorf anstelle der Schrift *zum Knoten von Schnüren zurückgekehrt* sei. – Genaues Studium der Zeichenfolge im Text ergibt aber eindeutig, daß gesagt werden soll: Selbst wenn sie in verdoppelte Schwierigkeiten *verstrickt* würden, würden diese Leute nicht auswandern wollen. Nur so – und durch Kenntnis der wirklichen Verhältnisse – wird der krasse Unterschied des Verständnisses begreifbar: Qui-pu's wie bei den Inca's gab es in China nie; das ornamentale Knoten von Schnüren als chinesischer Volksbrauch aber jederzeit und in allen Kreisen. – Wie dem auch sei: Alle sind sich darin einig, daß dieses Völklein in seiner abgeschiedenen Zufriedenheit ein glückliches wenn auch schweres Leben führt.

Entspricht das nicht wirklich der Haltung der meisten Menschen? Selbst die Unzufriedensten, die sich täglich, ja stündlich, darüber beklagen, wie schlecht es ihnen gehe, würden doch nichts ändern wollen, bzw. wollten ihr Leben mit niemandem sonst tauschen.

Auch wer den Weg von Dao gewählt hat; – wer ein mehr oder weniger typisches Leben in der ‹modernen Erfolgsgesellschaft› gegen ein Leben der Orientierung nach der Gnosis hin vertauscht und alle Konsequenzen auf sich genommen hat, kann leicht zu solch einem ‹abgeschiedenen Dorf› werden, das mit den Anderen, mit den Erfolgsmenschen, nur noch wenig Kontakt hat. Man ist ja so verschieden: Die Einen expansiv, lärmig und in unablässiger Bewegung: Wer nicht ständig auf Geschäftsreisen oder Kriegszügen ist, ist ihnen nichts wert. – Die Anderen friedlich, heiter und in liebevoller Umgebung: Was man hat, pflegt man, was man nie gehabt hat, entbehrt man nicht. Meint man bei der Beschreibung von Lao-Dse nicht förmlich, die Leute dort singen zu hören? – Man hat weder Beschreibung noch Begründung nötig, um zu wissen, weshalb die beiden ‹Dörfer› nicht mit einander verkehren!

Nun könnte man fragen: «Heißt dies, daß ein ‹Schüler› auf dem Pfad von Dao automatisch in materielle Schwierigkeiten, ins soziale Abseits, in eine Einsamkeit als Folge der Ächtung durch die ‹Gute Gesellschaft› und in den frühen Tod getrieben wird?»

Nein, das heißt es ganz und gar nicht: Viele Menschen, die den Wegen der Gnosis ganz konsequent folgen, sind in der ‹Guten Gesellschaft› wohlangesehen und gut gestellt: Unternehmer, Professoren, Handwerker, Beamte, Sportler und Künstler – kurz, es ist ein vollkommener Querschnitt durch die ganze Bevölkerung der Welt – in Ost und West, in Nord und Süd, in Ländern der ‹dritten Welt› wie in modernsten Großstädten; und manchen geht es materiell ‹sehr gut›. Ein Jünger der Gnosis läßt sich vom Leben selbst ins Leben stellen; – man darf sagen: Er läßt sich lenken von *Dao*; denn er hat seinen gezielten Eigenwillen aufgegeben: *«Herr, nicht mein, sondern Dein Wille geschehe: Sage Du mir, was ich tun soll!»* —

Ein Pilger auf dem Pfad geht da hin, wohin der Pfad ihn führt, findet dort, wo der Pfad ihn oder sie hinstellt, seine Aufgabe, sein Auskommen, seine Zufriedenheit und – wenn er oder sie sich wirklich leiten lassen – Frieden und Glück. Das ist kein Glück aus dem Warenhaus-Prospekt, sondern ein wahres, in Dankbarkeit erfahrenes Wohlergehen, das auch ermöglicht, Andere zu laben mit dem geistigen ‹Wasser des Lebens›; – vielleicht allein durch sein *Dasein*: durch gelebte ‹Geistes-Gegenwart›. *«Nicht er selber war das Licht — aber daß er ein Zeuge sei für das Licht!»* (Joh 1:12).

Damit die Gnosis sich in der Welt *manifestieren* kann, braucht sie *Menschen*. – Menschen aus Fleisch und Blut, die in der Welt stehen ‹wie du und ich›; – Menschen, die in authentischer Ausrichtung auf den Einen Weg nicht mehr fragen *«Was sollen wir essen – was sollen wir trinken?»* – sondern eben: *«Sage Du mir, Herr, was ich tun soll; – führe Du mich, wohin Du willst!»*.

Und die Gnosis – Dao – Karma, das Gesetz von Ursache und Wirkung – wird ihnen geben, *was sie nötig haben.*

«Die Welt kennen, ohne aus der Tür zu treten; – die Wege der Himmel kennen, ohne aus dem Fenster zu sehen ... » —

Wer gibt, dem wird gegeben!

錦繡中華之一頁　　裴明龍編

第八十一章

信言不美,美言不信。
善者不辯,辯者不善。
知者不博,博者不知。
聖人不積,既以為人己愈有,既以與人己愈多。
天之道,利而不害;聖人之道,為而不爭。

81.

Glaubwürdige Rede beschönigt nicht —
Schöner Rede ist nicht zu trauen.
Ein tugendhafter Mensch debattiert nicht —
Ein Mensch, der debattiert, ist ungeeignet.
Wer Bewußtsein hat, lebt nicht prächtig
ein eigennütziger Mensch hat keine Kenntnis.
Wenn einer auf den Vorteil Anderer achtet,
dann geht es ihm selber besser.
Je mehr er Andere unterstützt,
um soviel mehr erhält er zurück.
Das DAO des Himmels —
es ist scharf, aber ohne Bosheit.
Das DAO des Weisen —
es erreicht sein Ziel, doch ohne Streit.

«*Wahre Rede nicht schön – schöne Rede nicht wahr!*» Wie bequem wäre es, sich an den vielen im Wesentlichen gleich lautenden Übersetzungen festzuhalten, die aus dem 81. Kapitel des *Dao-De-Ging* einen überaus beliebten, bekannten und wohlmundenden Zitate-Vers gemacht haben! – Doch der gesunde Menschenverstand sträubt sich hartnäckig gegen die *schönen aber unglaubwürdigen* Worte der allbekannten Version und verlangt sein Recht.

Nimmt man in Zeile 4 die Zeichenfolge genau, berücksichtigt Zeichen-Paare und sogar -Drillinge (hier: 以为, 为人 und 以为人); – und denkt man daran, daß gleiche Zeichen, hier wie oft, nur der ästhetischen Symmetrie genügen wollen, aber mehrere parallele Bedeutungen als Substantiv, Verb (aktiv oder passiv), Adjektiv oder Adverb haben können – und oft wirklich ‹gleichzeitig› haben, so erhält man eine ‹stimmige› Übersetzung sowohl bezüglich der inneren Geschlossenheit der Aussage als auch bezüglich eines dem *Dao-De-Ging* angemessenen Sinns. – Überdies unterstützen *alle* heutigen *chinesischen Kommentatoren*, die sich übrigens selber als *Übersetzer* des Urtexts verstehen, die obenstehende Version; – ja, sie machen sogar einige Zusatzbemerkungen in diesem Sinne, die im Folgenden beiläufig erwähnt werden.

Zum Ersten: Die *wahren Worte*.

Wenn *wahre* Worte *nie schön* sein dürften; – wenn schöne Worte wirklich nie wahr sein könnten, dann wären all die schönen Aussprüche von Weisen aller Zeiten – von den Veden über Zarathustra, Pythagoras, Mani und Khalil Ghibrān bis zu den Sprüchen von Lao Dse selber – *nicht wahr.* – Ein chinesischer Übersetzer bringt das Stichwort *Mantra* – das sagt genug. Ein Anderer schreibt, *wahre Worte* seien *nicht immer freundlich.* Das entspricht dem klassischen *«Wahre Rede nicht schön».* Besser ist noch: *«Die Wahrheit auszusprechen, ist nicht schön»*: Wahr ist ja, daß *das Aussprechen einer unangenehmen Wahrheit* auch für Denjenigen *«nicht schön»* sein kann, der in diese Lage kommt. Eine *durchwegs positive* Aussage im Hinblick auf Geradheit und Ehrlichkeit des ‹Weisen› ist aber die hier gegebene: *«Glaubwürdige Rede beschönigt nichts»*, denn umgekehrt gilt auch: Der ‹Weise› sieht der Wahrheit ‹ungeschönt› ins Gesicht!

Zum Zweiten: Die *streitenden Menschen.*

Daß ein *streitlustiger* Mensch kein *guter, angenehmer, entgegenkommender* – kurz: kein *tugendhafter* Mensch sei, (all dies sind Bedeutungen für dasselbe Zeichen 善), muß uns Lao-Dse nicht besonders sagen. Daß solch ein Mensch (noch) *nicht geeignet* ist, auf dem Weg von Dao *«angenommen zu werden»*, ist leicht zu verstehen. – Wie schwierig ist aber die praktische Umsetzung!

Man denke nur an das *Gedankenleben* des Menschen: Wie wild und ungeordnet es sich gebärden möchte; – wie schwer es sogar einem langjährigen Pilger auf dem Pfad von Dao fallen kann, Zorn, Entrüstung – oder auch nur eine stumme Kritik gegenüber Dingen oder Menschen zum Schweigen zu bringen, geschweige denn, *gar nicht aufkommen zu lassen.* Selbst ein ‹Jünger› macht Fehler; – und wenn er sich dessen bewußt wird, dann ... – *erzürnt* er vielleicht über sich selber! – So schwer kann es sein, Zorn, Kritik und Enttäuschung mit allen Konsequenzen *ganz* hinter sich zu lassen – auch gegenüber sich selber! – und auf *keinerlei* Provokationen (Anreize) mehr zu reagieren.

Auch, sich vor *unnützen Diskussionen* zu hüten, bedarf der *Übung* (ein chinesische Kommentator schreibt: *«nicht bloggen!»*) – vorallem aber der inneren Distanz zu den ‹10'000 Dingen›. – Und wenn Widerspruch auch zuweilen seine sachliche Berechtigung hat, so darf er doch nie von *aggressiven Gefühlen* begleitet sein!

Zum Dritten: Die *unwissenden Gelehrten.*

Die Unsinnigkeit der Feststellung, ein Gelehrter könne keine innere Kenntnis haben (wie gewöhnlich übersetzt wird), ist der natürlichen Vernunft sofort klar, die von Vorurteilen und Lehrmeinungen frei ist: Wo blieben da Plato, Cato, Flamel ‹der Schreiber›, Marsilius Ficinus, Spinoza, H.P. Blavatsky, Fulcanelli, und wie sie alle heißen, die *nur dank ihrer breiten und tiefen Gelehrtheit* ihre Aufgabe in der Welt erfüllen konnten? – Kein einziger hoher Eingeweihter, der nicht mehrsprachig und wissenschaftlich gebildet gewesen wäre. – Auch die gesammelten Werke von Shakespeare und Gœthe gäbe es – so gesehen – *nicht*!

Das *Dao-De-Ging* will hier aber etwas ganz Anderes sagen: Der Wissende aus Selbsteinweihung ist nicht auf irdischen Ruhm, Reichtum und Prunk ausgerichtet, den «*Rost und Motten fressen*». Ist er reich und mächtig, so lebt er dennoch bescheiden; – ist er es nicht, so drängt er nicht danach, es zu werden.

Von den *43 Bedeutungen* der Partikel 博 betreffend die Gelehrten bezeichnen *fünf* Ehre und Reichtum, aber *keine* meint «*wissen*»; Und die heutigen Chinesen sind alle ganz gleicher Meinung: «*Der Weise häuft keine Schätze an*». Den Ehrgeizigen und Gierigen nennen sie daher kurz «*dumm*»!

Dennoch: der Weg von Dao ist kein wissenschaftlicher Ausflug! Zwar führt wissenschaftliches Tun oft zu tiefen philosophischen Erkenntnissen; – wichtig ist, jedoch, daß der ‹Jünger› selbst dann alles Gewicht auf die *innere Erkenntnis* legt (alles Übrige ist bloß *Werkzeug*); – daß er mit seinem *Neuen Denken* denkt, und nicht das Eine mit dem Anderen *mischt*: sonst würde weder hier noch dort solide Erkenntnis erlangt. Wissenschaft als Religion ist Eitelkeit; – Gnosis ist *exakte Geisteswissenschaft* – oder sonst *Schwärmerei*!

Hingegen wurde bereits in einem früheren Kapitel zum selben Thema betont, daß ein Wissender sein Wissen nicht zur Schau stellen solle und, falls er die Erleuchtung aus eigener Erfahrung kennt, *so tun solle, als kennte er sie nicht* (N° 77). – Der moderne chinesische Autor warnt überdies vor den *Scheinwissenden*; – vor Jenen also, die ein Wissen zur Schau tragen, das sie gar nicht besitzen: «*Man braucht ihm nur eine Weile zu folgen, um zu erkennen, daß er nichts weiß!*» – Der Schauspieler demaskiert sich selber ...

Zum Vierten: *Die belohnten Spender.*
Folgt man den bekannten westlichen Übersetzungen, so muß ein Mensch, der möglichst brav spendet, dadurch zu großem Reichtum gelangen: Alles Geben spielt sich dort ja auf der materiellen Ebene

ab. Doch selbst wenn theoretisch nicht auszuschließen ist, daß materielle Spenden auch dem Geber wieder materielle Vorteile bringen könnten, kann dies hier nicht gemeint sein. Das wäre sonst der typisch okzidentale ‹Kuhhandel›: *«Gib du mir – so geb' ich Dir!»* – Aber: *«Der Weise rechnet nicht»*, so sagt N° 77; – und schon gar nicht ist hier von *materiellem* Gewinn die Rede.

Vielmehr geht es darum, daß, sobald im Kandidaten die *Neue Seele* zu sprechen beginnt, er zugleich aufgefordert und in der Lage ist, sein Weniges mit Anderen *zu teilen*. Da wird er dann mit Freude und Dankbarkeit feststellen, daß, wann immer er dies tut, er sein inneres kleines Vermögen wachsen sieht. Je weiter er geht, desto mehr hat er zu geben; – je mehr er gibt, desto mehr *«kommt vervielfacht zurück»*. Daran erkennt er, wie wahr der Satz ist, der bereits früher zitiert wurde: *«Gebt, so wird euch gegeben; – doch muß der ‹Schüler› mit dem Geben beginnen!»*

Auch einer der chinesischen Kommentatoren ist dieser Meinung: *«Je mehr sie [die Eingeweihten] für die Menschen tun können, desto mehr freuen sie sich. – Je mehr sie den Menschen schenken können, desto reicher fühlen sie sich!»*

Zum Fünften: *Das Dao des Himmels und das der ‹Weisen›*: Zwar haben die gewohnten Übersetzungen nicht Unrecht, wenn sie feststellen: *«Das Dao des Himmels nützt, ohne zu schaden»*; denn was immer die Gnosis tut, ist «wohlgetan»: Das kann auch nicht anders sein, ist *Dao* doch ‹*das Gute Gesetz*› – *Asha* – die ‹*Harmonie des Universums*› selbst! – Daß aber der Mensch diesen ‹Ausgleich› nie als *«Schaden»* – niemals als *Schmerz* empfinden würde ... – Wer *Den Weg* kennt, weiß, wie es wirklich ist.

Ja, es braucht ein gutes Maß an Erfahrung mit der Gnosis, um in jedem Fall *innerlich zu wissen*, daß, was immer geschieht, *gut ist* und seinen Nutzen bringen wird, auch wenn das beschränkte Bewußtsein es (noch) nicht zu erkennen vermag.

Alle Übersetzungen geben überdies Anlaß zur Bemerkung, daß, was der Mensch *als Mensch* tut, immer irgendeinen Mangel hat und oft mehr Schaden als Nutzen bringt: Auch dies kann gar nicht anders sein. – Darum sagt das *Corpus Hermeticum* sinngemäß ganz klar: *«So wie alles, was das Alleingute tut, immer nur gut sein kann, seiner großen Vollkommenheit wegen, so kann alles, was der Mensch tut, immer nur mangelhaft sein, seiner großen Unvollkommenheit wegen»*.

Und wie sieht es damit beim ‹Weisen› aus?

Er weiß, daß alles was er tut, unvollkommen ist, seiner relativen Unwissenheit wegen (vgl. N° 71); doch damit weiß er zu leben. Worauf es ihm ankommt ist, daß was immer er tut, in Harmonie mit *Dao* und mit *ihm selbst* geschieht: Eins mit dem All-Einen, Eins mit sich selber. – *Authentisch* zu sein in *Autonomie*, steter *Achtsamkeit* und *Selbstverantwortung*; – mehr kann ein Mensch von sich nicht verlangen. Denn was so getan wird, wird auch *ohne Streit* getan. – Nicht *«ohne Mühe»* wie mehrere Übersetzer wollen; und auch nicht *«ohne zu streben»*; – aber sicherlich *ohne Zwang, ohne Zwängen, ohne Streit*!

Wer ausgerichtet bleibt auf *Den Weg – auf Licht, Wahrheit und Leben*, wer alles *loszulassen lernt*, was seinen Weg behindert, und alles *übt* ($ασκευω$), was seinem Weg förderlich ist, wird ‹eines Tages› – am Ende *seiner* Tage – die goldenen Zinnen und die «Tore von Nephrit» der ‹Neuen Stadt› – *seines* ‹Neuen Jerusalem› – leuchten sehen. Dann wird er oder sie in Wahrheit *vollkommen* genannt werden können, zur Freude der ‹Gemeinschaft jener Heiligen›, die keiner menschlichen Kirche verpflichtet sind:

> *«... Wer folgt – in Selbstvergessenheit –*
> *dem Ruf aus alten Zeiten,*
> *den wird der Goldenen Rose Duft*
> *von Kraft zu Kraft geleiten.*
> *Oh wacht doch auf! – Heut ist der Tag,*
> *wo Heil und Freiheit winken!*
> *Drum, Brüder – Schwestern – auf zur Tat!*
> *Bald muß die Sonne sinken! ... »*

*« ... Leicht wiegt roten Mond
tau-betropft des Bambus Arm ... »*
(Spät-chinesische Gouache)

ANMERKUNGEN

[1] Der Sonnenheld und Halbgott *Cuchullain* findet sich bei den Mayas als *Quetzalcoatl* oder, mit anderem Namen *Cuculain* – d.h. die *gefiederte*, also *fliegende* Schlange wieder, in China entsprechend als *schuppiger fliegender* ‹chinesischer Drache›. Eine so gesehene Mythologie würde auf eine Zeit *vor Babylon und Sumer* zurück führen, nämlich – entsprechend der qualifizierenden Quiché-Endung *–atl* – zurück nach Atlantis.

[2] *The Book of Jasher as referred to in Joshuah, 2 Samuel and Jesajah ... – faithfully translated from the original Hebrew into English.* – Salt Lake City, Parr & Co., 1887.

[3] Vgl. Zecharia Sitchin, *When Time began.* Deutsch: *Das erste Zeitalter.* – Kopp Verlag, 2004; – a.a.O. S. 179 ff.

[4] Übers. und Hrsg. Rudolf Ritsema & Hansjakob Schneider: *Eranos Yi Ging (I Ging) Das Buch der Wandlungen. – Die einzige vollständige Ausgabe der der altchinesischen Orakeltexte mit Konkordanz.* – Verl. O.W. Barth, für Scherz Verlag, Bern, München, Wien, 2000; nach der Erstausgabe: *Eranos I Ching. Il libro della versatilità.* – Edizioni di red, studio redazionale, Como, 1996.

[5] Chang-Po-Tuan, *Das Geheimnis des Goldenes Elixiers – Die innere Lehre des Taoismus von der Verschmelzung von Yin und Yang – Ein Klassiker der alchemistischen Literatur Chinas aus dem 11. Jh.* – Mit Kommentaren und Erläuterungen des taoistischen Adepten Liu I-Ming. Übersetzt ins Amerikanische und herausgegeben durch Thomas Cleary; ins Deutsche gebracht durch Ingrid Fischer-Schreiber. Verlag O.W. Barth, Wien, 1990.

[6] Richard Wilhelm & C.G. Jung: *Das Geheimnis der Goldenen Blüte – Das Buch von Bewußtsein und Leben.* – Aus dem Chinesischen übersetzt und erläutert von R. W. Mit einem europäischen Kommentar von C.G. J. – Mit ergänzenden Übersetzungen aus dem Chinesischen von Barbara Hendrischke ... – Diederichs Gelbe Reihe, Erste Auflage 1986.
Eine andere Ausgabe, übersetzt und kommentiert durch Mokusen Miyuki erschien 1984 im O.W. Barth Verlag. Im Unterschied zur Wilhelmschen Ausgabe, die den jungschen Einfluß *bewußt abschwächte*, ist die Version von Miyuki *gewollt jungianisch*. Diese enthält Glossare mit Namen, chinesischen Ausdrücken in Umschrift und deren Ideogrammen.
Die Übersetzungen beider Autoren zeigen deutliche Einflüsse des ‹subjektiven› – d.h. *nicht textgetreuen* Denkens: Der moderne Mensch mag nicht auf *explizite* ‹korrekte› Verbindung, auf *absolute* Wertung und direkte Kausalität verzichten. Er erfährt die *Polyvalenz* des Ausdrucks als *Antinomien*, anstatt als p*arallele Schichten*. So fällt der genaue ‹Wortlaut› des Texts der ‹korrekten deutschen Syntax› zum Opfer. Um eigene *seelische Erfahrung* aus dem zu Text schöpfen, ist ohnehin das Lesen und Meditieren mehrerer Versionen bzw. des chinesischen Texts nötig.

[7] *Geheimnis der Goldenen Blüte*, a.a.O., S. 69 f., wo der Einfluß des Buddhismus auf den Daoismus – und deren Unterschiede – erneut unterstri-

ANMERKUNGEN

chen werden. Wilhelm betont a.a.O. auch Ähnlichkeiten zwischen der christlich-gnostischen und der daoistischen Auffassung des Prozesses von der Erzeugung des Licht-Kreislaufes im Mikrokosmos, von der Erweckung (er nennt es ‹Erzeugung›) des göttlichen Samenkorns und der Wiedergeburt aus Wasser und Feuer, *«zu der die Gedanken-Erde (Geist) als Mutterschoß oder Ackerfeld hinzukommen muß»*. Dazu bringt er Maximen wie: *«Das Auge ist des Leibes Licht»* und *«Das Licht ist das Leben der Menschen»* (vgl. Joh. 1, 4); dazu Ausdrücke wie ‹mystische Hochzeit› und das ‹Kind› (die ‹Frucht›). –

Der Begriff des *Badens*, den der Daoismus *rein mystisch* benutzt, erscheint in den Evangelien als *physische Taufe*, im Judentum als *rituelle Mikweh*. – In der rosenkreuzerischen Auffassung des 17. Jh. kommt er wieder rein mystisch als Teil des Prozesses der Wiedergeburt – der sog. *Chymischen Hochzeit* – vor: *«Sei achtsam – erforsch dich selbst bedachtsam ... Wirst du nicht fleißig baden, die Hochzeit wird dir schaden!»* Wilhelm erklärt überdies, *«daß der Ausdruck Gold-Blume – Jin-Hua – auch den Ausdruck Licht enthält: «Wenn man die zwei Zeichen nämlich so untereinander schreibt, daß sie sich berühren, so bilden der untere Teil des oberen und der obere Teil des unteren Zeichens [den Ausdruck] Licht – Guang. Offenbar ist dieses Geheim-Zeichen in einer Verfolgungszeit erfunden worden ...»*. Diesem Vorgehen entspricht das Zeichen des *Fischs* bei den Urchristen. Den Ursprung dieser «Lichtreligion» in der Tang-Zeit (also 618-907) sieht Wilhelm in *Persien* (und meint damit den Zoroastrismus). Das ist jedoch auch die Zeit, in welcher erst in Persien, dann in Arabien (Baghdad) das *Sufitum* aufkam, mit *Harun ar-Rashid* und seinem Sohn *Maimūn* als Begründer der esoterischen Schule ‹*Dar al-Hikmèt*›. Dazu kommt in China ein teils *nestorianischer*, teils *manichäisch christlicher* Einfluß. Neuere Forscher gingen so weit, *Lü-Yen*, den Stifter der genannten *Gin-Dan-Giau* gleichzusetzen mit *Adam*, dem Redaktor der Nestorianer-Gedenktafel (Sianfu, 781), der als *Lü-Siu-Yen* signierte. So wäre der ‹Höhlengast› ein nestorianischer Christ gewesen; – daher die ‹nestorianischen Blüten auf dem daoistischen Kleid des *Gin-Dau-Giau*›.

[8] Die hier gemachten Angaben genügen zum Auffinden der entsprechenden Buchausgaben. Indes sind jene Text-Übertragungen (ihrer ausladenden westlich fixierten Interpretation wegen) allzu ungenau. Der hier angebotene neue Übersetzungstext vereint als Synthese die gewissenhafteste Auswahl *nachweisbarer Bedeutungen* der chinesischen Ideogramme. Selbst winzigste Einfügungen sind hervorgehoben. Andererseits wurde das Beste aus den verworfenen Übersetzungen im Kommentar der vorliegenden Ausgabe ausdrücklich erwähnt, gelegentlich auch wörtlich zitiert.

[8a] Die beiden Textteile des Buchs beginnen folgerichtig mit je einem eigenen Titelblatt, wobei selbst hier die Übersetzung den bekannten Gesamttitel und die weniger bekannten Halb-Titel gemäß der Polyvalenz chinesischer Zeichen differenziert. – Auf das ebenfalls dem Lao-Dse zugeschriebene und auch sehr schöne *Hua-Hu-Ging* wird hier nicht eingegangen.

[10] G. Quispel, *Het Evangelie van Thomas – Uit het Koptisch vertaald en tægelicht ...–* Amsterdam, In de Pelikaan, 2004; – a.a.O., Logion 2.

ANMERKUNGEN

[11] K. Jaspers, *Die großen Philosophen.* – München 1957, S. 908.

[12] *Les Prophéties de l'Égypte Ancienne.* – *Textes traduits et commentés par A. Fermat et M. Lapidus* ... – Éditions La Maison de Vie, 1999.

[13] *Ac quemadmodum cuncta educta ex uno fuere verbo Dei Unius: sic omnes quoque res perpetuo ex hoc unā re・generantur dispositione Naturæ.* – Christian Adolf Balduin, *AURUM superior & inferior Auræ superioris & inferioris HERMETICUM.* – Frankfurt & Leipzig, Geo. Hch. Fromann, 1675; – Standort UB Basel <JrXI 16>.

[14] Hamīd Muhammad al-Ghazālī, *Brief an den Jünger – Ayuha-'l-Walad.* – Ausgabe in Arabisch und Deutsch, mit einer kleinen Einführung in die Geschichte und Esoterik der Sufi-Philosophie samt einigen Anmerkungen zum Text. Nach der franz. Übersetzung von Tufīq as-Sabagh, und mit dem Vorwort von George H. Scherer. – Edition Oriflamme, Basel 2009.

[14a] Dieses letzte Zeichenpaket ist genau identisch mit der letzten Sequenz von N° 12. – Leider kann das wunderbare Spiel mit Assonanzen und sich ähnelnden Zeichen ab «*Daher ...*» nicht übertragen werden, doch verhilft es zum sicheren Verständnis des Texts (übersetzt wurden jeweils zwei Ausdrücke für einen):
是以大丈夫，處其厚，不居其薄。處其實，不居其華。 – *chū-qi-hòu / bu jou-qi-báo. chū qíshí / bu jū-qi-huá.*

[15] Fulcanelli: *Wohnstätten der Adepten – die hermetische Symbolik in der konkreten Wirklichkeit der Heiligen Kunst des Grossen Werks.* (Original-Titel: *Les Demeures Philosophales*). Vollständige deutsche Erstausgabe nach der dritten, erweiterten franz. Ausgabe (Paris 1964 /1979) mit den drei Vorworten von Eugène Canseliet, F.C.H. – Ins Deutsche gebracht und herausgegeben durch M.P. Steiner. Mit Zeichnungen von Julien Champagne und späteren Photos sowie mit vier zusätzlichen ganzseitigen Tafeln, davon zwei in Farben. – *Zwei Bände in einem Band.* – Ppb., 624 Ss; – ISBN 3-9520787-7-8.

[16] Seine berühmtesten Werke sind der *Triumphwagen Antimonii* und das noch bedeutendere *Vom Stain der Uhralten ...* samt den *Zwölf Schlüsseln der Philosophie* (Aurei Velleris Trißmosini Tractatus VIII ... Rorschach ab 1600; illustriert ab1602). – Vgl. Anm. 39, und ‹Ankündigung› S. 346.

[17] Sein bedeutendstes Werk neben dem *Œdipus Ægyptiacus* ist der *Mundus Subterraneus in XII libros digestus ...* – Amsterdam, Jansson Wæsberge & Söhne, 1664, 1678 et al.

[18] Wegen der Polyvalenz der chinesischen Zeichen macht dieser Spruch dem, der diesen Text ganz verstehen und vollständig übersetzen möchte, wieder besonders viel Mühe: Leicht ist es, einen sinnvollen Satz zu schreiben; – leicht, eine sinnvolle Bedeutung vorweg zu nehmen und seinen Satz daran anzupassen. Leicht wäre auch, alles zusammenzuschweißen als eine Geschichte fürs gewöhnliche Leben – oder für hohe Mystik; – schwer aber, eine Lösung zu finden, die eine korrekte und sinnvolle Übersetzung, gültig fürs gewöhnliche Leben *und zugleich* für den inneren *Weg* in einem harmonischen Ganzen vereint, so wie Lao-Dse es

sicherlich meinte. Moderne chinesische Interpreten ebenso wie westliche Übersetzer bieten nur Deutungen an, die mit dem kreatürlichen täglichen Leben verbunden sind; – keine einzige spirituelle, was durch die ‹Reisegeschichte› noch gestützt wird. Alle sind uneins, wie der Text. zu verstehen sei, bieten aber ähnliche Lösungen an. – Einige fassen den Ausdruck 十有三 als gleichbedeutend mit 十三, d.h. *dreizehn* auf (10 [und] 3) und bringen ihn in Verbindung mit den 13 Gliedern des Körpers. Aber das Zeichen 有 heißt ausschließlich *haben, sind, existieren, es gibt* und dergleichen; – der Satz also ‹wörtlich›: «Zehn [und] es gibt Drei».

[19] ‹Buchstäblich›: *«ihre Unerfahrenheit, Grünheit, Anfängertum»* (und dergleichen) *ist dick»*; – mit anderen Worten: diese Menschen haben noch nicht genügend *Schmerz in der Welt* erfahren.

[20] Mk 16:16-18. – Übersetzt direkt aus dem Griechischen des ‹GRV› (fünf Varianten auf Griechisch in einem Text kombiniert).

[21] *«Er mildert seine Schärfe, löst die Wirrnis, dämpft seinen blendenden Glanz, wird Eins mit dem Staub ...»* (*Dao-De-Ging*, Kap. 4).

[22] Siehe Voraus-Text am Beginn dieses Buchs.

[23] R. Wilhelm & C.G. Jung, *Das Geheimnis der Goldenen Blüte*, a.a.O; – Schluß von Kap. 12 (vgl. auch im vorliegenden Buch Abb. S. 16).

[24] Vgl. H.P. Blavatsky, *Secret Doctrine* – diverse Stellen gemäß Indexband.

[25] Ebenda, unter *Brahma, Praktiti, Logos, Purusha, Trinity* etc. – In all diesen Fällen muß man unterscheiden zwischen dem Uräther (sozusagen das *Nullte Element*) und dem ‹*fünften Element*› – dem geistigen *Feuer-Äther*.

[26] Vgl. H.P.B., a.a.O., – besonders unter *Fohat, cosmic ideation and* ...

[27] Anstelle des Zeichens 見 im hier reproduzierten Text, das mit *achten* übersetzt wird, steht in dem für die Übersetzung benutzten Text das Zeichen 见. Dessen Bedeutung sind *Demut, bescheiden, Wertschätzung* und ähnliche Synonyma. Besonders interessant ist dieses *Ideogramm*, weil es eigentlich ein *Piktogramm* ist: Man kann darin einen *Kerzenständer* mit seiner Stell-Mechanik sehen, wie sie bei uns noch im 19. Jh. überall benutzt wurden, und der *«unter einem Scheffel»* steht. Dieser Teil des Zeichens ist gleich wie die Glyphe für *Tor, Mund, Öffnung.*

[28] Betreffend die Zahlen 1-2-3-4 siehe H.P.B., a.a.O., I, *Section III.*

[29] Es überrascht, hilft aber zum Verständnis des Texts, im linken Teil der Glyphe 救 für *retten, befreien, bergen* (engl. *rescue, salvation*) das sogenannt ‹christliche› *Chrisma* ( ) zu erkennen.

[30] Außer *Glanz* (hier: der *Seelenglanz*) bedeutet die Glyphe 明 auch *Ehre.* Diese Passage erinnert darum ans Paulus-Wort: *«Es wird gesät in Unehre, es wird auferweckt in Herrlichkeit; es wird gesät in Schwachheit, es wird auferweckt in Kraft»* (1 Cor. 15:43).

[31] Den Ausdruck *Endurá* benutzte vorallem die Bruderschaft der südfranzösischen Katharer des 12. Jh. im hier erklärten Sinne. Er ist die occitanische Form fürs romanische *endurar(e)* – *erdulden.*

ANMERKUNGEN

[32] Fulcanelli, *Das Mysterium der Kathedralen und die esoterische Deutung der hermetischen Symbole im Großen Werk.* Mit drei Vorworten von Eugène Canseliet, F.C.H. – Übersetzt, herausgegeben und mit einem bibliographischen Anhang versehen durch M.P. Steiner. – Basel, Edition Oriflamme, 2004; – a.a.O. S. 221 ff..

[33] Sun-Tsu, *Wahrlich siegt, wer nicht kämpft.* – Siehe Anm. 44.

[34] Die genaue Übersetzung und Teile des Kommentars waren nur möglich dank der Benutzung *zahlreicher* chinesischer Internet-Seiten, wo dieses Kapitel ausführlich kommentiert wird.

[35] Vgl. Yuan Mei, R. Schwarz (Übers.& Hrsg,): *Chinesische Geistergeschichten.* – Insel-Taschenbuch, 1997. – ISBN 978-3458336792. Zu empfehlen ist hier auch der 2008 erschiene Film: *Ein Hauch von Zen* (Deutsch, Mandarin, engl. UT), wo die Durchdringung von bürgerlichem, staatlichem, daoistischem und buddhistischem Establishment und der alten Geisterwelt sehr schön dargestellt wird – samt einem ironischen Lächeln aus dem daoistischen Blickwinkel. – ISBN 4-260131126239.

[36] Betreffend die *RC-Manifeste*: Siehe Anmerkung 8 hiervor.

[37] Das sind die insgesamt neun Sphären der Einweihung gemäß der hermetischen Überlieferung. – Vgl. Rœlof van den Brœk: *Hermes Trismegistus.* – Amsterdam, In de Pelikaan, 2006; – a.a.O., Kap. VI.

[38] *Der Schlüssel zu den Zwölf Schlüsseln von Bruder Basilius Valentinus – La Clef des Douze Clefs de Frère Basile Valentin de l'Ordre de Saint Benoît.* - Deutsch: *Der Schlüssel zu den Zwölf Schlüsseln der Philosophie von Bruder Basilius Valentinus.* – Transkription des MS von 1700, Übertragung ins Deutsche und weltweit erste Publikation durch M. P. Steiner; – Vorwort und Anmerkungen von P. Martin. – Zweisprachige Ausgabe samt dem Urtext der *Zwölf Schlüssel* (1602), erschienen bei Edition Oriflamme, Basel, 2006.

[39] P. Martin, *Esoterische Symbolik heute, in Alltag, Sprache und Einweihung.* – Basel, Edition Oriflamme, 2010.

[40] *Skylla und Charybdis* sind ein Paar mythischer Figuren aus dem griechischen Altertum. Sie spielen besonders in Homers Epos *Odysseia* eine Rolle: *Skylla* – eine wunderschöne Jungfrau wurde aus Neid der Götter beim Baden im Meer verwandelt, sodaß ihr Unterleib zum Körper mit den Köpfen und Pfoten von *sechs Hunden* wurde, ihr Oberleib aber zu sechs Schlangenhälsen mit drei Zahnreihen in jedem Rachen. Sie wohne in einem Berg, dessen Spitze bis zum Himmel reichte, und von ihrer Höhle aus packte und verzehrte sie Seegetier und alle Seereisenden, die in ihre Reichweite kamen. – *Charybdis* wurde, weil sie die Ochsen des Herakles gestohlen hatte, von Zeus mit einem Blitzstrahl in einen Meeresstrudel verwandelt, der alle Schiffe verschlang, die ihm nahe kamen. – In den Bereich dieser beiden Monster kam der Seefahrer in der Landenge von Messina, falls er dem Zauber der *Sirenen* entschlüpft war: Seejungfrauen, die am Gestade einer Insel so lieblich sangen, daß die Schiffer Steuer und Segel vergaßen und an einem Riff zerschellten. – *Odyssee, 12. Gesang*; – nacherzählt in Gustav Schwab, *Sagen des klassischen Altertums.* – E.A. der vollständigen Ausgabe: Basel, Franckh, 1913.

ANMERKUNGEN

[41] Empfehlenswerte Ausgabe auf Deutsch: *Tausend und eine Nacht – Arabische Erzählungen.* – Deutsch von Max Habicht, Freiherr v.d. Hagen und Carl Schall. Neu herausgegeben von Dr. Martin Schiller. – 12 Bände, Leipzig, F.W. Hendel Verlag, 1926.

[42] Es ist dies: http://en.wikipedia.org/wiki/Three_Treasures_(Taoism). Auch die Seite http://www.tao-te-king.org/067.htm hat viele Ähnlichkeiten; und eine weitere Seite erlaubt manchen Vergleich (einschließlich der Abarten der hier auch sonst berücksichtigten Versionen und Dichtungen): http://goo.gl/MRp8S.

[43] Sun-Tsu, *Wahrlich siegt, wer nicht kämpft (Sun-Zi-Bing-Fa).* – *Die Kunst der richtigen Strategie.* – Der chinesische Klassiker, übersetzt und bearbeitet durch Thomas Cleary (© 1988), Deutsch v. Ingrid Fischer-Schreiber. – Freiburg, Verl. Herman Bauer, 1990. – Alle Zitate aus diesem Buch sind unverändert dieser deutschen Ausgabe entnommen.
Als zeitlicher Rahmen gilt: Lao-Dse lebte «im 6. Jahrhundert»; – Sun-Tsu (auch Sun-Dsu und Sunzi geschrieben) soll genau 544-496 gelebt haben (also zur Zeit der Qi-Dynastie). Der berühmteste *General und taoistische Philosoph*, der (neben Anderen) Sun-Dsu's *Kunst der richtigen Strategie* in einem eigenen Werk kommentierte, *Zhuge-Liang* (siehe Anm. 47). Das Lebensende von *Sun-Dsu* ist ebenso unklar wie Herkunft und Hinschied von *Lao-Dse* (was nur anonym *Großer Lehrer* oder *Meister* heißt). Es ist nicht auszuschließen, daß die beiden gleichzeitig lebenden Personen identisch sind. Das wäre hier von keinem praktischen Belang, hätten nicht mehrere Kommentatoren die enge Verbundenheit des *Dao-De-Ging* mit dem *Sun-Dse-Bing-Fa* konstatiert. Auch erlauben beide Autorennamen keinen Rückschluß auf eine bestimmte bürgerliche Familien-Zugehörigkeit. Ebenso unklar ist darum, welches der beiden Werke älter ist (falls überhaupt), und welcher Autor also allenfalls als Schüler oder Jünger des anderen in Frage kommt.

[44] Carl von Clausewitz (1780 -1831), berühmter deutscher Militärtheoretiker und General, schrieb: *Vom Kriege* ... (E.A. 1832 -1834). – Vollständige Ausgabe im Urtext; drei Teile in einem Band: © 1980, Ferd. Dümmlers Verlag, Bonn (ISBN 3-427-82019-X).

[45] *Yin-Fu-Ging – Klassiker der Vereinigung des Yin..* – Ein Kommentator schreibt zu diesem Werk aus dem *30. Jh. v. Chr.*: «*Yin-Fû-Ging, oder ‹Klassiker der Harmonie des Sichtbaren und des Unsichtbaren›:* Im Khien-lung Katalog der kaiserlichen Bibliothek, Kap. 146, Abs. III erhielt dieses Werk den ersten Platz unter allen daoistischen Werken, mit drei Notizen aus Ho-shang Kung's Kommentar zum *Dao-De Ging.* Von Lao-Dse's Werk wird man im Laufe der daoistischen Literatur zum Jahr 1626 geführt, als der Katalog des sog. ‹1. taoistischen Kanons› erschien. – Kap. 147 nennt nochmals das *Yin Fu Ging* sowie weitere 9 diesbezügliche Werke; als letztes davon den Kommentar von Li-Kwang-Li, eines der ersten Minister und größten Gelehrten zur Zeit von Kien-lung's Großvater, bekannt als Kang-Hsi, nach dem Namen seines Reiches.» – Die erste dieser vielen Notizen sagt, das Vorwort eines alten Exemplars

ANMERKUNGEN

nenne als Autor dieses Buchs Hwang-Tî (27. Jh. v.chr.), und sagt, das Werk sei kommentiert worden von Thai-Kung (12. Jh. v.Chr.), von Fan-Li (5. Jh. v.Chr.), in der Klause des Kwei-Tals (4. Jh. v. Chr.), von Kang-Liang (gest. 189 v.chr.), Ku-Ko-Liang (181-234 v.chr.) und Li-Khwan aus der Tang-Dynastie (ca. Mitte 8. Jh. n.chr.) – Andere nennen für die Entstehung dieses kleinen Klassikers sogar die Zeit von Hwang-Ti, meinen aber nicht diesen Herrscher selbst, sondern dessen Lehrer, Kwang-Käng-Dse. – (Zitiert aus http://tiny.cc/sv69xw).

[46] Der Lebenslauf von ‹Crouching Tiger› *Zhuge-Liang*, wird von einem heutigen Chinesen geschildert als die «*wahre Heldengeschichte eines Früh-Talents*», das erstaunliche diplomatische und kriegerische Leistungen vollbrachte – insbesondere die Bildung der geeinten Drei Reiche am Beginn des 3. Jh. n.Chr. Er lebte 181-243 n.chr., also am Ende der Han-Dynastie und starb mit 54 Jahren auf einer militärischen Expedition.

Zhuge-Liang war überdies ein Erfinder – vom Papierdrachen über eine neue Armbrust bis zur automatischen Maschine für den Getreidetransport. Bei seinem Tod «*vermachte er sein* (noch heute beliebtes) *Werk in 24 Bänden über Militär-Strategie und einige Hundert Obstbäume an seine Nachkommen. – Er häufte keine Reichtümer an* (!) *und war der geehrte Diener seines Herrn Liu-Bei* (Herrscher des größten der drei Reiche)». (Siehe <http://history.cultural-china.com/en/183History5903.html>)

[47] Vgl. Zechariah Sitchin († 2011), *When Time began*. – Deutsch: *Das erste Zeitalter – Wie die Anunnaki die Entwicklung des Menschen beeinflußten, und wie sie uns noch heute lenken*. – Verl. Kopp, Rotenburg, 2004. – Dort liest man (a.a.O., S.123):

Enmeduranki [war] ein Fürst in Sippur,
geliebt von Anu, Enlil und Ea.
Schamasch im Leuchtenden Tempel ernannte ihn
...   [zum König und Priester] —
Schamasch und Adad [nahmen ihn] zur Versammlung
...   [der Götter mit] —
Sie zeigten ihm, wie man Wasser auf Öl beobachtet —
ein Geheimnis von Anu, Enlil und Ea.
Sie gaben ihm die göttliche Tafel (Astronomie und Astrologie) —
das Kibbu-Geheimnis von Himmel und Erde ... —
Sie lehrten ihn, wie man mit Zahlen rechnet.
...
So wurde das Geschlecht der Priester geschaffen,
derjenigen, die sich Schamasch und Adad nähern dürfen.

[48] Das *Huainan-Dse* oder *Huainanzi* (d.h. *Meister von Huainan*) ist ein unter der Leitung von Liu An (180-122 v.Chr), dem Prinzen von Huainan verfaßter taoistischer Klassiker. Es zeigt aber auch konfuzianistische und legalistische Einflüsse. Es behandelt vielfältige Themen, u.a. alte Mythen, zeitgenössische Regierungskunst, didaktische historische Anekdoten, Astronomie und Astrologie, Naturwissenschaften, Metaphysik, Kampfkünste und Mystik.

Die Überlieferung berichtet, das *Huainan-Dse* sei von acht daoistischen Weisen verfasst worden. Als diese an Liu Ans Hof erschienen – einem

ANMERKUNGEN

Zentrum der Wissenschaften und Künste –, hieß Liu An sie, ihm neues Wissen vorzuführen, woraufhin ihn die Weisen «mit magischen Künsten» verblüfften. Liu An wurde in der Folge ihr Schüler. – Das *Huainan-Dse* soll die Aufzeichnung der Gespräche Liu Ans mit den Weisen sein. Das Buch enthält 21 Kapitel, von denen nur eines die Kriegskunst behandelt; – die übrigen handeln von der Erforschung der Welt, der Natur, des Menschen, und von Dao als solchem. Bereits die Kapitel-Überschriften sind sehr sprechend: *Vom wahren Dao; Die Antworten von Dao; vom Beginn der Realität; Vom zugrundeliegenden Geist; Von der fundamentalen Verkettung; Von der Notwendigkeit des Lernens*, u.s.f.

[49] Da man heutzutage die entsprechende Literartur-Kenntnis nicht mehr voraussetzen kann, seien die relevanten Stellen hier zitiert: Vom Mörder, der sich durch einen *unkontrollierten Ausruf des Schreckens* selbst als Täter verrät, heißt es: *Doch kaum ist ihm das Wort entfahren, möcht' er's im Busen gern bewahren ...* –
Und Christian Morgenstern reimt:
Palma Kunkel spricht auch – oh gewiß!
– Freilich nicht wie Volk der Finsternis; –
nicht von Worten kollernd wie ein Bronnen; –
niemals nachwärts-, immer vor-besonnen!
Völlig fremd den hilflos vielen Schellen
fragt sie nur in wirklich großen Fällen; –
fragt den Zwergen niemals, nur den Riesen; –
und auch nicht, wie es ihm gehe, diesen.
Nichts vom Wetter spricht sie – nicht vom Schneider,
doch nur von den Grundproblemen Beider.
Und so bleibt sie jung und unverbraucht,
weil ihr Odem nicht wie Dunst verraucht ...

[50] Alle Text- und bekannten Übersetzungs-*Varianten* entstammen der Internet-Seite http://home.pages.at/onkellotus/TTK/_IndexTTK.php. – Die drei teils eingefärbten Text- und Übersetzungsversionen zu Beginn des Kapitels sind neu zusammengestellt. Die chinesische ‹Grundversion› wurde entnommen bei: http://www.chinapage.com/gnl.html.

[51] Die beiden Theosophen des 17. Jahrhunderts, J. Bœhme und J.G. Gichtel benutzen z.T. dieselbe Sprache wie das Dao-De-Ging im 6. Jh. v.Chr. und die Junge Gnosis seit 1945. Vgl. auch J.G. Gichtel und J.G. Graber, *Theosophia Practica*. – Neue Ausgabe nach der 3. Ausgabe (Amsterdam 1736), mit den klassischen Tafeln in Farbe: Basel, Edition Oriflamme, 2011; – a.a.O., *Einleitung*.

[52] Yamamoto Tsunetomo: *Hagakure – Das Buch des Samurai*. – Ins Deutsche übersetzt von Kenzo Fukai. – Verlag Bechtermünz / Weltbildverlag Augsburg, 2001 – und mehrere weitere Ausgaben. – Erste Veröffentlichung: *Hagakure The Book of the Samurai*. – Tokyo, 1979.

[53] Yamamoto Tsunetomo, *Hagakure* – a.a.O., im Einführungskapitel.
Nun wird allgemein angenommen, Kunst und Weg der *Samurai*, jap. *Bushi-Do* genannt (*Bushi – der Kämpfer; Do für Dao – Weg*) sei ganz

japanisch. Doch kam diese Tradition – samt deren Kodex und Organisation – im 7. Jh. aus China nach Japan. Daher sind die chinesischen Samurai des Mittelalters dem Daoismus verbunden, während die Samurai Japans eine konfuzianistische Tradition pflegen, die lange Zeit alles Spirituelle des Schwertkämpfers unterdrückte, zugunsten des todesmutigen – fast möchte man sagen: des todeswütigen – Heldentums im Dienst eines Feudalherrn. Heute existieren in Japan beide Richtungen neben einander – aber noch immer in ideologischer ‹Konkurrenz›.

[54] Vgl. Anm. 15; – a.a.O, S. 96.

[55] Lk 3:5; 14:11.

[56] Eugen Herigel, *Zen in der Kunst des Bogenschießens.* – Curt Weller-Verlag, Konstanz, 1948, und spätere Ausgaben bis heute. – Zu E. Herigel – Philosophieprofessor in Heidelberg und berühmter Zen-Bogenschütze, siehe auch: http://www.ramakrishna.de/japan/zenbogen.php

[57] *Mundaka-Upanishad* 2.2.4

[58] Zitiert in: Valentin Weigel, *Das Buch vom Gebet («Gebetbüchlein»).* – Basel, Edition Oriflamme, 2006; – a.a.O., in der *Einleitung*, S. 37.

[59] Unter der Mongolenherrschaft – der ‹Qi-Dynastie› – hatte die Bevölkerung um 40% abgenommen. Aus kleinen Aufständen entstand die große Bauern-Revolution der ‹*Roten Turbane*› (rot als Farbe der Erneuerung hat eine alte Tradition!). Der als Waise im Kloster ausgebildete Bauer Zhu-Yuanzhang wurde erst Rottenführer, dann gar Feldherr. Als alle Revolutionsführer der älteren Generation (der letzte auf unklare Weise in Gegenwart von Zhu) gestorben waren, übernahm dieser die Herrschaft und gründete als *Kaiser Hongwu* die Ming-Dynastie. Er vertrieb die Mongolen aus deren Hauptstadt *Dadu* und nannte diese neu *Bei-Jing*, residierte aber in *Nan-Ging*.

[60] Siehe E. Herigel, *Zen in der Kunst des Bogenschießens*, a.a.O.; – *Die Zen-Erfahrungen des Eugen Herigel.*

EBENFALLS BEI EDITION ORIFLAMME:

BEREITS ERSCHIENEN:

FULCANELLI: MYSTERIUM DER KATHEDRALEN und die esoterische Deutung der hermetischen Symbole des Großen Werks. Vollständige deutsche Erstausgabe nach der dritten franz. Ausgabe (Paris 1964) mit drei Vorworten von E. Canseliet, F.C.H. Übersetzt und herausgegeben von M.P. Steiner. Mit 49 ganzseitigen Tafeln und 1 Frontispiz. – 348 SS. ISBN 3-9520787-2-7. – € 35.00 / CHF 52.00

FULCANELLI: WOHNSTÄTTEN DER ADEPTEN – *Die hermetische Symbolik in der konkreten Wirklichkeit der Heiligen Kunst des Großen Werks.* (Original-Titel: *Les Demeures Philosophales*). Vollständige deutsche Erstausgabe nach der dritten, erweiterten franz. Ausgabe (Paris 1964 / 1979) mit den drei Vorworten von Eugène Canseliet, F.C.H. Ins Deutsche gebracht und herausgegeben durch M.P. Steiner. Mit Zeichnungen von Julien Champagne und späteren Photos sowie mit vier zusätzlichen ganzseitigen Tafeln, davon zwei in Farben. – Zwei Bände in einem Band. – Ppb., 624 Ss. – ISBN 3-9520787-7-8 — € 50.00 / CHF 69.00.

DER SCHLÜSSEL ZU DEN ZWÖLF SCHLÜSSELN VON BRUDER BASILIUS VALENTINUS / LA CLEF DES DOUZE CLEFS DE FRÈRE BASILE VALENTIN
Weltweit erste Veröffentlichung des Manuskripts eines bisher unbekannten elsässischen Adepten des Steins der Weisen, verfaßt um ca. 1700: Ein alchemistisch-rosenkreuzerischer Kommentar zu den *Zwölf Schlüsseln der Philosophie* von Basilius Valentinus. – Reich illustriert; mit ausführlichen Anmerkungen und bibliographischen Hinweisen. – TEIL I: Französische Transkription des MS, Text und deutsche Übertragung jeweils parallel auf der Gegenseite. – TEIL II: *Vom Stein der Uralten* und *Zwölf Schlüssel der Philosophie* (ill. 2. Ausg. von 1602). Übers. u. Hrsg.: M.P. Steiner; – Einführung und Anmerkungen: P. Martin. – Ppb, 348 Ss. – ISBN 3-9520787-4-3. – € 27.00 / CHF 42.00.

VALENTIN WEIGEL: DAS BUCH VOM GEBET
Das „*Gebetbüchlein*" von V. Weigel, dem «ersten deutschen Theosophen», Vorläufer von Jacob Bœhme und J.G. Gichtel – in heutigem Deutsch herausgegeben nach dem Erstdruck von 1612. Ein Meilenstein der Geistesgeschichte, auf dem Weg zu freiem Denken und Glauben. – Mit einer Einführung und Anmerkungen von P. Martin. – Geb. m. S-Usl.; 152 Seiten, illustriert. – ISBN 3-9520787-5-1. – € 23.00 / CHF 34.00.

J.G. GICHTEL: THEOSOPHIA PRACTICA – *Eröffnung und Anweisung der dreyen Principien und Welten im Menschen ...* — Nach der 3. Ausg., o.O. (Amst.?) 1736. – Mit 1 doppelseitigen und 4 einseitigen Farbtafeln des Originals sowie 5 weiteren ganzseitigen, meist farbigen Abbildungen, Titelblatt-Reproduktionen und Vignetten. – Aus dem barocken Deutsch sanft in heutiges Deutsch gebracht und durch P. Martin mit einigen Anmerkungen und mit einer Einleitung versehen, die dieses Buch *zum ersten Mal bibliographisch vollständig und korrekt kommentiert.* – Ppb.; 172 Seiten; ISBN: 978-3-9523616-0-3; – € 21.00 / CHF 31.00.

AL-GHAZALI: BRIEF AN DEN JÜNGER («AYUHA-'L-WALAD»)
Arabisch und Deutsch jeweils parallel auf der Gegenseite. – Nach der französischen Übersetzung von *Tufiq as-Sabagh*, und mit dem Vorwort von *George H. Scherer* zur 1. Auflage (mit dem Lebenslauf von *al-Ghazali*; – Beyruth,1951). Ins Deutsche gebracht durch M.P. Steiner und mit einer kleinen

ANKÜNDIGUNGEN

Einführung in Geschichte und Esoterik der Sufi-Philosophie versehen durch P. Martin. Ppb., 124 Ss., 3 Tafeln (1 Porträt von *al-Ghazali*) und 4 Vignetten. – ISBN 3-9520787-9-4 – € 15 / CHF 21.00.

PIERRE MARTIN: ESOTERISCHE SYMBOLIK IM LICHT DES ALLTAGS, DER SPRACHE UND DES GNOSTISCHEN WEGS DER SELBST-EINWEIHUNG. – Das Buch umfaßt Alchemie, Mythologie, Hermetik und Heraldik neben ganz konkreten Beispielen aus der unmittelbaren täglichen Gegenwart. Es bietet eine anschauliche Übersicht über die wichtigsten Symbole und eine Einführung ins selbständige Analysieren fast aller Symbole an. Es erklärt ihre Elemente, ihre ständige Gegenwart, ihre unvermeidliche magische Wirkung. Und es erläutert den eigentlichen Sinn aller Symbole. – Ppb., 120 Ss., 28 Farbseiten, 54 Abb. im Text, mit über 100 Literaturhinweisen, einer Symboltabelle und einem Wortverzeichnis. – ISBN 978-3-9523616-1-0; € 16.00 / CHF 23.00.

IN VORBEREITUNG:

UNICORNIS – GESCHICHTE UND WAHRHEIT DES EINHORNS
Zauberhaftes Bilder- und Textbuch über Wahrheit und Wesen des Einhorns in der alten Überlieferung; seine Wirkung auf Leben und Weg eines jungen Suchers Endlich auf Deutsch. Übersetzt und herausgegeben von M.P Steiner. Durchgehend prächtige Farbtafeln und Photos, großteils ganzseitig. – ca.112 Ss. (Erscheinen ungewiß).

FARĪD-AD-DĪN ATĀR: AUSSPRACHE DER VÖGEL – ‹MANTEQ AT-TAĪR›. – Übersetzt ins Deutsche aufgrund zweier oder dreier Übersetzungen aus dem Persischen, nach kritischen Ausgaben.

DIE LEHREN DES SPITAMA ZARATHUSTRA
Die Erschaffung der Welt, das Zend-Avesta, das „Gute Gesetz" – Asha Vohu. – Eine Zusammenführung verschiedenster Textüberlieferungen in Prosa und Versen des 20. Jahrhunderts, zumeist aus Persien, neu in deutscher Sprache. – Illustriert, u.a. mit Reproduktionen der hieroglyphischen Tafeln des Originals aus dem antiken Persien.

BEI UNS NOCH ERHÄLTLICH:

MUTUS LIBER – DIE ALCHEMIE UND IHR STUMMES BUCH
Vollständiger Neudruck der prächtigen Tafeln. Facsimile in Originalgröße nach einem Original-Exemplar von 1677, mit der Einführung und den Kommentaren von E. Canseliet, F.C.H., Schüler von Fulcanelli sowie einem Vorwort von Jean Laplace, Schüler von E. Canseliet. Erschienen 1991 bei der damaligen Edition Weber, Amsterdam. Übersetzung von B. Böhnke, vollständig überarbeitet, herausgegeben und mit einem bibliographischen Anhang versehen durch M.P. Steiner. – ISBN 90-73063-04-3.

WEITERE WERKE DER UNIVERSELLEN ÜBERLIEFERUNG

besorgt für Sie nach Möglichkeit unser Antiquariatsdienst – vom wertvollen Originaldruck aus dem 16. Jahrhundert bis zum Mikrofilm: Bücher, Illustrationen, Texte. Überdies: Bibliographische Recherchen und Studien, Buch-Renovationen etc. —

Edition Oriflamme
2013

I